教育部哲学社会科学研究重大课题攻关项目（14JZD041）

全国教育信息技术研究重点课题（156222350）

陕西省基础教育重大招标课题（ZDKT1412）

县域义务教育信息化均衡发展指标与监测

赵晓声　著

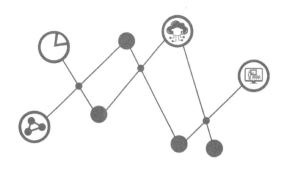

科学出版社

北　京

内 容 简 介

县域义务教育均衡发展已在理论上达成了共识，实践上取得了显著成效，但如何促进义务教育均衡发展与教育信息化深度融合，使教育信息化更好地助力义务教育优质均衡，仍亟待进一步探讨。

本书以义务教育信息化均衡发展问题为逻辑起点，深入阐述了义务教育信息化均衡发展的基本内涵、双重维度和分析框架，提出了义务教育信息化 IE-CCPO 模型，构建了义务教育信息化均衡发展指标体系和监测方法，从而使义务教育信息化均衡发展这一抽象概念能在实践中予以观察和测度。本书通过义务教育信息化自身均衡和信息化促进义务教育均衡发展两个分析框架，对义务教育信息化均衡发展问题予以了严谨、全面、深入的理论分析和实证检验。

本书力求兼顾学术性和可读性，以为广大教育研究人员、教育管理人员和教师带来启示和借鉴。

图书在版编目（CIP）数据

县域义务教育信息化均衡发展指标与监测/赵晓声著. —北京：科学出版社，2021.11

ISBN 978-7-03-071069-7

Ⅰ. ①县… Ⅱ. ①赵… Ⅲ. ①县-地方教育-义务教育-信息化-研究-中国 Ⅳ. ①G522.3

中国版本图书馆 CIP 数据核字（2021）第 265496 号

责任编辑：卢 淼 黄雪雯 / 责任校对：王晓茜
责任印制：徐晓晨 / 封面设计：有道文化

科 学 出 版 社 出版

北京东黄城根北街 16 号
邮政编码：100717
http://www.sciencep.com

北京建宏印刷有限公司 印刷

科学出版社发行 各地新华书店经销

*

2021 年 11 月第 一 版 开本：720×1000 1/16
2021 年 11 月第一次印刷 印张：14 1/4
字数：233 000
定价：89.00 元

（如有印装质量问题，我社负责调换）

序　一

　　放眼古今中外，教育历来被视为填平阶层鸿沟的利器、促进社会和谐的基石、通向人生幸福的桥梁，教育公平则被视为促进阶层流动、实现社会公平的"最伟大的工具"。千百年来，人类追求教育平等、促进教育公平的努力从未停歇过。各国促进教育公平的实践无一例外地皆从普及义务教育开始，1619 年德意志魏玛公国颁布的《强迫教育令》标志着世界义务教育的肇始。之后，英国、法国、日本、美国等国家分别于 19 世纪中后期相继建立了义务教育制度，这使得普及义务教育演化为一场浩浩荡荡的世界潮流。

　　虽然我国对义务教育制度的探索滥觞于清末民初，但直到 1986 年《中华人民共和国义务教育法》颁行，义务教育普及才真正成为国家意志，教育公平作为一种全民族的普遍价值追求，开始付诸实践。根据教育部的公开数据，2000 年我国九年义务教育普及率达到了 85%，2010 年我国"普九"任务全面完成。此后，党中央高度关注义务教育在发展过程中出现的城乡之间、区域之间、学校之间的显著差异问题，继而把"促进均衡发展，实现教育公平"作为鲜明的战略主题。截至 2020 年，全国已有 2809 个县级单位实现了义务教育基本均衡发展，约占全国总数的 96.8%。在县域内基本均衡的目标初步达成之后，党和政府又进一步提出了"促进义务教育优质均衡发展"，并擘画了明确的路线图和任务书。

　　虽然县域义务教育均衡发展已在理论上达成了共识，实践上取得了显著成效，但在信息化高度发展的社会背景下，如何促进义务教育均衡发展与教育信息化深度融合，使教育信息化更好地助力义务教育优质均衡，仍是亟待进一步探讨的问题。毋庸置疑，通过信息技术使用机会、使用能力及使用效果的均衡化，可以有效消除数字鸿沟，继而促进教育优质均衡并提升教育质量。

正是基于这样的考量，赵晓声同志结合他的教育技术学学科背景和研究专长，从教育信息化的视角切入，以开阔的研究视野和严谨的研究范式，对义务教育信息化均衡发展问题进行了全面深入的考察。通览全书，我感觉有两点比较突出：一是研究思路清晰，全书紧紧围绕义务教育信息化均衡发展这一核心内容展开论述和研究，并具体指向义务教育信息化均衡发展指标体系和监测方法两个关键问题，贯穿了明确的问题意识。二是研究过程扎实，从"技术—教育—社会"和"均衡—公平—现代化"的交互视野，深入阐述和分析教育信息化的本质属性、核心价值及表现形态，确立了义务教育信息化均衡发展的分析框架，特别是在指标体系构建和监测方法实证研究中，充分运用了科学规范的量化方法，对数万条数据进行了分析校验，体现出了严谨的治学态度和扎实的学术功底。

该书在四个方面有所创新：一是阐述了义务教育信息化均衡发展的内涵，确立了义务教育信息化均衡发展的双重维度和分析框架；二是突破空泛议论的局限，在深入调研的基础上，对"信息技术对教育具有重要影响"这一价值判断进行了一定的实证研究；三是建立了相应的指标体系和监测方法，使义务教育信息化均衡发展这一抽象概念得以具体化，并能在实践中予以观察和测度；四是创新性地提出了义务教育信息化 IE-CCPO 模型，提供了审视教育信息化的新视角，对完善教育信息化理论体系有所裨益。

总体而言，这是一本具备较高水准的学术著作。晓声是我的博士研究生，这些年勤勉工作、默默耕耘，无论是本职工作还是科学研究都取得了较好的成绩。作为他的导师，我倍感欣慰，希望晓声以该书出版为新起点，进一步开阔视野，发挥好自身学科优势，再接再厉，百尺竿头更进一步。

司晓宏

2021 年 6 月

序 二

　　赵晓声同志的新作《县域义务教育信息化均衡发展指标与监测》即将付梓，嘱我作序，怎敢不应诺。我和晓声熟识多年，过去我在陕西省教育厅工作时，他就出版过一本专著，当时也是我写的序。这次能再为晓声的新书写几句开头语，算是赓续"前缘"。

　　拜读该书，我的第一感受是，这是一本专业领域的扛鼎之作，但丝毫没有悬在理论高空"论道"，而是疾走在实践大道上的一场"救赎"。该书对义务教育政策演进逻辑、教育信息化的本质属性、教育信息化与教育均衡的关系等作了精辟而深刻的阐述，很多提法都是独创的思想结晶。特别是书中展现了大量的数据分析和逻辑演算，使用了现代统计学的法式，动了真脑筋，下了真功夫，做了真研究，充分关切一线教育的现实需要，找准"病灶"，开出"处方"。这种理论与实践深度契合的研究和写作，让作品负有灵魂高度和指导深度。

　　该书视野如草原，思路如清泉，文字如音符，无不引人入胜、引发深思。听晓声讲，该书将在科学出版社出版。科学出版社在业内久负盛名，对选题要求和书稿质量十分严格，也佐证了我的期许判断。令我敬佩的是，书中不少观点及论述颇为精到，如"时时可学、处处能学、人人皆学的学习型社会铺就了未来最广泛的教育公平和社会公平，为每个人拓展了学习、提升、发展的通道和机会，这是信息时代最伟大的影响之一"，"当下的教育现代化实质是信息时代的教育现代化。教育信息化与教育现代化必然有一个交汇点，就是提升信息时代的教育现代性"，以及"科技向善的本义并不是道德范畴的是非善恶问题，而是技术应当以促进人的发展和人的现代化为目的。科技向善表现在教育信息化过程当中,应当追求更高的人性价值——促进人类更好地适应信息社会要求,在信息时代获得幸福感,使个体的生活更有意义"。这些观点令人耳目一新,不仅为该书增色不少,也体现了作者的思考深度和学术水准。

我比较了解晓声,他成长成才在教育部门,持事稳重,对行政事务十分熟稔,办文办会、操持文字都是一把好手。更难得的是晓声一直思索不辍,妙笔不停,形成了一批有影响力的科研成果,许多都转化为省级层面的决策辅佐。当下,学者型行政干部不多了,晓声属另类,难能可贵。我以为,这是对教育事业的深沉爱戴,这是对教育未来的深邃表达,这也是为人、为学、为事理当坚守的深远情怀。

"晓理通文,声播业界。"当年给晓声的第一本书写序时,我曾这样评价他。我想继续沿用这句话,为晓声,更为教育这一人类崇高事业"晓理声喻"。

是为序。

高晶华

2021 年 6 月

目　　录

第一章

导　论

作为义务教育均衡和教育信息化两个研究领域的交集，义务教育信息化均衡发展是在理论和实践两方面均亟待确立的研究方向。之所以这样说，是基于两个不言自明的事实：其一，2000 年以来，追求基础教育均衡化是我国教育政策的鲜明导向，义务教育均衡发展更是强劲的国家政策话语，也是今后一段时期我国教育事业发展的战略目标之一；其二，信息时代和信息化是当今世界的基本特征，信息技术的泛在影响日益显著，教育信息化是教育发展的重要事项和内容。从基础教育信息化的范畴和目的来看，促进义务教育均衡发展是其中一项重点任务，通过普及信息化资源、利用信息技术转变教学方式和育人方式等手段，让每一所学校都能享有优质资源并提高教育教学质量，从而实现城乡学校在高质量发展上的"机会均等"。同时，在信息化的视角下，义务教育均衡发展的一个题中之义是帮助所有适龄儿童和青少年平等、有效、健康地使用信息技术，培养自主学习和终身学习能力（这些能力通常被视为信息社会的基本能力，即数字化生存能力），实现城乡学生在信息素养发展上的"机会均等"。党的十八届三中全会通过的《中共中央关于全面深化改革若干重大问题的决定》指出，要大力促进教育公平，构建利用信息化手段扩大优质教育资源覆盖面的有效机制，逐步缩小区域、城乡、校际差距。这要求我们对教育信息化促进义务教育均衡发展的理论、举措、路径和实效进行深入研究。简言之，在均衡和信息化的双重视域下，义务教育信息化均衡发展成为不可回避的重要命题。该命题不仅合乎学科理性，也合乎政策要义。这是本书将义务教育信息化均衡发展作为核心问题的基本理据。

义务教育信息化均衡发展问题关涉教育均衡、教育信息化等上位概念。一方面，在国家政策的影响下，教育均衡的理念开始深入人心，这也折射出人们对教育公共服务均等化和优质化的基本诉求。信息技术尤其是互联网在教育领域的深入应用，为教育资源共享、教学时空拓展和学习方式优化提供了显而易见的天然优势，这种优势是开放、快捷、泛在等信息技术与生俱来的特质在教育领域的集中体现——教育信息化展现出了促进教育均衡和教育公平的光明前景。无论是教育公共政策还是学界研究共识，都将教育信息化视为加快教育均衡发展的有效载体、重要途径和保障措施。换言之，教育信息化与教育均衡发展已成为相伴共生的关联概念，教育信息化要承载促进教育均衡发展的使命，已然成为事实判断。另一方面，在数字化生存的今天，信息技术已渗透到人们生活的每个角落，在改变信息交互形态的同时，也在改变和重塑人类社会的权力结构。正如人们对现代化的反思那样，教育信息化的发展加快了教育变革，但不同区域、不同学校、不同群体在信息技术使用机会方面也产生了差异和差距，以及在信息素养、数字化学习、信息化教学等技术应用技能和效益方面的"新数字鸿沟"（通常把技术使用机会差异称为"第一道数字鸿沟"或"技术沟"，相应地把信息技术使用技能和信息素养方面的差异称为"第二道数字鸿沟"或"使用沟"）。教育信息化要实现可持续发展，必须减小和弥合这些差异，避免因技术使用机会和使用能力差距而产生新的教育不均衡现象。基于以上两方面的分析，教育信息化自身的均衡，既是教育均衡发展的前提和基础，也是教育均衡发展的重要内容。教育均衡包括信息技术要素的均衡配置，信息技术要素在其他各类教育要素配置和教育发展全过程中，具有综合性影响。因此，义务教育信息化均衡发展是在理论和实践两方面均亟待确立的研究方向，既需要在教育学和教育技术学的双重视野中完善理论框架，也需要建立有效的方法论体系以指导实践，这是本书写作的逻辑起点。

一切科学都是从问题开始的，理论总是问答逻辑。[①]本书以义务教育信息化均衡发展作为核心问题，进而演绎出了指标体系和监测方法这两个子问题。显然，开展义务教育信息化均衡发展指标体系及监测方法研究的核心目的，是使义务教育信息化均衡发展这一抽象概念具体化，并能在实践中予以观察和测度。基于这个基本逻辑，本书论述和研究的核心是义务教育信息化均衡发展问题，并具体指向义务教育信息化均衡发展指标体系与监测方法两个重点内容（也

---

① 赵林. 告别洪荒——人类文明的演变. 武汉：武汉大学出版社，2005：31.

可视为两个子问题）。下文提及的三个核心问题，均是指义务教育信息化均衡发展理论阐释、指标体系构建与监测方法设计这三个问题。

第一节　均衡：义务教育信息化的基本向度

一、义务教育均衡发展是我国教育事业的战略主题

义务教育具有强制性、普惠性和公益性特征，突出体现了教育作为基本公共服务的重要属性，追求义务教育均衡发展的实质是保障教育公平，尤其是入学机会和教育过程公平，这也是实现教育公共服务均等化的基本要求。近年来，随着我国教育现代化进程的加快，国家连续出台政策加快了义务教育基本均衡的步伐，党的十八大更是提出将"均衡发展义务教育"作为全面建成小康社会的战略任务。2013 年，教育部启动全国县域义务教育基本均衡发展督导评估工作，至 2019 年 12 月底，全国累计 2767 个县通过了国家义务教育基本均衡认定，占比达到 95.32%[1]，我国义务教育取得历史性成就。

追溯我国义务教育均衡发展政策的嬗变过程，其基本路向是由"均衡"走向"优质均衡"，进而走向"城乡一体化"和"教育公共服务均等化"。显然，"让每个孩子享有公平而有质量的教育"这一政策目标贯穿始终，均衡政策的内核未曾变化，发生变化的是均衡的层次、范围及质量要求。党的十九大作出"中国特色社会主义进入了新时代"的重大判断，人民日益增长的美好生活需要和不平衡不充分的发展之间的矛盾成为我国社会的主要矛盾。要解决好这个主要矛盾，必须大力推动城乡义务教育一体化发展，特别是要高度重视农村义务教育，办好学前教育、特殊教育和网络教育，普及高中阶段教育，努力让每个孩子都能享有公平而有质量的教育。不断提升均衡的整体水平，追求更有质量的均衡，以更好地适应社会经济发展特别是城镇化和现代化新要求，这将是未来相当长一段时期我国义务教育发展的新目标和新任务。

---

[1] 教育部. 2019 全国义务教育均衡发展督导评估工作报告. http://www.moe.gov.cn/fbh/live/2020/51997/mtbd/202005/ t20200520_456706.html,（2020-05-20）[2020-10-08].

二、教育信息化是影响义务教育均衡发展的重要因素

1996 年，我国初步建成中国教育和科研计算机网（China Education and Research Network，CERNET），标志着我国进入大力推进教育信息化发展的历史阶段。在此后 20 多年的教育信息化发展过程中，以信息化推动教育均衡发展、促进教育公平是不言自明并被广泛认同的理念乃至信条。"让城乡的孩子们共同享受优质教育资源"和"同在蓝天下，共享优质教育资源"，是 21 世纪初我国推进基础教育信息化建设的响亮口号，其中均衡和公平的意蕴十分浓厚。由于教育信息化在突破时空限制、优化教学过程、配置教育资源等方面的优势显而易见，在我国城乡二元结构长期存在、城乡教育发展水平差距较大的现实情形下，教育信息化给予了广大农村地区和落后地区莫大鼓舞和激励。这正是基于人们已然建立的普遍信念——教育信息化能够有效促进教育均衡和教育公平，全社会对此也寄予厚望。

教育信息化既有外显的技术属性，也有内隐的教育属性和社会属性。从教育属性来看，教育信息化的核心价值是促进教育结构、教育形态及学习方式的持续变革，促进教育现代性的增长，提供信息时代的教育公共服务与社会公共服务，这是教育信息化的深层价值，这种深层价值建立在技术属性之上。教育均衡的核心目标并不是外显的教育要素和办学条件的均等化，而是内隐的深层教育价值的均等化。当然，外显的教育要素和办学条件的均等化是实现教育均衡的先决条件。义务教育信息化既是教育信息化体系的重要部分，也是促进教育均衡的重要途径，还是教育均衡的基本内容。信息技术的均衡配置和均衡应用，有利于实现信息技术使用机会和应用能力的大致均衡，并在办学条件、办学要素、教育质量和师生发展等各方面产生积极影响，从而实现教育均衡发展的深层价值。义务教育信息化均衡发展必然包含教育信息化自身均衡和信息化促进教育均衡两个维度，这两个维度如同硬币的两面，缺一不可。因此，均衡发展是义务教育的题中之义，也是教育信息化的内在要求，应当得到更多的关注和研究。

三、教育信息化均衡发展是消除数字鸿沟的必然要求

经过 20 余年的建设和发展，我国教育信息化事业在纵向上取得了巨大成

就，但在横向上依然存在显著的不均衡现象，区域、城乡、学校之间在信息化设施设备、数字资源共享、教师信息技术应用能力和信息化应用水平等方面仍普遍存在差距。一方面，受经济条件、城市化倾向及重点学校思维定式的影响[①]，部分地区信息化发展水平的不均衡成为教育发展失衡的新因素，造成了新的"数字鸿沟"和"信息鸿沟"现象。例如，城乡学校的教师和学生不仅存在信息技术使用机会上的差异，也存在由技术使用机会差异带来的信息素养、数字化学习、信息化教学等信息化技能方面的差异，以及网络使用带宽、时长及使用方式差异导致的"使用鸿沟"[②]，进一步加剧了不均衡现象，甚至成为导致社会阶层差异和不平等的新因素[③]。另一方面，由于认识和理念落后，相当一部分基层教育行政部门和学校对教育信息化依然存在"重硬件轻软件、重建设轻应用、重设备轻能力"等倾向，信息技术并未像人们预期的那样对教育发挥有效支持作用，更谈不上达到在深度融合基础上的教育教学创新等更高要求。教育信息化发展必须打破"环境建设—老化淘汰—更新升级再建设"这一单调循环，才能真正清除教育信息化进程中一直存在的教育价值被弱化、整体效益低下、社会服务滞后等种种"痼疾"。某种意义上，这是事关教育技术学学科和教育信息化事业存在的合理性的重大命题。

　　基于这些现实问题，人们不由思考：随着教育信息化的不断深入发展，广大学校和师生在信息技术使用机会上是否实现了无差异化和均衡化？或者传统意义上以网络带宽、终端设备和数字资源为代表的"数字鸿沟"是否已经基本消除？信息素养、数字化学习、信息化教学能力等新的"使用鸿沟"是否也必然会随着技术的普及而基本消除？与此同时，教育信息化是否能有效促进基础教育均衡发展？教育信息化应该在哪些维度上促进基础教育均衡发展？在实践中，教育信息化能在多大程度上促进教育均衡发展，或者促进教育均衡发展的实效性如何？这些基本问题既是我国教育信息化可持续发展不能回避的重大课题，也是我国基础教育均衡发展特别是义务教育均衡发展不能回避的重大课题。换言之，追求均衡既是作为主体的教育信息化的内在要求，也是作为客体的教

---

①　熊才平，吴瑞华. 基础教育信息化城乡均衡发展：问题与对策——浙江省台州市的实证研究. 教育研究，2006（3）：50-53.

②　王美，随晓筱. 新数字鸿沟：信息技术促进教育公平的新挑战. 现代远程教育研究，2014（4）：97-103.

③　李升. 数字鸿沟：当代社会阶层分析的新视角. 社会，2006（6）：81-94.

育信息化在促进义务教育均衡发展进程中的客观需要。

四、义务教育信息化均衡发展亟待建立有效的方法论体系

近年来，教育监测日益受到国家重视，特别是基于信息化手段的教育质量监测和过程监测，成为教育研究的新领域和教育质量保障的新要素。[①]因为它有利于改进传统教育评估在实施方式和结果反馈等方面的不足，呈现客观准确的教育发展状况及价值中立的有效数据。[②]无论是人们对教育信息化价值的既有认识，还是国家政策导向，都需要对信息化促进基础教育均衡发展的措施、路径和实效进行深入研究。但现实中，这恰恰是教育信息化研究和实践的薄弱环节，尤其是缺少实证基础上的深入考察。在义务教育从基本均衡走向优质均衡和城乡一体化发展的新阶段，回答"教育信息化应如何有效推动义务教育均衡发展、如何监测和评价教育信息化促进义务教育均衡发展的实效性"等一系列问题，显得尤为紧迫，其现实意义也不言而喻。

在我国教育信息化推进过程中，评估方面的研究和实践一直较为滞后。"人们强调对教育信息化建设和应用行为本身是否发生进行事实判断，而不是对这一行为对教育的促进效果进行价值判断。"[③]《2015年教育信息化工作要点》中提出"深化全国义务教育阶段学校信息化发展状况的监测与评估研究，完善评价指标体系与发展指数，逐步积累并建立发展监测数据库和可视化系统"，"推进大数据应用，发挥监测、评价、预测及预警功能，为科学决策、宏观管理提供依据"。《教育信息化2.0行动计划》明确要求"全面开展面向区域教育信息化的督导评估和第三方评测，提升各地区和各级各类学校发展教育信息化的效率、效果和效益"。此后国家出台的各类教育及教育信息化方面的重大综合性文件中，都对加强教育监测特别是利用信息化手段开展教育监测工作予以了强调。开展义务教育信息化均衡发展监测的当务之急是形成科学系统的指标体系和监测方法，提供有效的方法论体系，使义务教育信息化均衡发展这一抽象概念能够在实践中得到观察和测度。通过开展常态化的过程性监测，能够切实推动县

---

① 王战军，乔刚，李芬. 高等教育质量保障新类型：监测评估. 高等教育研究，2015（4）：39-42.

② 王战军，乔伟峰，李江波. 数据密集型评估：高等教育监测评估的内涵、方法与展望. 教育研究，2015（6）：29-37.

③ 丁婧. 功能层面的教育信息化评价标准研究. 南京：南京师范大学，2011：19.

域义务教育信息化高质量均衡发展。形象地说，指标体系如同一张网，将其撒向复杂而具体的县域教育情境，可以捕捉和获取相关数据，通过对这些数据的分析测算，可以实现对县域义务教育信息化均衡发展状况的监测和诊断。科学适切的指标体系、切实可行的监测思路及监测方法，共同构成了义务教育信息化均衡发展的评估框架和方法论体系。这不仅有利于在实践中更好地推动义务教育信息化均衡发展，也有利于为建立系统的教育监测制度提供借鉴和参考，还有利于为完善基础教育均衡与教育信息化理论做出有益探索和创新实践。

总之，均衡发展是义务教育的基本导向和战略任务。国内对义务教育均衡发展已有大量研究，相关的国家政策要求也十分清晰，然而，对教育信息化均衡发展的研究还较欠缺，尤其是义务教育信息化均衡发展的内涵、指标以及信息化促进义务教育均衡发展的途径、维度、实效性等方面，均需要深入考察。本书对这些问题进行了分析和透视，从整体上认识和厘清了义务教育信息化均衡问题，建立了县域义务教育信息化均衡发展的指标体系和方法论体系，有利于丰富和完善教育均衡发展理论与教育信息化均衡发展模式，具有理论创新意义。

从当前我国教育信息化发展现状来看，伴随互联网技术的快速发展，教育信息化的内涵和使命正在发生双重转向：由优化教与学环境走向深度重构学习方式和教育结构、由教育服务走向社会公共服务。[①]中国将在 2035 年总体实现教育现代化，为建成富强、民主、文明、和谐、美丽的社会主义现代化强国奠定坚实基础。[②]在此过程中，教育的使命是构建"时时可学、处处能学、人人皆学"的泛在学习环境，形成世界上最大规模的全民学习、终身学习、灵活学习的学习型社会，实现由"学有所教"向"学有优教"的跃升，使教育的创新红利更为显著[③]，这可视为教育信息化 2035 的新愿景。面对这些新形势和新要求，教育信息化必须加快消除新的"数字鸿沟"并显著提升教育公共服务能力。要实现这个目的，应当将公益性和普惠性最强的义务教育作为切入点，通过构建义务教育信息化均衡发展指标体系与监测方法，解决教育信息化自身均衡与

---

① 赵晓声. 数字教育资源配置模式转变——从共建共享到公建共享. 电化教育研究，2015（4）：70-75.

② 中共中央、国务院印发《中国教育现代化 2035》. http://www.gov.cn/zhengce/2019-02/23/content_5367987.htm，（2019-02-23）[2020-10-08].

③ 胡鞍钢，王洪川，鄢一龙. 教育现代化目标与指标：兼谈"十三五"教育发展基本思路. 清华大学教育研究，2015（3）：21-26，47.

促进教育均衡两个紧密关联的现实问题，为大面积开展监测实践做出积极有效的探索。长远来看，这是实现义务教育优质均衡理想状态的必然选择，具有现实意义。

第二节 从理论到实践：义务教育信息化均衡发展的核心问题

基于以上义务教育信息化的基本向度，也为了回答和回应上文中提及的种种问题或思考，本书重点对义务教育信息化均衡发展的理论阐释、指标体系构建、监测方法设计等核心问题和内容进行深入研究，并通过实证研究对县域义务教育信息化均衡发展指标体系和监测方法予以检验，力图在理论和实践两个方面，为我国义务教育信息化均衡发展和教育均衡发展做出有益探索。

本章开宗明义地确立了义务教育信息化均衡发展理论阐释、指标体系构建及监测方法设计三个核心问题，事实上也确定了本书聚焦的三个研究对象。本书将义务教育信息化均衡问题的研究范围界定在县域，一方面是适应我国义务教育均衡发展的政策要求，即义务教育均衡发展的合理范围是县域内城乡之间、学校之间以及同一学校不同群体之间的均衡发展；另一方面是为了确定实证研究的样本选取范围。本书对义务教育信息化均衡发展指标体系的界定是：依据教育公平和教育均衡的价值取向，按照一定的分析模型，用来描述、定义、分析、反映义务教育信息化均衡发展水平和态势的一系列指标名称、指标数值及数据工具的总称。对义务教育信息化均衡发展监测方法的界定是：依据义务教育信息化均衡发展指标体系，在县域范围内有效实施义务教育信息化均衡发展监测的一系列技术方案、数据规范、统计方法和测度方法的总称。义务教育信息化均衡发展监测，既要监测县域义务教育信息化整体发展水平，又要监测义务教育学校信息化发展水平的校际均衡状况。

第三节 国内义务教育信息化均衡发展研究的现状分析

义务教育信息化及义务教育均衡发展在很大程度上是中国特色的概念或

政策话语，因此，国外与义务教育信息化均衡发展直接相关的研究十分少见，主要在教育指标、社会信息化指标、教育信息化指标等方面的研究成果中有所涉及和体现。这几个方面的成果单独在第三章进行比较研究，以从中借鉴经验和获得启示。本节重点对我国义务教育信息化均衡发展研究现状进行总体分析。

围绕本书研究的三个核心问题，本节重点从三个方面展开文献综述：一是义务教育信息化均衡发展的理论研究进展；二是义务教育信息化均衡发展的指标体系研究进展；三是义务教育信息化均衡发展的监测机制或方法研究的成果和进展。对中国知网进行全学科领域的详细检索，时间限定为 2007 年 1 月—2019 年 12 月，考虑到指标体系通常包含在评价或评估研究的文献中，分别以"教育信息化+评价/评估""教育信息化+指标""义务教育信息化""义务教育信息化+指标""义务教育信息化+均衡""教育信息化+监测"为关键词进行精确检索，并二次筛查和剔除无关文献，文献检索结果见表1-1。从文献检索结果可以看出，国内明确以义务教育信息化为研究对象的成果较少，共有20篇。进一步分析发现，这些文献都集中在2012年之后发表，主要发表在教育技术学学科的代表性期刊上，如《中国电化教育》《电化教育研究》《现代远程教育研究》等，另有部分博士论文以基础教育信息化均衡发展和信息技术促进义务教育均衡发展为研究对象。

表 1-1　文献检索结果

关键词	文献数量/篇	内容分析	与本书关联度
教育信息化+评价/评估	140	理论研究、评价模型与指标等	部分相关
教育信息化+指标	192	宏观思考、发展水平评价指标	部分相关
义务教育信息化	11	信息化促进义务教育均衡发展 义务教育学校信息化的均衡配置	相关
义务教育信息化+指标	2	义务教育信息化均衡发展指标	相关
义务教育信息化+均衡	7	义务教育学校信息化的均衡配置	相关
教育信息化+监测	8	信息化手段支持教育监测	部分相关

一、义务教育信息化均衡发展理论的研究现状

受义务教育均衡这一强劲政策话语的影响，已有研究主要从信息技术如何促进基础教育或义务教育均衡发展的角度，从理论层面和宏观层面阐述了教育

信息化与教育均衡的关系，本质上是对"信息技术对教育具有重要影响"这一价值判断的演绎和延伸。

一是对义务教育信息化均衡发展的作用和价值的理论分析。这是目前有关义务教育信息化均衡发展研究中最具代表性、成果最集中的一个方向，主要是从信息技术或信息化手段怎样促进基础教育均衡发展以及义务教育均衡发展的角度，阐述教育信息化与教育均衡的关系，即教育信息化对义务教育均衡发展具有正面影响，教育信息化能够有效促进义务教育均衡发展。诸如信息技术提升义务教育均衡发展问题研究、教育信息化背景下的义务教育均衡发展研究、教育信息化背景下义务教育优质均衡发展问题研究等，是当前国内义务教育信息化均衡发展理论研究的重点。

熊才平较早关注和研究了基础教育信息化均衡发展问题。基于知识沟理论分析了"知识沟-数字鸿沟-贫富差距-教育信息化-信息素养教育"之间的转变关系，指出社会各阶层之间"知识沟"扩大化的根源是社会经济结构不平衡造成的公民信息素养差距的扩大化。熊才平认为，我国基础教育信息化发展区域性失衡的根本原因是地区之间在经济发展上存在显著差距，需要通过财政资金的转移支付，缩小基础教育信息化环境资源建设方面的起点差距，以最低建设标准来保证信息素养教育的机会公平，防止"知识沟"的扩大化。在具体策略上，熊才平认为，可通过教育城域网形成一个区域性的互联互动、数字教育资源共享和远程教育的基础构架，将同一地区、同一个城市内的所有学校、研究机构、教育机构互联起来，实现学校科研、管理、教学、远程教育以及对外技术交流与合作服务等大量业务的互联互通，促进学校教育教学水平的均衡化。[①]彭红光和林君芬认为，以信息化促进义务教育均衡发展的具体目标是为尽可能多的人提供适应信息时代要求的优质教育，培养技术时代个性丰富且有创见的人。以信息化促进义务教育均衡发展，必须超越纯技术的视域，将人的发展和教育置于"技术建构"的现代社会的文化情境中，使同处一片蓝天下的每一个孩子都能享受现代文明，获得同等的发展机会，成为"现代人"，并在技术世界中过上有意义的生活。以信息化促进义务教育均衡发展要着眼于内涵层面的教育均衡发展，即教好每一个学生，信息化要为全体学生的全面发展和个性化学

---

① 熊才平. 中国基础教育信息化均衡发展理论与实施框架. 武汉：华中科技大学，2004：26.

习提供可能。[①]张国林分析了信息技术提升义务教育均衡发展的显性制约因素和隐性制约因素。显性制约因素主要有社会经济发展水平、信息化领导力、信息化装备条件、信息化教学能力、数字教育资源和技术支持体系。隐性制约因素主要有政府行为中的"经济人"思维、教育文化的潜在影响和教育信息化发展进程中的路径依赖。[②]

二是在充分肯定信息化对义务教育均衡发展具有显著影响的同时，进一步讨论以信息化促进义务教育均衡发展的机制、策略、路径等，重点从政策实践层面予以分析。例如，张国林认为，信息技术提升义务教育均衡发展的核心机制有三个：基于可复制资源的补偿与转移机制、基于快速延伸的资源共享机制和基于学习工具的创新机制。[③]这三个机制分别指向信息技术提升义务教育均衡发展水平的三种优势：信息化教育资源、教育时空的拓展和延伸、深度学习的保障。这三种优势共同促进校际资源的共享、校际资源的平衡，从而实现课堂教学的跨越式发展。彭红光和林君芬提出，以信息化促进义务教育均衡发展的核心在于推进教育信息化一体化，包含城乡教育资源服务一体化、城乡教育网络一体化、城乡学校信息化建设标准化和城乡教师信息化教学能力均衡化。[④]高铁刚从宏观层面考察了信息技术提升我国义务教育均衡发展水平的对策，认为国内对信息技术提升义务教育均衡发展水平这一问题的研究在理论、政策和实践层面均存在显著不足，客观上制约了信息技术提升义务教育均衡发展作用的发挥。[⑤]由于缺少有效的衡量义务教育均衡发展水平的量化方法，尤其缺少对教育过程差异、学业成就差异、教育回报差异等方面的系统评价，政府在改善落后地区教育现状的同时，有可能会进一步扩大"数字鸿沟"，加速信息技术水平的不均衡。

二、义务教育信息化均衡发展指标体系的研究现状

在国内，一方面，已有的义务教育信息化均衡发展研究成果中，直接指向

---

① 彭红光，林君芬. 以信息化促进义务教育均衡发展的机制和策略. 中国电化教育，2010（10）：33-39.
② 张国林. 信息技术提升义务教育均衡发展问题研究. 大连：辽宁师范大学，2013：39.
③ 张国林. 信息技术提升义务教育均衡发展问题研究. 大连：辽宁师范大学，2013：39.
④ 彭红光，林君芬. 以信息化促进义务教育均衡发展的机制和策略. 中国电化教育，2010（10）：33-39.
⑤ 高铁刚. 信息技术提升义务教育均衡发展水平的现状、问题与对策. 中国电化教育，2015（2）：1-6.

操作层面的评价指标体系或监测指标体系的研究十分有限，主要有李葆萍、李贺、刘雍潜等的研究。但另一方面，国内对基础教育信息化发展水平评价和绩效评价的研究较多，取得的共识性成果较多，如应该主要从经费投入、政策保障、硬件环境建设、信息化教学应用等方面来评价某个区域或某所学校的信息化发展水平。

显然，教育信息化发展水平评价与教育信息化均衡发展评价的侧重点完全不同，前者的评价重点是教育信息化发展的实然状态，后者的评价重点是区域之间、城乡之间或学校之间教育信息化发展水平的差异度和均衡度。换言之，教育信息化发展水平的评价重点是确定"好或不好"，而均衡发展评价的重点是"好或不好的大致均等程度"。本质上，教育信息化均衡发展评价应建立在水平评价之上，因为我们追求的是区域之间、城乡之间和学校之间的教育信息化水平均处于某个基准或底线之上，进而分析谁更好、谁相对较弱，这体现了优中选优的研究取向或工作导向。如果抛开发展水平仅仅讨论均衡问题，极有可能出现某一区域所有学校的教育信息化发展状况差异很小，看上去实现了均衡但水平都很低的情况；如果抛开了均衡只讨论发展水平，则极有可能出现只看到了"山峰"而忽视了"低谷"，或者只看到了"低谷"而忽视了"山峰"的情况。因此，义务教育均衡发展指标体系的构建，一定要同时兼顾发展水平和均衡程度，追求高水平、高质量的均衡发展。

李葆萍等初步构建了义务教育信息化均衡评价指标体系，这是国内目前唯一明确研究义务教育信息化均衡发展指标的成果。他们分析了教育均衡与义务教育信息化均衡的内在关联，指出教育均衡的关键是教育资源的优化配置，即各类教育资源在城乡、区域、学校和群体之间相对均等的分配。[①]信息时代教育均衡涉及的各类教育资源也包含各类信息技术资源：第一，组成学校信息化教育环境的各类硬件设施，如校园网络通信设备、计算机终端设备、多媒体教室等信息化教学设施等；第二，支撑学校信息化教学与管理的各种资源类、工具类和生成类软件，如学科资源库、教学平台、网络课程、电子图书和期刊、虚拟实验环境等；第三，主导学校教育信息化建设的各类专业人力资源，如信

---

① 李葆萍，马妮娜，田承芸. 我国义务教育信息化均衡性评价指标体系的构建及应用. 现代远程教育研究，2012（5）：36-41.

息技术学科教师、教育信息化管理和决策人员、具备较高信息化教学技能的学科教师等。要实现教育信息化均衡，既要实现各类信息化资源的相对均衡，还要实现信息化资源应用的均衡。义务教育信息化均衡是区域间、城乡间、学校间在教育信息化经费投入、信息技术设施配置、各类数字化资源建设和开发、信息学科师资配备、信息技术教育应用、学生信息素养等方面大体上处于一种相对平衡和公平的状态。教育信息化的最终目标是要实现信息技术对传统教育的革新，单纯的基础设施的投入只是教育信息化建设工作的一部分。有效地利用各类信息技术资源提高学校教学和管理质量、提升教师的信息化教学及学生的学习水平，是教育信息化工作的一项重要任务，也是影响教育信息化均衡乃至教育均衡的重要因素。义务教育信息化均衡的测定和监测不仅应关注传统的软硬件、师资等常规教育资源的配置均衡，还应关注教育信息化应用水平的配置均衡。

李葆萍等从教育信息化投入均衡、教育信息化基础设施条件均衡、教育信息化应用水平均衡和教育信息化人才培养均衡四个方面，构建了义务教育信息化均衡发展指标体系（表 1-2）[1]。教育信息化投入均衡的监测点是生均教育信息化投入经费；教育信息化基础设施条件均衡的监测点是生机用机城乡差异、城乡学校开通校园网的学校比例及学校电子图书藏量城乡差异；教育信息化应用水平均衡的监测点是教师教育技术技能差异、教师使用信息技术授课频率差异、学校信息化平台建设数量差异及学校校本教育网络资源库容量差异；教育信息化人才培养均衡的监测点是学生信息技术基本知识和技能差异、学生常用软件操作能力差异、学生获取信息能力差异及学生使用和生成信息能力差异。

李葆萍等应用该指标体系对北京市义务教育信息化均衡情况进行了分析，发现在教育信息化投入均衡方面，校际平均投入较小，但校际差异较大；在教育信息化基础设施条件均衡方面，城乡学校在生机比、开通校园网比例、电子图书藏量等方面的差异显著，且小学阶段的差异大于初中阶段；在教育信息化应用水平均衡方面，通过考察教师信息技术技能和学校信息化平台建设数量及学校校本教育网络资源库容量等，发现教师信息技术技能水平和信息技术授课

① 李葆萍，马妮娜，田承芸. 我国义务教育信息化均衡性评价指标体系的构建及应用. 现代远程教育研究，2012（5）：36-41.

表 1-2 义务教育信息化均衡发展指标体系

一级指标	监测点	数据来源和使用说明
教育信息化投入均衡	生均教育信息化投入经费	宏观统计数据，教育信息化直接经费投入
教育信息化基础设施条件均衡	生均用机城乡差异 城乡学校开通校园网的学校比例 学校电子图书藏量城乡差异	宏观统计数据，掌握教育信息化建设均衡性的概貌
教育信息化应用水平均衡	教师教育技术技能差异 教师使用信息技术授课频率差异 学校信息化平台建设数量差异 学校校本教育网络资源库容量差异	抽样调查数据，了解校际均衡情况
教育信息化人才培养均衡	学生信息技术基本知识和技能差异 学生常用软件操作能力差异 学生获取信息能力差异 学生使用和生成信息能力差异	抽样调查数据，了解学生信息素养均衡情况

频率的校际差异很小，但信息化平台和校本资源建设方面的校际差异较大，不同学校信息技术应用的广度和深度差异显著；在教育信息化人才培养均衡方面，整个义务教育阶段学生在各项信息能力上的差异系数均不大，说明不同类别学生的信息素养能力结构趋同。由此她们指出，由于差异系数对差异绝对均衡程度的解释力有限，需要长期跟踪或者选取其他的指标来考察人才培养均衡发展趋势。[1]此外，李葆萍还根据 2001—2010 年中国教育统计年鉴数据，从义务教育基础设施建设城乡均衡性、义务教育软件资源建设城乡均衡性、初中阶段信息技术师资配置城乡均衡性、区域间义务教育信息化均衡性等维度分析了我国义务教育信息化建设均衡性特征，认为我国城乡间和区域间义务教育信息化建设均衡性不断得以改善，然而还存在两个影响教育均衡建设的重要因素：一是各省区市的义务教育信息化建设对本地区的经济发展水平存在明显的依赖性；二是我国城乡教育信息化不均衡表现出结构性特征。[2]因此，区域间和城乡间"数

---

① 李葆萍，马妮娜，田承芸. 我国义务教育信息化均衡性评价指标体系的构建及应用. 现代远程教育研究，2012（5）：36-41.

② 李葆萍. 我国义务教育信息化建设均衡性研究——基于 2001—2010 年中国教育统计年鉴数据分析. 中国电化教育，2012（3）：37-42.

字鸿沟"的显现成为新的不均衡因素，应当加强对义务教育信息化建设的监控，完善教育信息化建设决策模型，通过有效的财政、产业政策支持促进教育信息化均衡发展。

刘雍潜提出，义务教育区域均衡发展的四个主要要素是教育环境、教育资源、教育机会和教育质量，并依此确定了 11 项二级指标，形成了义务教育区域均衡发展的评价指标体系[①]，见图 1-1。

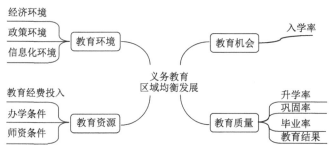

图 1-1 义务教育区域均衡发展的评价指标体系

刘雍潜认为，信息技术对义务教育区域均衡发展的影响表现在五个方面：一是对教育环境的影响，具体表现为教育信息化"三通两平台"[②]的建设及应用对教育环境二级指标中的信息化环境有着直接的促进作用；二是对教育资源的影响，具体表现为信息技术对教育资源二级指标中的办学条件有着直接的促进作用；三是对教育机会的影响，具体表现为信息技术对教育机会二级指标的入学率有着间接的促进作用；四是对学与教的方式的支持，具体表现为信息技术对教学内容、教学策略、教学评价、学生的学习方式和教师的教学方式都有影响，进而有利于教育质量的提升；五是对教师专业发展的影响，具体表现为信息技术在教育教学中的应用及教师信息化教学能力培训对教学质量和教育资源二级指标中的师资条件有着直接的促进作用。[③]

① 刘雍潜. 信息技术对义务教育区域均衡发展影响的研究. 中国电化教育，2014（4）：43-47.

② 宽带网络校校通、优质资源班班通、网络学习空间人人通，建设教育资源公共服务平台、教育管理公共服务平台。

③ 刘雍潜. 信息技术对义务教育区域均衡发展影响的研究. 中国电化教育，2014（4）：43-47.

三、义务教育信息化均衡发展监测方法的研究现状

义务教育信息化均衡发展监测方法相关研究总体上与义务教育信息化均衡发展指标体系研究相近，只是数量更少。此类研究可分为三类：一是利用信息化手段特别是新近兴起的大数据技术开展宏观层面的教育质量监测，有学者论及了监测教育质量均衡的相关思路，如将数据密集型监测理论引入教育监测之中。①二是利用信息化手段对县域义务教育均衡发展开展监测，来提升监测过程的有效性。此类研究的逻辑起点仍是"教育信息化能够促进义务教育均衡发展"。三是直接指向义务教育信息化均衡发展监测的研究，将义务教育信息化作为核心对象，讨论如何在实践中监测其均衡发展状况，但成果数量寥寥无几。

李贺开展了县级教育信息化发展水平监测评估框架建构研究，指出在我国教育信息化各项建设工作处于快速发展期的当下，全面监测和评估教育信息化发展水平、准确把握建设进展、及时发现发展短板、科学制定发展规划尤为重要，研制县级教育信息化发展水平监测评估框架成为当务之急。该框架体现了对县域教育信息化发展水平的监测思路，既涉及监测指标的制定，又涉及发展水平的划分，还涉及评价标准的确定，应从管理与服务、信息化教学环境、教师信息化教学水平、学生信息化学习水平四个核心维度出发，以起步、应用、融合、创新为四个发展阶段，综合制定县级教育信息化发展水平监测评估框架。②此外，李葆萍等虽然建议通过计算城乡差异系数的方法来比较城乡义务教育学校差异，但并未进一步开展指标体系的应用实证研究，也未提出具体的监测思路或方法。③

国内开展较多的是教育信息化发展水平评估研究，主要采取德尔菲法、模糊综合评价法、算术平均法、指数法等方法进行测度。德尔菲法被经常用于实地评估或质性评价的场合，其他方法则均侧重于从统计学的角度进行评估数据的量化处理。

---

① 王战军，乔伟峰，李江波. 数据密集型评估：高等教育监测评估的内涵、方法与展望. 教育研究，2015（6）：29-37.

② 李贺. 县级教育信息化发展水平监测评估框架建构研究. 中国电化教育，2017（7）：107-114.

③ 李葆萍，马妮娜，田承芸. 我国义务教育信息化均衡性评价指标体系的构建及应用. 现代远程教育研究，2012（5）：36-41.

在具体的监测方法上，屈宏强采用了综合加权赋分法，即通过问卷调查的方式获取县域中小学体育发展水平的相关数据，并将指标体系的各项子指标分为高、中、低三个等级，高等级为 0.8—1 分，中等级为 0.6—0.8 分，低等级为 0.6 分以下。[①]依照各所学校问卷调查的结果，给每个问题所对应的监测点进行赋值，将同一个二级指标下每个三级指标的具体分值分别乘以该指标对应的权重并求和，就得出该二级指标的得分。在计算出所有二级指标的得分之后，将在同一个一级指标下的二级指标的具体分值分别乘以各自的权重之后再求和，就得出所对应一级指标的得分。依此类推，最后一级指标的得分总和就是该学校体育均衡发展评价总体得分。

卢晓旭从教育资源配置水平区域均衡的角度，监测了县域义务教育均衡发展程度。在指标体系建立之后，运用各级指标测度资源配置水平的区域差异，并以教育资源配置均衡指数的形式表达。卢晓旭提出了三种监测思路：①运用单项指标水平加权计算总水平和单项指标差异加权计算总差异；②运用基尼系数、差异系数、加权差异系数、修正加权差异系数测度差异大小；③用锡尔系数将总差异分解为城区内学校间差异、乡村内学校间差异和城乡差异三个部分。[②]通俗地说，就是利用指标体系为县域内所有学校逐个赋分，比较校际综合得分差异；对每个指标进行逐校赋分，比较各个指标的校际差异；利用基尼系数、差异系数和锡尔系数，分别从不同的侧重点出发，比较县域内城乡和校际差异。

周平红从高校信息化整体水平和不同领域的发展水平两个方面比较了区域内校际差异和区域间高等教育信息化水平差异，并采取绝对差异和相对差异进行了差异分析。[③]

翟博是国内最早开展区域教育均衡测度研究的学者，也是最早提出建立基础教育均衡发展指数，以衡量基础教育均衡发展水平的学者。[④]所谓基础教育均衡发展指数，就是通过对一定的教育指标数据进行动态分析，建立数据模型，

① 屈宏强. 学校体育均衡发展评价指标体系的构建与实证研究——以河南省中学为例. 福州：福建师范大学，2012：50.

② 卢晓旭. 基于空间视角的县域义务教育发展均衡性测评研究——以江苏省常熟市为例. 南京：南京师范大学，2011：129.

③ 周平红. 我国高等教育信息化水平测评与发展预测研究. 武汉：华中师范大学，2012：41.

④ 翟博. 教育均衡发展：理论、指标及测算方法. 教育研究，2006（3）：16-28.

计算出教育发展的一个个数值，再依据教育均衡发展的目标要求和经济社会发展以及教育发展实际，确定不同发展阶段的标准和数值。这样不仅可以从不同发展阶段划分和确定教育均衡的标准和要求，推动教育特别是区域教育的均衡发展，而且可以对教育失衡做出及时、准确和有效的测度、监控与调节，并通过一定手段将教育均衡指数控制在一定的水平，以此确保基础教育的均衡发展。在具体的测度方法上，翟博采用标准差和变差系数来测算教育发展离散程度（即教育的均衡度），具体到每一个指标，即先确定其在某个监测情境中的最大值和最小值，据此将各个指标进行标准化处理，把每个指标转化为 0—1 取值的指数形式，各项分级指数的平均值就是最终的教育均衡指数。翟博还借鉴了联合国开发计划署有关人类发展指数的计算方法，并将其引入教育均衡发展指数的确定过程。

可以看出，以上研究在监测思路上普遍采用综合加权赋分法来确定区域教育或教育信息化整体水平，采用差异系数法分析区域内城乡间和学校间教育或教育信息化的均衡状况。一般而言，无论是教育监测还是教育信息化监测，都需要借助统计学的原理和方法。均衡是度量和描述事物差异的概念。统计学中用来描述差异的数学工具通常有标准差、极差、均值、差异系数、基尼系数等。教育部开展的县域义务教育均衡发展督导评估就使用差异系数的方法来比较县域内校际差异，并设定了一个差异系数的临界值作为评价县域义务教育是否达到均衡的基准。在监测方法上，国内教育信息化发展水平评估或测度主要采取指标加权赋分、德尔菲法、模糊综合评价、算术平均和指数法等。德尔菲法常用于质性评价，其他方法均涉及统计学的量化处理。在义务教育信息化均衡发展监测实践中，应该在综合比较上述各类方法的基础上，通过实证检验确立一种具有普遍性和可行性的有效方法。

四、已有研究的局限与不足

从已有研究和实践来看，国内对义务教育信息化均衡发展的关注不足、成果较少，特别是义务教育信息化均衡发展监测方面的研究几近空白。但国内对义务教育均衡发展方面的研究，不仅成果丰富，实践进展顺利，而且形成了体系化、制度化的监测评估政策。究其原因，一方面是因为义务教育信息化均衡发展问题具有交叉性，关涉教育信息化、义务教育和义务教育均衡发展等多个上位概念，研究难度较大，而且受到"教育信息化是促进教育均衡的有效手段"这一先验判断的影响，人们往往将更多精力投入到教育均衡问题上，而减少了对教育信息化自身均衡问题的研究；另一方面是因为国家政策对教育信息化均衡和教育信息化发展水平监测的要求比较滞后，直到 2015 年以后才在教育部文件中初步提及。虽然政策要求较晚，但近几年义务教育信息化均衡发展受到越来越多的重视，也是一个显著趋势。总体而言，目前国内对义务教育信息化均衡发展问题的研究可以总结为：日益受到重视和关注，但研究方向和成果较为分散，尚未形成体系化的研究态势，在义务教育均衡发展要求不断强化和教育信息化加速推进的双重背景下，义务教育信息化均衡发展问题亟须在理论、政策和实践三个层面进一步突破，具体表现在以下三个方面。

一是应突破教育信息化的"工具观"或"客体观"，不仅应论证信息化手段对促进义务教育均衡发展的价值与作用，还应考察义务教育信息化自身的均衡发展问题，即将其作为整体的教育信息化均衡发展问题进行研究。换言之，应构建整体的教育信息化均衡发展观。教育信息化均衡的核心要求是技术的均衡存在以及技术影响的均等化，均衡是教育信息化的自身要求，也是教育信息化影响教育公平的先决条件，是对教育公平、教育质量、教育创新等产生积极作用的前提。虽然教育信息化不一定是影响教育均衡最核心的要素，但从信息时代教育事业发展的高度来看，如果缺失了技术的均衡存在、均衡配置和技术影响的均等化，甚至连技术的使用机会都不均等，那么这样的教育一定不会是公平的、有质量的、有效率的。

二是应突破只在理论层面讨论义务教育信息化均衡问题的局限，进一步将研究内容具体化和深入化，进一步把研究视角由宏观转向微观。换言之，应加强对义务教育信息化均衡发展指标体系和监测方法的研究，形成适切的方法论体系，通过开展常态化的过程性监测工作，带动县域义务教育信息化高水平均衡发展。

三是应加强义务教育信息化均衡发展的实证研究，在此基础上探索形成制度化的监测政策保障机制，促进县域义务教育信息化可持续发展，并通过教育信息化的均衡发展或信息技术要素的均衡配置，带动县域义务教育事业的优质均衡，从而达到城乡一体化发展的理想状态。

这些局限和不足，也正是本书着力思考和研究的重点及难点。

第四节　本书的研究思路、研究方法及内容结构

一、研究思路

按照义务教育信息化均衡发展理论阐释—义务教育信息化均衡发展指标体系构建—义务教育信息化均衡发展监测方法设计—县域义务教育信息化均衡发展监测实证检验的逻辑顺序，本书的总体思路如图 1-2 所示。

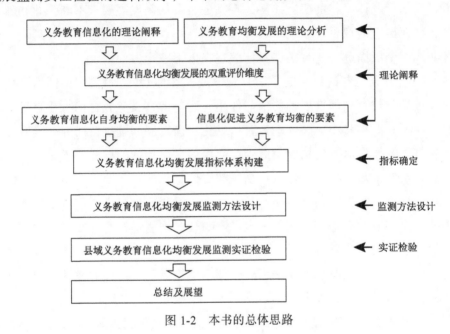

图 1-2　本书的总体思路

二、研究方法

本书总体上遵循政策研究和应用研究范式，既有理论分析也有实证研究，综合运用了文献法、调查法、比较研究法、案例研究法和要素分析法等。

1. 文献法

对国内外信息化测度指标、教育信息化政策和指标、教育信息化与教育均衡发展研究、教育监测研究等相关文献进行了全面系统的梳理和分析，以提升本书研究的价值和深度。

2. 调查法

在县域内义务教育信息化均衡发展实证研究部分运用了调查法，依据本书构建的指标体系设计调研框架，通过问卷调查和实地访谈，收集样本县和学校数据，借助 SPSS18.0 软件和大数据挖掘完成定量和定性分析。该工作的目的是直观分析样本县教育信息化发展状况和均衡程度，使监测结果可视化，更重要的是对指标体系予以检验和调整，以提升指标的科学性和适切性。

3. 比较研究法

比较研究的一个基本假设就是，人类的基本需要是一致的，这决定了人类的行为和反应也具有相似性——不论种族、国家、时代。这种相似性广泛地表现在社会各领域，在教育领域和教育信息化领域也是如此。研究表明，在教育现代化和教育信息化发展的不同阶段或同一阶段，各国所经历的问题以及解决这些问题的思路和方式是相近的。同时，由于各国的国情不同，教育信息化的变迁方式又各有特色，比较研究的一个重要目的是在不同的社会和国家中检验教育命题，包括教育信息化命题，通过比较达成一些共识性、普遍性的认识。本书主要通过对比美国、英国、日本等发达国家（同时它们也是社会信息化进程开启较早、信息化整体程度较高的国家）推进教育信息化的政策、制度和评估指标等，来准确把握国际教育信息化发展政策趋向和国际通用信息化测度方法。同时也比较分析了国内有代表性的教育信息化发展指标和监测成果。

4. 案例研究法

案例研究即个案研究。本书所涉及的案例研究包括两部分：一部分是在教育信息化指标和监测方法的国际比较中，分别将美国、英国、日本和中国等国家作为个案，进行了深入研究和比对；另一部分是在县域义务教育信息化均衡发展监测方法的实证检验中，选择了陕西省某县的若干义务教育学校作为研究对象，运用县域义务教育信息化均衡发展指标体系和监测方法，通过问卷调查、实地访谈和大数据分析,对县域义务教育信息化均衡发展状况进行了系统观察、描述和分析，对指标体系及监测方法进行了检验调适。

5. 要素分析法

从语义上讲，教育信息化实际上是教育各组成要素的信息化，以及这些要素经由信息化而产生的综合性、系统性影响。如果抛开教育的组成要素，显然难以对教育信息化进行分析。关于教育要素的划分，国内外已有大量的研究和讨论，在政策实践中也经历了反复的论证和修正。我国目前对教育要素的划分，宏观层面通常表述为体制机制、教育投入、办学条件、教师队伍、教育信息化，中观层面通常表述为人员、财务、信息、结构（管理）等，微观（课堂）层面通常表述为教师、学生、课程资源、教学环境等。当然，教育要素通常还涉及经济、区域、人口等综合因素。事实上，要素分析法被广泛地运用于社会学科和自然学科的研究中。晚近以来的社会科学特别是管理学和经济学研究，尤其重视要素分析的研究范式。科学管理之父弗雷德里克·温斯洛·泰勒就高度推崇"要素"的概念和方法，并将其引入对科学管理的定义当中，即"诸种要素——不是个别要素的结合，构成了科学管理，这些要素可以概括如下：科学而不是单凭经验的方法、协调而不是不和别人合作的个人主义、用最高的产量取代有限的产量、发挥每个人最高的效率实现最大的富裕"[①]。现代课程理论的重要奠基者拉尔夫·泰勒在课程编制的目标模式中，把教育目标和教育经验作为课程的核心要素。而影响广泛的 CIPP 评价模式则明确地把背景、条件、过程、结果四类要素作为课程评价的基本框架，它也是教育评价的重要模式。

要素分析在本质上是演绎和归纳。本书在考察教育信息化的本质内涵和义务教育均衡发展的表征因素时均采用了要素分析法，其中在确定义务教育信息化自身均衡的核心要素及教育信息化促进义务教育均衡发展的核心要素过程中，更是深度使用了要素分析法。由于构成或者影响教育（教育信息化）的因素众多，本书所说的要素分析法，只是分析其主要因素。本书也不是孤立地对各要素进行研究，而是将各要素联系起来进行综合分析，以期尽量全面和准确地认识义务教育信息化均衡发展问题。因此，本书中的要素分析法与系统分析法、内容分析法也有相通之处。

---

① 弗雷德里克·温斯洛·泰勒. 科学管理原理. 朱碧云，译. 北京：北京大学出版社，2013：12.

三、内容结构

在核心问题的导引下，本书在结构上大致分为三个部分，即按照理论审视（确立理论分析框架）—构建指标体系和监测方法（作为监测依据和标准）—确证监测思路和方法（利用指标体系开展监测）的逻辑顺序展开。

第一部分，理论审视。基于教育信息化发展新常态和未来新愿景，厘清义务教育信息化均衡发展的内涵和外延，分析信息化促进义务教育均衡发展的维度、途径和表征，从理论上廓清义务教育信息化均衡的基本问题，确立义务教育信息化均衡发展的理论分析框架。

第二部分，构建指标体系和监测方法。在理论观照之下，在深入比较研究国内外有关信息化监测和测度指标的基础上，以校际均衡为切入点构建县域义务教育信息化均衡发展指标体系，为解决义务教育信息化自身均衡发展和信息化促进义务教育均衡发展两个核心问题提供监测依据与标准，并提出监测义务教育信息化均衡发展的基本思路和方法，即利用指标体系在实践中针对一个个具体的县域情境开展监测工作，通过直观的数值或可视化的结论，呈现县域义务教育信息化均衡发展的水平与状况。

第三部分，确证监测思路和方法。通过一定范围的实证研究，验证县域义务教育信息化均衡发展监测方法的有效性和可行性，促进省、市、县、校四级监测机制的建立与完善，推动义务教育信息化优质均衡和可持续发展。

本书的主要内容有以下几部分。

第一，义务教育信息化均衡发展的理论分析。从教育均衡、教育公平和教育现代化等多元视角出发，厘清义务教育信息化均衡发展的内涵和外延，阐述我国义务教育均衡发展的本质要求和政策导向，分析以信息化促进义务教育均衡发展的维度、途径、表征及影响义务教育信息化均衡发展的可能因素。突破教育信息化的"工具观"，从教育信息化自身均衡和信息化促进教育均衡两个维度，确立整体性的义务教育信息化均衡发展观，也即教育学视野和教育技术学视野相统一的义务教育信息化均衡发展认识论。

第二，义务教育信息化均衡发展理论模型的构建。基于理论分析和政策分析，提出义务教育信息化均衡发展的 IE-CCPO①模型，来指导义务教育信息化均衡发展指标的构建，以及促进教育信息化理论体系的完善。

第三，国内外教育信息化发展指标与监测方法的比较研究。从国际通用的信息化发展指标与监测方法（包括中国官方发布的标准）、发达国家的教育信息化指标与监测方法、我国学界对教育信息化指标与监测方法的研究成果等方面，开展国内外比较研究，从中获得借鉴与启示。

第四，县域义务教育信息化均衡发展指标体系构建。结合文献研究与理论分析，从教育信息化自身均衡和信息化促进教育均衡两个维度出发，在 IE-CCPO 模型的指导下，以义务教育学校信息化发展水平校际均衡为切入点，构建县域义务教育信息化均衡发展通用指标体系。

第五，县域义务教育信息化发展监测方法设计及实证检验。综合统计学、义务教育均衡发展监测和教育信息化发展水平监测方法，设计具有可操作性的县域义务教育信息化均衡发展监测思路及方法，并在实证检验的基础上形成科学有效的方法论体系，为普遍开展县域义务教育信息化均衡发展监测提供依据和支持。

---

① IE 即教育信息化均衡（informatization equilibrim）与教育均衡（education equilibrim），CCPO 分别指 context（背景）、condition（条件）、process（过程）、outcome（结果）。

第二章

义务教育信息化均衡发展理论审视

本书第一章反复论及的三个核心问题，是具有时序关系的三项研究内容，遵循着从抽象到一般的认识逻辑，即演绎逻辑。本章重点对义务教育信息化均衡发展问题进行理论分析，也即理论审视。如前所述，义务教育信息化均衡发展问题必然关涉教育均衡、义务教育、教育信息化等上位概念，义务教育与教育信息化两个概念衍生出了义务教育信息化，义务教育与教育均衡两个概念衍生出了义务教育均衡发展，教育均衡与教育信息化两个概念衍生出了教育信息化自身均衡及以信息化促进教育均衡发展。显然，义务教育信息化均衡发展是这三个上位概念的共同交集（图 2-1）。

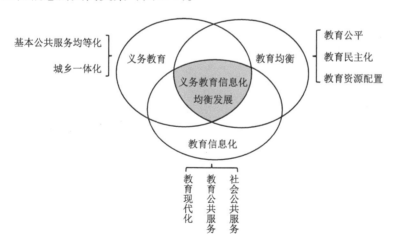

图 2-1　义务教育信息化均衡发展问题涉及的核心概念

要厘清义务教育信息化均衡发展的内涵与外延，先要详细考察上述三个上位概念分别与义务教育信息化均衡发展紧密相关的"质的规定性"。义务教育的本质要求是保障人人接受教育的"天赋人权"，推进基本公共教育服务和社会公共服务均等化，同时推进消除城乡二元结构矛盾的进程和加快城乡教育一体化发展。因此，由义务教育这个上位概念延伸出了基本公共服务均等化与城乡一体化两个必须考察的关联概念。

教育均衡的本质要求是实现教育公平，教育公平必然包含教育民主化的诉求，而教育民主化则是教育现代化的重要特征之一。同时，教育均衡又是实现教育公平的必要条件，优化教育资源配置则是促进教育均衡的必然途径。因此，由教育均衡延伸出了教育公平、教育民主化和教育资源配置等关联概念。

教育信息化既是时间维度上的过程性概念，也是空间维度上的结果性概念。在时间维度上，教育信息化的本质要求是在教育领域广泛深入地应用现代信息技术，生成信息社会所要求的现代教育特质，加快实现与信息社会要求相适应的教育现代化目标，总体上是通过技术改良教育并推动社会文明进步的过程。在空间维度上，教育信息化是技术支持教育以及技术支持的教育，最终表现形态是提供教育公共服务和社会公共服务。因此，由教育信息化延伸出了教育现代化、教育公共服务和社会公共服务等关联概念。

事实上，进入 21 世纪以来，随着以互联网和多媒体技术为代表的现代信息技术的快速发展，信息社会浪潮风起云涌，教育信息化与教育现代化已然成为一对孪生概念，"以教育信息化带动教育现代化"成为人们耳熟能详的经典论断。但这只是对二者关系做的功能上的描述，该语境中的教育信息化和教育现代化是静态的，表征的是一种理想的状态。有必要对二者的关系进行深入的本质上的分析，即从一般性的功能描述上升为理性认识，以拓宽义务教育信息化均衡问题的学理视野。

基于上述分析，本章按照义务教育信息化均衡发展所涉及的概念，分别考察了教育信息化与教育现代化、教育均衡与教育公平、义务教育均衡与教育信息化等概念之间的关系，梳理了义务教育均衡发展的制度渊源与政策演进，并在此基础上，全面审视了义务教育信息化均衡发展的内涵，夯实了义务教育信息化均衡发展的理论依据，为义务教育信息化指标体系的构建与监测方法的设计提供了理论观照。

第一节　义务教育均衡的理论意蕴

从内在逻辑上来看，义务教育均衡发展和义务教育信息化均衡发展都由教育均衡衍生而来。追求教育均衡是为了保障教育公平，让大多数人都能享受基本均等的教育服务。"基本均等"的标准是动态的，甚至是一种主观判断，因为不同的历史阶段、不同的经济社会发展状况、不同的社会群体对教育均衡的理解和要求也不相同，由此教育均衡的内涵往往被简化为"大多数人都能接受的教育服务的底线"。然而，简单的价值诉求背后却包含了丰富乃至复杂的要求，与教育均衡相关的研究和政策文本也可谓俯拾皆是。只有充分梳理教育均衡理论和我国义务教育政策的演进过程，分析我国义务教育均衡发展政策的要核，才能准确认识教育信息化与义务教育均衡发展的内在关系。

一、教育均衡的内涵

均衡属于哲学、社会学、经济学和政治学等众多学科的范畴。汉语中的"均"为平均、匀称、等额之意，《论语·季氏》中有"不患寡而患不均"之说，《史记·廉颇蔺相如列传》中有"均之二策，宁许以负秦曲"之说。"衡"最初指古代绑在牛角上以防触人的横木，后延伸为秤杆、称、衡器等之意，《九章算术·方程》中有"今五雀六燕，集称之衡"的记载，《荀子·礼论》中有"衡诚县矣，则不可欺以轻重"的记载，《礼记·曲礼下》中有"大夫衡视"的记载。从词义上理解，"均衡"，即平衡、平等、平均之意。

不同学科理解均衡的侧重点不同。哲学语境中的均衡或平衡，一般是指矛盾暂时的相对统一。哲学认为平衡是相对的，在绝对的、永恒的物质运动中存在着相对的、暂时的静止和平衡。社会学和政治学语境中的均衡，一般是指人与人、群体与群体、阶级与阶级之间在政治上或经济上处于同等的地位，享有相同的或平等的权利。社会学和政治学语境中的均衡，一般是具有强烈伦理色彩的价值判断，往往与公平、正义、公正等词紧密相连。信息学语境中的均衡，一般是指对信道特性的均衡，即接收端的均衡器产生与信道相反的特性，通过均衡器消除信道的频率和时间的选择性，均衡是对信道噪音的规避和消减。近代以来，均衡主要指经济学语境中的概念，即经济事物中有关变量在一定条件下所达到的相对静止与和谐的状态。[①]

实际上，教育均衡是经济均衡的发展和移植[②]，是由教育资源的稀缺和有限以及现有教育资源配置不均衡、不合理引出的。从一定意义上讲，教育均衡是人们相对于目前存在的教育需求与供给不均衡、教育发展水平和教育质量差异过大而提出的教育发展理想。教育均衡包括受教育权利的均衡、资源配置的均衡和教育质量的均衡。支配教育均衡的理念是教育公平思想和教育平等原则，起着保障作用的是教育政策和法律制度。教育均衡发展的目标是实现教育需求与教育供给的相对均衡，教育资源配置均衡是教育均衡发展的基础和前提。

严格来说，教育均衡的理论起点是教育公平思想。教育公平包涵公正与平等两个基本要义，其中公正侧重于资源分配的合理性和正义性，平等侧重于权利、人格平等与机会均等。在教育公共政策层面，教育公平的层次往往被概括为起点公平、过程公平和结果公平。其中起点公平，即确保人人都享有平等的受教育的权利和义务；过程公平，即提供相对平等的受教育的机会和条件；结果公平，即教育成功机会和教育效果的相对均等，也就是每个学生接受同等水平的教育后，在学业成就及身心方面能得到充分发展。由于个体的差异客观存在，实践中的教育公平政策只有在保障机会均等的起点公平方面是有效的，过程和结果的公平往往很难实现，也很难在较短时期内对其进行有效测度。因此，促进教育优质均衡是保证教育公平的必然选择，也是最有效的政策选择。

朱永新和许庆豫指出，基础教育的均衡发展是一个历史范畴，在世界上大多数国家为实现义务教育目标而努力的时候，基础教育均衡发展的主要含义是为更多的人提供更多的受教育机会；在世界上大多数国家基本普及义务教育后，基础教育均衡发展的价值取向是为所有的人提供基本的教育；在社会经济、政治、文化达到一定水平后，基础教育均衡发展的具体目标是为尽可能多的人提供尽可能好的基本教育。[③]

于建福提出，教育均衡发展包含三层含义：一是确保人人都有受教育的权利和义务，这往往是由国家通过法律予以确认和保障的；二是提供相对平等的

---

① 杨令平. 西北地区县域义务教育均衡发展进程中的政府行为研究. 西安：陕西师范大学，2012：23.

② 翟博. 教育均衡发展：现代教育发展新境界. 教育研究，2002（2）：8-10.

③ 朱永新，许庆豫. 论基础教育均衡发展. 中国教育学刊，2002（6）：1-4.

接受教育的机会和条件，这在教育实践中具体体现为教育和学习条件的均等，即在教育内容、教育投入、学校设备、师资水平等方面拥有相对均等的条件，不同个体在整个教育过程中受到平等的对待；三是教育成功机会和教育效果相对均等，每个学生接受教育后都应达到最基本的标准，获得学业上的成功，实现全面发展。①

司晓宏认为，教育均衡是教育事业整体发展水平在区域、城乡、学校和群体之间保持大体平衡与和谐，即在教育公平理念和教育平等原则下，教育机构（各级各类学校）和受教育者在教育活动中所享有的平等待遇及确保公平实现的相关政策与法律制度。②教育均衡最基本的要求是在教育机构和教育群体之间平等地分配教育资源，最终的价值取向体现在教育资源在分配和使用过程中的公平性、公正性及合理性上。因此，教育均衡不仅涉及事实观念和逻辑观念，更重要的是涉及价值判断和价值取向。司晓宏认为理解教育均衡发展，应强化三个基本理念：第一，均衡发展与其说是一种发展目标，不如说是一种发展过程和促进教育发展的途径；第二，教育均衡主要是指受教育机会、办学设施、师资条件等方面的均衡，其核心是教育资源配置的相对均衡；第三，推进教育均衡发展是现代政府的基本职能，政府应发挥主导作用，通过提供政策保障、资源配置调节、行政手段干预等途径来实现。③

褚宏启和杨海燕指出，教育均衡包含教育资源配置的三种合理性原则，即平等原则、差异原则和补偿原则。④其中，平等原则包括受教育权平等和教育机会平等两个方面，该原则强调教育起点平等和教育过程平等。差异原则是指根据受教育者个人的禀赋、兴趣和能力，差异性地配置教育资源，以满足其个性充分发展的需要。补偿原则关注受教育者社会经济地位的差距，并对社会经济地位处境不利的受教育者在教育资源配置上予以补偿。

王彬武认为，教育均衡在本质上是追求教育平等、机会均等与教育公平。均等的内涵范围最小，是平等的一个方面；平等次之，除机会均等外，还包括教育过程和教育结果均等；教育公平不仅包含教育平等和机会均等，还包含伦

---

① 于建福. 教育均衡发展：一种有待普遍确立的教育理念. 教育研究, 2002（2）：10-13.
② 司晓宏. 义务教育均衡发展论纲——以西部农村为研究对象. 北京：人民教育出版社, 2013：16.
③ 司晓宏. 优化教育资源配置，促进西部农村义务教育优质发展. 教育研究, 2009（6）：17-21.
④ 褚宏启，杨海燕. 教育公平的原则及其政策含义. 教育研究, 2008（1）：10-16.

理学意义上正义的含义，即教育意义上符合个性的平等。①因此，教育公平既是无差别的机会均等与权利平等，也是有差别地满足不同个性受教育者的教育需求。孔子主张的"爱有差等"及亚里士多德提出的"差别平等"，均蕴含着对教育公平的深刻认识。义务教育必须满足受教育权利和入学机会上的完全平等，而在教育过程中，教师必须因材施教，尊重学生的差异和个性化需求，提供多元化的教育教学内容，保证每一名学生都能实现充分、全面的发展。

综合以上学者的观点，理解教育均衡应把握三点本质要求：一是教育均衡是一个相对概念，是教育发展过程中某一阶段的一种理想状态。均衡不是平均主义，也不是不追求质量和效率的无差异化发展，教育均衡发展的实质是全面提高教育质量。②无论在教育发展的哪个阶段，都存在均衡发展的动态要求，教育均衡永远没有终点。二是教育均衡的核心是教育资源配置问题，包括办学条件、教育投入、师资队伍等广义上的教育资源，也包括狭义上的数字教育资源，它们都直接作用于教学质量和学习水平的均衡化。三是教育均衡包括受教育权利和受教育机会均衡、资源配置均衡、教育质量均衡三个方面，与教育机会公平、过程公平和结果公平相对应。本质上教育均衡与教育公平是高度一致的，教育公平作为一种主观的价值判断，在一定程度上反映了人们对教育现状的主观感受和评价，但就其依托的客观实际行动而言，就是实现教育均衡发展，即教育均衡是实现教育公平的途径，教育公平是教育均衡发展的目的。

二、义务教育均衡发展的本质要求

在基础教育体系中，义务教育具有基础性、先导性和全局性地位，义务教育均衡发展的合理性与现实性不言而喻。近年来，随着我国教育现代化进程的加快，国家连续出台政策力促义务教育均衡化，特别是党的十八大将"均衡发展义务教育"作为全面建成小康社会的战略任务，党的十九大强调推动城乡义务教育一体化发展，高度重视农村义务教育，成为义务教育政策新的重大转变。对我国义务教育发展的政策演进情况进行梳理和分析，找准深入推进义务教育均衡发展的现实基础、制约因素和政策目标，是把握义务教育均衡发展要求并

---

① 王彬武. 可能的教育. 西安：陕西人民出版社，2017：26.
② 陶西平. 均衡发展的实质是全面提高教育质量. 中国教育报，2016-02-25（1）.

进一步确立义务教育信息化均衡发展分析框架的重要工作。

义务教育肇始于西方，滥觞于 1619 年德意志魏玛公国颁布的《强迫教育令》。1763 年，普鲁士王国颁布《乡村学校规程》，这成为全世界义务教育制度的开端。19 世纪，法国、英国、美国、日本等国家先后颁布了普及义务教育的法律制度。20 世纪初，中国义务教育伴随西学东渐和近代新学的产生而逐步发展。1904 年，清政府颁布"癸卯学制"，首次提出建立小学、中学、大学、通儒院等现代学校序列和学制体系，明确指出"初等小学堂为养正始基，各国均任为国家之义务教育，东西各国政令，凡小儿及就学之年而不入小学者，罪其父母，名为强迫教育。盖深知立国之本，全在于此"，"此项学堂，国家不收费，以示国民教育，国家任为义务之本意"[①]，这是中国义务教育的开端。1923 年，《中华民国宪法》将义务教育列入国家最高法律。虽然清末民初时期义务教育得以发端，但因时局动荡战乱频仍，这项教育国策并未得到有效实施。1949 年中华人民共和国成立后，由于历史原因，很长一段时期并未明确义务教育的要求，真正实施现代意义上的义务教育是改革开放以后的事，下文将对此进行深入阐述。

义务教育是指国家、社会、学校和家庭必须依法保障适龄儿童少年接受的规定年限的教育。[②]依照《中华人民共和国义务教育法》的规定，我国实行九年制义务教育，对国民教育体系中的普通初等教育和普通初级中等教育实施义务教育，即小学和初中阶段对所有适龄儿童少年统一实施的具有普及性、强制性、免费性的学校教育。义务教育是提升国民素质的基础，也是实现社会公平的起点，具有公益性和普惠性特征。"义务"一词包含三个方面的含义：一是父母与家庭有让学龄儿童就学的义务；二是国家有使国民享受教育的义务；三是社会有保障学龄儿童身心健全发展的义务。因此义务教育实质上是一种全民性、福利性、强制性共存的政府保障性教育活动，"义务教育是纯公共产品"的观点得到了大多数学者的一致认同，这种属性决定了义务教育属于基本社会公共服务范畴，是政府依法提供的基本公共服务事项。

义务教育的本质要求是保障人人接受教育的"天赋人权"，推进基本公共教育服务和社会公共服务均等化。作为公共服务和公共产品，义务教育必须坚

---

① 奏定学堂章程. http://baike.baidu.com/item/奏定学堂章程/3438571?fr=aladdin，[2021-08-10].
② 顾明远. 教育大辞典·教育哲学卷. 上海：上海教育出版社，1992：189.

持均衡和均等原则，即不同区域、不同群体的适龄儿童和少年获得数量和质量大体相同的义务教育服务。从 2002 年教育部首次提出义务教育均衡发展以来，这一政策逐步转换成以社会学、伦理学、政治学、新公共管理理论为主的政策话语①，义务教育发展态势从基本普及到基本均衡，进而由均衡发展走向优质均衡发展及城乡一体化发展，政策嬗变的逻辑机理是保障机会均等—提升教育质量—优化公共服务，不断提高公众对教育公平的主观满意度，保障弱势群体平等接受义务教育，体现公平补偿的政策伦理，推动义务教育从"学有所教"走向"学有优教"，以为每个学龄儿童提供公平而有质量的教育。

在我国公共政策语境中，"教育均衡"往往与"县域"和"义务教育"密切相关，这是由我国基础教育以县为主的管理体制以及义务教育阶段鲜明的教育公共服务特性所共同决定的。同时，由于地域、人口、资源等方面的天然差别，以及城乡二元结构的客观存在，笼统而宏大地讨论区域和城乡层面的义务教育均衡发展并无意义。在各级政府的政策文本中，义务教育均衡发展往往特指县域范围内义务教育均衡发展，考察重点是县域内学校之间在教育资源配置和教育质量方面的大致均衡，以及个体之间在就学机会和学业水平上的大致均衡。作为义务教育与教育信息化两个上位概念的交集，义务教育信息化均衡发展问题，也应当以校际均衡作为切入点和监测点，通过校际均衡进而反映区域和城乡均衡。

第二节　我国义务教育均衡发展的政策分析

改革开放以来，特别是进入 21 世纪以来，国家层面对义务教育重视程度之高、政策内容之丰富、演进速度之快，堪为中国教育史上之最，这集中体现在不同时期的义务教育发展政策文本中。深入梳理和分析我国义务教育均衡发展政策演变过程中所贯穿的内在要求，厘清政策导向与内在逻辑，从总体上认识义务教育均衡发展与教育信息化之间的关系，进而厘定以信息化手段促进义务教育均衡发展的着力点和必然性，对于准确认识"义务教育信息化均衡发展"这一核心问题具有重要意义。本节从两个方面确立义务教育均衡发展的分析框

---

① 阮成武. 我国义务教育均衡发展政策的演进逻辑与未来走向. 教育研究，2013（7）：37-45.

架：一是基于宏观政策层面的演进过程和路径，将义务教育的最新政策路向和核心要求作为第一个分析框架；二是基于均衡本身内涵和要求的分析框架，透视义务教育均衡发展的层次和特征，并将其作为第二个分析框架。通过以上两个分析框架全面系统地厘定义务教育均衡所关涉的核心要素，是进一步确立义务教育信息化均衡发展分析框架的关键性、基础性工作，尤其对确定以信息化促进义务教育均衡发展的监测点至关重要。

一、政策演进：从均衡到优质均衡

纵观我国义务教育政策的演进过程，其大致经历了实现普及、向均衡发展过渡阶段、基本均衡发展、优质均衡与城乡一体化发展四个阶段。实现普及阶段的重点是保障全体学龄儿童依法入学，此后义务教育的核心就是均衡发展，但各个阶段的侧重点不同，"均衡发展的导向套嵌在义务教育政策变迁的历程之中，并表现出阶段性特征"①，实现县域义务教育优质均衡发展是政策演进和调适的核心目标。

1. 实现普及阶段

1985 年，《中共中央关于教育体制改革的决定》明确提出实行九年制义务教育。基于我国幅员辽阔、人口众多、经济社会发展不平衡的现状，中央提出因地制宜、分类指导、分批普及义务教育的政策。1986 年颁布的《中华人民共和国义务教育法》给予了义务教育法律保障。至 2000 年底，我国义务教育普及率达到 85%②，完成了义务教育基本普及目标。这一阶段我国义务教育发展的主要特点是非均衡和分步普及，即通过非均衡政策，由中央政府将发展基础教育的责任交给地方，各地再根据各自不同的经济社会发展情况分期分批实现基本普及九年义务教育的目标。

2. 向均衡发展过渡阶段

"普九"目标基本实现以后，分级管理的财政和管理体制，使地区、城乡

---

① 阮成武. 我国义务教育均衡发展政策的演进逻辑与未来走向. 教育研究，2013（7）：37-45.

② 教育部. 2000 年全国教育事业发展统计公报. http://www.moe.gov.cn/s78/A03/ghs_left/s182/moe_633/tnull_843.html，（2001-06-01）[2020-10-08].

之间的义务教育发展差距越来越突出。2001 年颁布的《国务院关于基础教育改革与发展的决定》延续了非均衡发展的路径依赖和政策惯性。随着农村税费改革的开展，原先以县乡为主的义务教育投入机制和管理体制严重失灵，同时随着我国城镇化的快速发展，进城务工人员子女就学问题开始显现。2002 年，《教育部关于加强基础教育办学管理若干问题的通知》要求积极推进义务教育阶段学校均衡发展，这也是官方文件中首次出现义务教育均衡发展的表述。2005 年出台的《教育部关于进一步推进义务教育均衡发展的若干意见》，提出遏制城乡、地区和学校之间义务教育差距扩大的势头，积极改善农村学校和城镇薄弱学校的办学条件，建立和完善保障义务教育均衡发展的公共财政制度。2006 年修订的《中华人民共和国义务教育法》规定，国务院和县级以上地方人民政府应当合理配置教育资源，促进义务教育均衡发展，改善薄弱学校的办学条件，并采取措施保障农村地区、民族地区实施义务教育，保障家庭经济困难的和残疾的适龄儿童、少年接受义务教育。同年，教育部启动实施农村义务教育阶段学校教师特设岗位计划(简称特岗计划)，开始重视推进教师队伍的均衡配置和建设。总体上，这一阶段的政策具有过渡性，通过加大财政投入和改善办学条件来减小城乡、区域、学校之间的发展差距，虽然义务教育均衡发展政策导向得以确立，但尚未触及城乡二元体制和区域发展不平衡等深层次矛盾。

3. 基本均衡发展阶段

2010 年，《教育部关于贯彻落实科学发展观进一步推进义务教育均衡发展的意见》提出把均衡发展作为义务教育的重中之重。同年，《国家中长期教育改革和发展规划纲要（ 2010—2020 年)》提出均衡发展是义务教育的战略性任务。为强化省级政府对推进义务教育均衡发展的责任，2011 年，教育部与 15 个省份签署了义务教育均衡发展备忘录。[①]2012 年，《国务院关于深入推进义务教育均衡发展的意见》确立了深入推进义务教育均衡发展的指导思想、基本目标、政策措施和体制保障。2013 年，教育部启动全国县域义务教育基本均衡发展督导评估工作，要求地方各级政府将义务教育均衡发展作为战略性任务，不断缩

---

① 董洪亮. 教育部与十五省份签署义务教育均衡发展备忘录. http://news.cntv.cn/china/20110310/100517. shtml，（2011-03-10）[2020-10-08].

小校际差距，提升教育质量，促进教育公平。至 2017 年底，全国 2500 多个县（市、区）通过义务教育发展基本均衡县认定[1]，我国义务教育均衡发展目标基本完成。

4. 优质均衡与城乡一体化发展阶段

在国家政策的推动和指导下，各省份均出台了义务教育均衡发展的相关政策，明确了各级地方政府的职责和任务。教育部在实施政策导引和督导评估的同时，还推进开展了义务教育学校标准化建设、义务教育经费保障机制、中小学教师国家级培训计划（简称国培计划）等重大项目，在经费保障、校园环境、薄弱学校改造、教师队伍建设等方面加大了均衡发展力度。2014 年,《教育部 财政部 人力资源和社会保障部关于推进县（区）域内义务教育学校校长教师交流轮岗的意见》提出力争用 3—5 年的时间实现县（区）域内校长教师交流轮岗制度化、常态化，以此来促进师资均衡配置。这体现了国家对义务教育均衡发展政策的重大转变，即从以财政投入和办学条件为重点的均衡转向以教师队伍和教育质量为重点的均衡，更加注重均衡发展的内涵和质量。事实上，江苏、浙江等经济发达省份已率先确立了义务教育优质均衡或高水平均衡发展战略。优质均衡是义务教育从普及走向基本均衡、从机会均衡走向质量均衡的必然选择，普及是保证基本的入学机会，均衡发展是保证基本的就学质量，优质均衡则是更高、更普惠的质量保障。基于这样的内在逻辑和发展要求，2017 年，教育部印发《县域义务教育优质均衡发展督导评估办法》，明确指出县域义务教育优质均衡发展的原则是"依法实施、保障公平、注重质量、社会认可"，根本目的是"巩固义务教育基本均衡发展成果，进一步缩小义务教育城乡、校际差距，整体提高义务教育标准化建设水平和教育质量"。

当前，我国整体上进入全面建成小康社会的决胜阶段，新型城镇化处在深入发展的关键时期，户籍制度改革、计生政策调整、人口流动给城乡义务教育学校规划布局和城镇学位供给带来了新挑战，对整体提升义务教育办学条件和教育质量、加快城乡义务教育一体化发展提出了新要求。2016 年,《国务院关

---

① 教育部. 2017 年全国义务教育均衡发展督导评估工作报告. http://www.moe.gov.cn/jyb_xwfb/xw_fbh/moe_2069/xwfbh_2018n/xwfb_20180227/sfcl/201802/t20180227_327990.html,（2018-02-28）[2020-10-08].

于统筹推进县域内城乡义务教育一体化改革发展的若干意见》出台，要求教育发展适应全面建成小康社会需要，合理规划城乡义务教育学校布局建设，完善城乡义务教育经费保障机制，着力解决"乡村弱"和"城镇挤"问题，巩固和均衡发展九年义务教育，加快缩小县域内城乡教育差距。2017年召开的党的十九大，标志着中国特色社会主义进入新时代，基础教育的工作重点转向推动城乡义务教育一体化发展，党中央要求高度重视农村义务教育，办好学前教育、特殊教育和网络教育，普及高中阶段教育，努力让每个孩子都能享有公平而有质量的教育。

可以看出，我国义务教育先是实行分地区、有步骤推进的非均衡发展政策，以实现基本普及和全面普及，从根本上解决适龄儿童少年"有学上"的问题，为均衡发展奠定基础。随着我国义务教育实现基本均衡，城乡、区域、学校及群体之间又出现了新的差距与失衡，这是以办学条件均衡为重点的发展方式无法解决的新问题。同时，在推进社会基本公共服务均等化的背景下，义务教育的公共服务属性越发显著，承载着"学有所教"和"学有优教"的国家基本公共服务任务，优质均衡和城乡一体化发展成为义务教育的必然选择和时代要求。

二、基本路向：从城乡一体化到社会公共服务均等化

自 2002 年教育部首次提出义务教育均衡发展以来，义务教育发展经历了从实现普及到向均衡发展过渡再到基本均衡发展，最终到优质均衡发展及城乡一体化发展的总体态势。义务教育从保障机会均等"兜底线"走向提升教育质量和优化公共服务，更加注重关照公众对教育公平的主观满意度。如前所述，不同阶段义务教育均衡发展的政策导向集中体现在最新的政策文本当中。本节考察的政策文本主要有三个：一是 2017 年教育部出台的《县域义务教育优质均衡发展督导评估办法》，其核心要求是"保障公平、注重质量"；二是 2016 年出台的《国务院关于统筹推进县域内城乡义务教育一体化改革发展的若干意见》，其核心要求是强化义务教育质量保障，促进城乡义务教育一体化；三是 2017 年国务院印发的《"十三五"推进基本公共服务均等化规划》，其指导思想是健全国家基本公共服务制度，强化公共资源投入保障，提升人民群众的获得感、公平感、安全感和幸福感。在国家基本公共服务范畴中，义务教育既是基本公共服务的主要指标和核心事项，也是实现学有优教的重要载体。把基本公共服

务均等化纳入义务教育分析框架，具有创新性、针对性和现实性。

1. 县域义务教育优质均衡发展：县域教育事业的核心目标

根据我国义务教育基本均衡发展形势，教育部于 2017 年印发了《县域义务教育优质均衡发展督导评估办法》，提出从资源配置、政府保障程度、教育质量、社会认可度四个方面评估认定县域义务教育优质均衡发展状况。其中，资源配置评估包括 7 项指标，重点评估县域义务教育学校在教师、校舍、仪器设备等方面的配置水平，同时评估这些指标的校际均衡情况；政府保障程度评估包括 15 项指标，重点评估县级人民政府依法履职，落实国家有关法律、法规、政策要求，推进义务教育均衡发展和城乡一体化的工作成效；教育质量评估包括 9 项指标，重点评估县域义务教育普及程度、学校管理水平、学生学业质量、综合素质发展水平；社会认可度调查的内容包括县级政府及有关职能部门落实教育公平政策、推动优质资源共享，以及义务教育学校规范办学行为、实施素质教育、考试评估制度改革、提高教育质量等方面取得的成效，调查对象包括学生、家长、教师、校长、人大代表、政协委员及其他群众。

与义务教育发展基本均衡的要求相比，优质均衡的新要求体现在"三新一重"上。一是新指标，即在基本均衡发展评估指标的基础上增加了一些新的指标，如骨干教师配备、网络多媒体教室配备、设施设备利用率、校园文化建设、课程开齐开足率、国家义务教育质量监测相关科目学生学业水平等。二是新标准，进一步提高小学、初中综合差异系数标准，分别由原来的 0.65、0.55 提高到 0.50、0.45[①]，其他各项指标要求也有所提高。三是新方法，在学校资源配置的指标上，要求各项指标的校际差异系数和各项指标的水平值均要达标，体现"高水平、高均衡"的两维要求。同时在水平值的评估中，要求县域内校校达标，体现"办好每一所学校"的优质均衡发展导向。四是重质量，将教育质量作为一个独立部分设计了 9 项指标，加大了质量评估权重。[②]同时，在资源配置和政府保障两个部分，选取的指标突出了与提高质量和促进学生全面发展的相

---

① 教育部. 县域义务教育优质均衡发展督导评估办法. http://www.moe.gov.cn/srcsite/A11/moe_1789/201705/t20170512_304462. html,（2017-04-19）[2020-10-08].

② 教育部. 县域义务教育优质均衡发展督导评估办法. http://www.moe.gov.cn/srcsite/A11/moe_1789/201705/t20170512_304462. html,（2017-04-19）[2020-10-08].

关性，加强了对学生综合素质发展水平的反映，提高了质量评估的权重和权威性。

2. 城乡义务教育一体化：区域经济社会发展的必然选择

2016年发布的《国务院关于统筹推进县域内城乡义务教育一体化改革发展的若干意见》，提出要统筹推进县域内城乡义务教育一体化改革发展，基本实现县域义务教育均衡发展和城乡基本公共教育服务均等化。在政策要求上，一是落实"四个统一、一个全覆盖"，即加快推进县域内城乡义务教育学校建设标准统一、教师编制标准统一、生均公用经费基准定额统一、基本装备配置标准统一，以及"两免一补"（免教科书费、免杂费、补助寄宿生生活费）政策城乡全覆盖；二是解决义务教育发展过程中新出现的"乡村弱"和"城镇挤"的突出难题，使城乡学校布局更加合理、大班额基本消除、学校标准化建设取得显著进展、城乡师资配置基本均衡、乡村教师待遇稳步提高、乡村教育质量明显提升；三是基本实现县域义务教育均衡发展和城乡基本公共教育服务均等化，使九年义务教育巩固率达到95%。为加快县域内城乡义务教育一体化发展，该意见还配套提出了同步建设城镇学校、努力办好乡村教育、科学推进学校标准化建设、统筹城乡师资配置、改革教育治理体系、加强留守儿童关爱保护等十项重点举措，全方位推进义务教育均衡发展，促进基本公共教育均等化。

3. 教育基本公共服务均等化：国家治理体系的制度创新

国家基本公共服务涵盖教育、就业创业、社会保险、医疗卫生、社会服务、住房保障、文化体育等领域，以促进城乡、区域、人群基本公共服务均等化为主线，保障人民群众享有"学有所教、劳有所得、病有所医、老有所养、住有所居"等基本权利。《"十三五"推进基本公共服务均等化规划》对义务教育的要求是：建立城乡统一、重在农村的义务教育经费保障机制，加大对中西部和民族、边远、贫困地区的倾斜力度。统筹推进县域内城乡义务教育一体化改革发展，推进建设标准、教师编制标准、生均公用经费基准定额、基本装备配置标准统一和两免一补政策城乡全覆盖，基本实现县域校际资源均衡配置，扩大优质教育资源覆盖面，提高乡村学校和教学点办学水平。落实县域内义务教育公办学校校长、教师交流轮岗制度。加强学校体育和美育教育。加快义务教育学校标准化建设、教师队伍建设和教育信息化建设，鼓励探索网络化教育新模式，对接线上线下教育资源，扩大优质教育资源覆盖面。加快推进"三通两平台"建设与应用，继续提升农村中小学信息化水平，通过政府购买服务等方式支持国家级优质教育资源平台建设。建立个人学习账号和学分认证平台，为学习者提供学分认定服务。

综上可知，我国义务教育均衡发展的基本路向是在实现基本均衡发展的基础上，走向优质均衡发展和城乡一体化发展，最终实现教育基本公共服务均等化和社会公共服务均等化。义务教育是基本社会公共服务的重要组成部分，加快推进教育基本公共服务均等化的意义超越了以教育均衡发展保障教育公平的基本要求，具有制度性影响。从政策路径的出发点来看，优质均衡是县域义务教育发展的内在要求，城乡一体化是区域和城乡经济社会发展的必然选择，基本公共服务均等化是国家治理体系现代化的应有之义。从政策路径的影响范畴来看，义务教育优质均衡属于县域教育事业范畴，义务教育城乡一体化发展属于区域社会发展范畴，而教育基本公共服务均等化属于国家治理体系的重大制度创新范畴。虽然我国义务教育均衡发展的政策路径和影响范畴有所不同，但其政策目标可谓"殊途同归"，那就是提供公平而有质量的教育，保障人民群众幸福生活的基本权利。根据义务教育均衡发展的政策路径与核心要求形成第一个分析框架（表 2-1）。

表 2-1　义务教育均衡发展的政策路径与核心要求（分析框架一）

政策文本	政策目标	政策路径	主要指标
《县域义务教育优质均衡发展督导评估办法》	县域义务教育事业均衡发展	促进公平，提高质量，实现县域义务教育高水平均衡发展	资源配置、政府保障程度、教育质量、社会认可度
《国务院关于统筹推进县域内城乡义务教育一体化改革发展的若干意见》	区域经济社会协调发展	推进义务教育优质均衡发展，促进教育基本公共服务均等化	县域内城乡义务教育学校建设标准、教师编制标准、生均公用经费基准定额和基本装备配置标准"四统一"
《"十三五"推进基本公共服务均等化规划》	国家治理体系现代化	提升教育基本公共服务水平，保障"学有所教"，构建社会基本公共服务体系	均衡配置县域校际资源，扩大优质教育资源覆盖面；提升义务教育学校信息化水平，建设国家级优质教育资源平台，促进终身学习

三、内在逻辑：从区域、城乡均衡到校际均衡与个体均衡

综合学界研究成果和政策共识，义务教育均衡发展可分为四个维度和四个层次。四个维度是：入学机会的大致平等、基本办学条件的大致均等、教师队伍及管理水平的大致均等、学习者学业成就及升学机会的大致均等。四个层次是：最低层次是县域内义务教育学校之间的大致均等，中等层次是省域内县区之间义务教育水平大致均等，高级层次是东西部及省份之间的大致均等，最高层次是不分民族、地区、性别、家庭背景的学生享有顺利完成学业的办学资源、大致均等的义务教育入学机会和教育质量，经过学习能够取得大致均等的学业成就和升学机会。本书认为，义务教育均衡发展主要是指我国不同地区之间、城乡之间、同一地区不同学校之间、同一学校不同群体之间的教育均衡发展问题。在区域和城乡两个层面，均衡侧重于义务教育事业宏观发展要求；在校际层面，均衡侧重于配置教育资源和优化办学要素；在群体层面，均衡侧重于教育机会、教育过程和教育结果的均等化，最终指向全体学生的全面均衡发展，即个体的均衡发展。

由于地域、人口、资源等方面的天然差别，我国不同区域特别是东西部省份之间的经济社会发展水平差距较明显，虽然伴随着我国经济的快速发展，在国家政策宏观调控的影响下，东西部省份之间的差距在逐步缩小，但在未来很长一段时期，这种差距不仅无法消除，而且绝对差距还有可能进一步扩大。显然，在我国现阶段，讨论最高层次的义务教育均衡发展是不现实的。由于区域差异，城乡之间义务教育均衡问题必须界定在县域范围，即县域内城乡之间、学校之间以及同一学校不同群体之间的均衡发展。从当前我国县域义务教育学校布局情况来看，城乡之间的均衡也就是城区、城镇和农村学校之间的大致均衡，即学校之间的大致均衡。而学生个体之间的均衡，只能通过县域学校之间的群体样本进行考察（即以校为单位选择学生群体样本）。否则，过分强调学生个体的具体化和精确化，既缺少实践上的操作性，也缺少伦理上的合理性。

基于此，从均衡本身的内涵出发，可以确定义务教育均衡发展的第二个分析框架：总体上由县域内校际均衡和县域内群体间均衡两个方面的9个核心要素构成。其中，县域内校际均衡的重点包括办学条件、办学要素、资源配置、教育质量与学校发展水平和发展愿景等的均衡；而县域内群体间均衡的重点除

了包括就学机会、学业成就和升学机会均衡外，还包括全面发展均衡，即个体的全面发展和均衡发展。据此得出义务教育均衡发展的内在层次和要素（分析框架二），如图 2-2 所示。这些要素事实上也就是观察和监测义务教育均衡状态的核心指标。

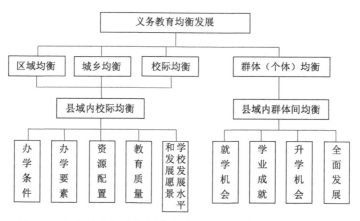

图 2-2　义务教育均衡发展的内在层次和要素（分析框架二）

值得指出的是，目前我国各级教育部门制定的义务教育均衡发展评估标准，普遍对教育质量及学校发展水平和发展愿景两方面的关注较少。这是由于当前我国义务教育均衡发展总体上处于基本均衡阶段，各级政府必须优先保障办学条件和入学机会的均衡，无法顾及更高层次的要求。"出口"上的细微导向最终可能会在政策实际执行过程中被显著放大，对办学条件的相对重视就会产生重硬件均衡而轻内涵发展的问题，这也可视为当前义务教育均衡发展政策的一个短视现象。办学条件等的均衡的根本目的是实现教育质量的普遍提升和高位均衡，办公平而有质量的教育。教育质量和学校发展显然是优质均衡的题中之义，是在实现基本均衡之后各级政府要重点解决的问题。而优质均衡是动态目标，不仅应该包括不同学校当下的均衡态势，也应该包括当下均衡态势对学校未来发展的影响，即学校发展愿景。不同学校的办学条件和教育质量基本均衡之后，未来发展的内在动力从何而来？不同学校的未来发展潜力如何？怎样让更多学校在实现基本均衡之后还能可持续发展？这些都是政策制定者需要深入考虑的问题。正是基于这些前瞻性的思考，本章在确立义务教育均衡发展分析框架时，更加重视体现义务教育学校在发展愿景等方面的机会均衡，以更好地体现义务教育均衡发展分析框架一所提出的最新政策要求，凸显"有质量的均衡"和"优质均衡"的价值取向。

综上，本部分在把握我国义务教育均衡发展政策演进过程和内在要求的基础上，分别基于政策分析和均衡自身内涵，确立了义务教育均衡发展的两个分析框架，也基本明晰了义务教育均衡发展所涉及的核心要素，为进一步考察义务教育信息化均衡发展的内涵、确定信息化促进义务教育均衡发展的影响因素和作用方式夯实了理论基础。

第三节　教育信息化的本质属性、核心价值与表现形态

1978年，党的十一届三中全会召开，决定实行改革开放，开启了我国社会主义现代化进程的时代序幕，实现教育现代化成为我国教育发展的总体愿景。从20世纪90年代开始，互联网和计算机技术加速发展，社会信息化进程显著加快，信息技术对教育的影响日益深入和广泛，教育信息化成为21世纪全球教育的"最大公约数"，以及全球教育政策、教育研究和教育实践的热点。

一、社会信息化的历史渊源与本质特征

一般而言，信息化都是指社会信息化。从文献资料来看，"信息化"一词由日本学者梅棹忠夫创造并最早使用。20世纪60年代初，集成电路技术的发明和应用使计算机实现了巨大突破——由晶体管计算机发展为集成电路计算机，在体积上实现了缩微化，在信息处理性能上得到极大提升，而在制造成本上大幅下降，这使得普及个人计算机成为可能。作为现代信息技术的核心标志，个人计算机的迅速发展使信息社会初现端倪。1963年，梅棹忠夫发表了一篇具有划时代意义的文章——《论信息产业》，在世界范围内第一次提出"信息产业"的概念，并提出了"信息产业""信息社会""信息化"这三个重要概念。其主要观点是：信息社会环境下，如同动物器官的进化一样，信息产业结构的形成是产业进化的结果。农业、水产业和畜牧业构成人类社会产业结构进化的第一阶段，交通、运输、建筑、军事产业以及人类的迁徙和各种制造业的发展，构成人类社会产业结构进化的第二阶段，人类社会产业结构进化的第三阶段则以

教育、邮电、通信、广播、娱乐等产业为核心。[①]梅棹忠夫在这篇文章中提出的著名预言"今后人类社会将是以信息产业为主体的信息化社会",引发了全世界的关注,信息化和信息社会的概念由日文译成英文传播到西方社会,受到西方社会的广泛认同并被普遍使用。1978 年,法国的西蒙·诺拉和阿兰·孟克出版了《社会的信息化》一书,对信息化概念的国际传播起到了重要作用。该书极具前瞻性地指出,计算机与远程通信的密切结合产生的远程数据处理将对社会发展产生重大影响,信息化是人类社会必然的发展趋势。[②]1980 年,美国未来学家阿尔文·托夫勒出版的《第三次浪潮》,对信息社会做了全面、深刻的阐述,提出信息社会是继农业、工业革命以来的第三次革命浪潮,信息技术等新科技的发展必然极大地改变现存的社会结构和社会生活,并创造一种新的社会文明。[③]这些观点影响深远,特别是对人类社会发展三次革命的划分和论断,至今仍被广泛引用。

　　20 世纪 70 年代至 90 年代初,大规模集成电路技术不断发展成熟,现代信息技术的另一大核心——互联网技术也得到快速发展,德国、欧洲共同体和联合国教科文组织等国家及国际组织先后出台了一系列推动信息技术在社会中应用和发展的规划,这些规划都把信息基础设施建设作为重要一环。1993 年,美国正式推出互联网在线服务,成为信息社会的标志性事件。同年,美国政府正式提出建设国家信息基础设施(National Information Infrastructure,NII),俗称信息高速公路计划,其核心是发展以互联网为核心的综合化信息服务体系和推进信息技术在社会各领域的广泛应用。在美国的带动下,许多国家相继出台了一系列国家信息基础设施建设规划,全球信息化浪潮兴起。

　　由于国情特点和历史原因,中国是在实行改革开放、确立现代化目标这一大背景下逐步推动信息化的。一般认为,1986 年 2 月在北京召开的首届中国信息化问题学术研讨会第一次公开提出了"信息化"的概念,而官方首次提及信息化,是在 1995 年颁布的《中共中央关于制定国民经济和社会发展"九五"计划和 2010 年远景目标的建议》中提出了"加快国民经济信息化进程"的战略任

---

① 梅棹忠夫. 文明的生态史观——梅棹忠夫文集. 王子今,译. 上海:三联书店,1988:33.

② 西蒙·诺拉,阿兰·孟克. 社会的信息化. 施以方,迟路,译. 北京:商务印书馆,1985:11.

③ 阿尔文·托夫勒. 第三次浪潮. 黄明坚,译. 北京:中信出版社,2006:56.

务。此后，信息化成为我国经济社会发展的热点领域，并逐步成为国家重大战略。党的十八大报告提出坚持走中国特色新型工业化、信息化、城镇化、农业现代化道路。其中，新型工业化、信息化、城镇化、农业现代化被简称为"新四化"，代替了我国历史上具有特殊地位的工业、农业、国防、科学技术"四个现代化"。在"新四化"的四个方面中，新型工业化和信息化占据主要地位，而新型工业化之"新"，主要就是利用信息化促进工业生产转型升级。"新四化"的实质就是信息化和工业化深度融合，带动城镇化和农业现代化发展。实际上，信息化是其中的核心方面。

简要回顾从信息化概念产生到全球信息化浪潮兴起的历程，其主线是以计算机网络为代表的现代信息技术的变迁过程。按照梅棹忠夫最早的定义，信息化是指通信现代化、计算机化和行为合理化的总称。[①]通信现代化是指社会活动中的信息交流基于现代通信技术基础上进行的过程，计算机化是社会组织及组织间信息的产生、存储、处理（或控制）、传递等广泛采用先进计算机技术和设备管理的过程，行为合理化是指人类按公认的合理准则与规范进行通信以及与计算机有关的行为。现代通信技术是在计算机控制与管理下实现的，因此，社会计算机化的程度是衡量社会是否进入信息化阶段的一个重要标志。我国政府和学界对信息化的经典定义也基本体现了这样的内在逻辑，如1997年召开的首届全国信息化工作会议，将信息化定义为"在国家统一规划和组织下，在农业、工业、科学技术、国防及社会生活各个方面应用现代信息技术，深入开发广泛利用信息资源，加速实现国家现代化进程"[②]，实现信息化就要构筑和完善由六个要素构成的国家信息化体系（六个要素是开发利用信息资源、建设国家信息网络、推进信息技术应用、发展信息技术和产业、培育信息化人才、制定和完善信息化政策）。又如，经济学家林毅夫指出，所谓信息化，是指建立在信息技术产业发展与信息技术在社会经济各部门扩散的基础之上，运用信息技术改造传统的经济、社会结构的过程。[③]这两种定义都将信息化界定为在社会各领域全面应用信息技术，推动经济社会发展的过程。

---

① 梅棹忠夫. 文明的生态史观——梅棹忠夫文集. 王子今，译. 上海：三联书店，1988：26.

② 转引自王小荣. 论信息技术在苏州城区经济管理中的应用. 南京：东南大学，2012：56.

③ 林毅夫. 信息化——经济增长新源泉. 科技与企业，2003（8）：53-54.

　　严格来说，信息化这一概念突出体现了东方语言的特征。在中国、日本和韩国等亚洲国家的语境中，如果某一个名词后面加上"化"，可以表达两层意思：一是表示某种行为动作的持续发生，体现一个过程；二是表示由于该行为动作的持续发生而产生的结果，体现一种状态，如现代化、城镇化、制度化、工业化等。无论是梅棹忠夫最早的定义，还是中国政府和学界的经典定义，都体现了这种语言习惯，而且其本质都是一致的，均将信息化置于社会发展的大背景下予以考察。本书认为，信息化有两方面的内涵：第一，现代信息技术在社会各领域各方面广泛存在并被广泛使用，是需要长期的历史过程的；第二，这一过程的结果，就是信息技术推动社会发展，最终体现出智能化、网络化、数字化、终身化等信息社会的时代特征，这些特征又构成了信息社会所要求的"现代化"的基本要素。现代化是一个性质概念而非时间概念，现代化表征的是一种社会发展的状态。[①]

二、教育信息化的本质属性："技术-教育-社会"的三重交互

　　内涵与外延是一对相对范畴。内涵是概念所反映的事物的特有属性和本质规定性，而外延则是概念所反映的特有属性的所有事物或者范围。分析教育信息化的内涵与外延，理性透视教育信息化的本质规定性与实践范围，厘清教育信息化"是什么"和"做什么"，对进一步审视义务教育信息化及义务教育信息化均衡发展的内涵与外延至关重要。

　　如前所述，信息化这一概念具有东方语言的特征，而教育信息化则完全是一个中国特色的概念。1999年颁布的《中共中央国务院关于深化教育改革，全面推进素质教育的决定》是官方文本中第一次出现"教育信息化"的概念。2000年，教育部发布了《教育部关于在中小学普及信息技术教育的通知》《关于在中小学实施"校校通"工程的通知》，决定在中小学普及信息技术教育，实施教育信息化建设，以信息化带动教育的现代化，推动基础教育跨越式发展。这是我国官方文件首次论及教育信息化与教育现代化的关系。当时人们不会想到，"以信息化带动教育的现代化"将会成为21世纪中国教育政策话语中热度最高的论断。21世纪初，在教育部的大力推动下，从高校到中小学启动实施了一系列重

---

① 褚宏启. 教育现代化的路径——现代教育导论（第2版）. 北京：教育科学出版社，2013：15.

大信息化建设项目，教育信息化逐步成为教育的重点事项和社会的热点领域，并上升为国家战略，成为彰显中国教育发展成就与开放姿态的重要标志。

教育信息化的概念由信息化的概念演绎而来，教育信息化可视为信息化概念的外延，即教育领域的信息化。按照本书对信息化的定义逻辑，教育信息化可直观地定义为"在教育事业各个领域全面应用现代信息技术，推动教育发展的过程"。这样的定义虽然直观，但也存在界定笼统、边界模糊、内涵窄化的缺陷。更重要的是，这种外在的宽泛定义未能涉及教育信息化的实质，其学术基础较弱。教育信息化至少有三种属性：技术属性、教育属性和社会属性。其中，技术属性是教育信息化的外显属性，也是教育信息化所有属性的逻辑起点，即信息技术的自然存在和客观存在；教育属性是教育信息化的内在属性，体现教育信息化的核心价值——将技术应用于教育，改进和支持教育并促进教育变革与发展；社会属性是教育信息化的内隐属性，体现教育信息化的深层增值价值——通过扩大教育公共服务范围和提升教育公共服务能力，最终实现优化社会公共服务供给的目的。也就是说，教育信息化既扩大和优化教育公共服务，其自身也应是教育公共服务与社会公共服务的基本组成部分。梅棹忠夫早在 20 世纪 60 年代就认为"信息产业其实是一项服务业"①，今天看来这不啻为具有远见卓识的论断。

教育信息化的三种属性，决定了揭示教育信息化内涵的三个要素（即技术本身、教育价值与社会功能）分别对应着教育信息化在三个层次上的表现形态（图 2-3）。回到信息化的两个基本内涵：一是技术的存在和应用过程，可视之为时间维度上的变化；二是由此产生的结果和达到的状态，可视之为空间维度上的变化。要对教育信息化的内涵做出深入、准确、全面的概括，既要体现教育信息化的三个属性及对应的表现形态，也要体现信息化的两个维度。因此，本书将教育信息化的内涵界定为：在时间维度上，教育信息化是信息技术在教育领域的泛在或实在状态，是一种规模化、普遍化、融合化的技术应用态势，也是技术改良教育并推动社会文明进步的过程；在空间维度上，教育信息化是技术支持教育以及技术支持的教育，即信息技术对教育结构、教育形态和学习方式等教育要素产生显著而持续的影响，呈现出数字化、在线化、终身化的特

---

① 转引自冯梅，陈志楣. 北京信息服务业发展问题研究. 北京：经济科学出版社，2007：19.

图 2-3　教育信息化的属性及表现形态

征，其最终表现形态是提供教育公共服务和社会公共服务。[①]

简言之，教育信息化在第一个层次上表现为信息技术广泛地应用于教育领域，在第二个层次上表现为信息技术的融合应用对教育结构和教育形态产生深远影响，在第三个层次上表现为通过教育与社会的交互作用对社会发展产生影响，这种影响的表现十分普遍，如提供教育公共服务和社会公共服务、推动文明传承和社会创新等。

显然，教育信息化既是工具理性与价值理性的统一，也是技术属性、教育属性与社会属性的统一。根本上，教育信息化是要通过技术理性更好地实现和达成教育层面与社会层面的价值理性。

三、教育信息化的核心价值："均衡-公平-现代化"的多元观照

教育属性是教育信息化的内在属性，教育价值是教育信息化教育属性的实践转化结果，是教育信息化的核心价值。信息技术在教育中的泛在应用和深度融合，有利于优化教学模式，创新学习方式，重构教育的结构和形态，不断提升与信息时代相适应的"教育现代性"，以及不断趋近教育现代化的目标。"现代化"并不是一个时间概念，不同时代都有相应的现代化要求。当下的教育现代化就是信息时代的教育现代化。从教育事业改革和发展的角度看，教育信息化的教育价值必然包括两个方面：促进教育均衡和实现教育现代化。

---

① 赵晓声. 区域教育信息化融合创新发展——理论思考与政策实践. 西安：陕西科学技术出版社，2017：7.

1. 均衡的视角：教育信息化是促进教育均衡的有效手段

在均衡的视角下，教育均衡与教育信息化均衡是内在一致的。教育信息化既是教育均衡的重要内容，也是促进教育要素均衡配置的有效手段。一方面，教育信息化扩展了教育机会，使"时时可学、处处能学、人人皆学"的终身学习成为可能，也使个性化、优质化、差异化的学习需求得以满足。[①]通过提供个性化的教与学方式，有差异性地配置教育资源，有利于满足不同学生充分发展的需要，最大限度地实现教育过程公平和结果公平。信息技术能为所有人提供更加广阔、丰富和多元的学习及发展机会，这是信息时代最广泛的教育公平和社会公平，也是终身学习社会的理想图景。另一方面，通过优质数字教育资源的共享应用，先进的教学理念、教学方法和教学智慧得以普惠化。除了能够提供狭义上的数字教育资源外，教育信息化还能够有效扩大广义上各类教育资源的覆盖面，缩小学校之间和学生之间的差距。这种差距主要是教学质量和学习水平方面的差距，显著地影响着教育起点公平与过程公平。[②]

司晓宏指出，抓住了教育均衡，就意味着既抓住了教育公平，也抓住了教育质量。[③]技术改变教育，教育信息化在提高教育质量、缩小校际差距的同时，还有一个重要作用往往被忽视，那就是营造学校的创新氛围、凝聚追赶超越的后发优势。实现教育均衡，既离不开政策、投入等外部力量的驱动，也离不开学校自身的主观能动性和积极进取。教育的变革和创新，归根结底是教育文化的变革与创新。[④]从促进教育文化变革的角度看，信息化的意义就在于提升学校理念、愿景等文化层面的"教育现代性"，为提高办学品质注入内生动力和创新动能。只有基于学校主动发展的教育均衡才是可持续的均衡，也才是体现教育公平本质要求的均衡。

义务教育均衡发展的合理性与现实性不言而喻。作为义务教育与教育信息化的交集，义务教育信息化既具有教育信息化的所有属性，也承载着义务教育公益性、公平性、均衡性的使命与追求。义务教育信息化均衡发展包含教育信

---

① 赵晓声. 数字教育资源配置模式变迁——从共建共享到公建共享. 电化教育研究，2015（4）：70-75.
② 赵晓声. 数字教育资源配置模式变迁——从共建共享到公建共享. 电化教育研究，2015（4）：70-75.
③ 司晓宏. 义务教育均衡发展论纲——以西部农村为研究对象. 北京：人民教育出版社，2013：187.
④ 宋志臣. 教育文化论. 教育研究，2012（10）：4-11, 33.

息化自身均衡和信息化促进教育均衡两个维度。第一个维度是信息技术配置和使用的均衡化，旨在使县域内学校之间和个体之间在信息技术使用机会和应用能力两方面大致均衡；第二个维度是通过技术的均衡配置和均衡应用，对办学条件、办学要素、教育质量和师生发展产生积极影响，进而有效实现促进教育均衡的深层价值。毫无疑问，义务教育信息化均衡不只是学校信息化环境建设或技术应用的均衡，但也不能抛开技术均衡这个前提去讨论信息化对教育均衡的作用或价值。教育信息化既是促进教育均衡的内生变量，也是教育均衡的基本内容，还是教育均衡的前提与基础。

2. 公平的视角：教育信息化是实现教育公平的重要载体

公平是人类社会的基本准则，教育公平是教育永恒的价值追求。人类社会从来就没有统一的公平观[1]，要准确地解释"公平"并不容易，它既涉及哲学、法学、社会学、经济学等多学科、多范畴，也涉及不同社会形态、社会阶级和社会群体及个体之间的差异。公平既是客观要求，也是主观感受。有研究者归纳了我国学界对公平的主要观点[2]：一是指制度的公正和平等；二是指收入分配规则的公正平等；三是指社会公平，即社会成员的收入和待遇的合理性；四是指道德范畴的公平，接近于平等的概念；五是指人与人之间的一种"相称"或平衡关系。作为社会观念的公平，其实兼有上述几种含义。也有研究者指出，公平作为反映和评价人们之间合理的社会利益关系的范畴，主要体现为权利公平、机会公平、规则公平、效率公平、分配公平和社会保障公平等。[3]

教育公平的观念源远流长，无论是孔子的"有教无类"还是古希腊雅典的公民教育，都隐含着教育公平的理念和思想。人类对教育公平的认识在不断发展和变化着，不同时期的教育公平有着不同的内涵、评判标准和追求方式，不同的国家和地区追求教育公平的内容和侧重点也不同。平等观念是教育公平的源头，但公平不等于平等。公平与平等的根本区别在于，公平是一种质的特性，而平等是一种量的特性。"均贫富，等贵贱"是平等观念，"老有所终，壮有所用，幼有所长，鳏寡孤独废疾者，皆有所养"则是公平观念。平等是可以测量

---

① 朱金花. 教育公平：政策的视角. 长春：吉林大学，2005：22.
② 朱金花. 教育公平：政策的视角. 长春：吉林大学，2005：36.
③ 肖玉明. 社会公平与和谐社会. 光明日报，2005-04-26（12）.

的，而公平作为一种质的规定性，是与正义、公正相联系的价值判断，具有强烈的道德意味、伦理性和历史性。我国学者对教育公平的研究受科尔曼、胡森和罗尔斯等的影响较大。科尔曼最早提出教育机会均等的观点，其中"机会"包括学校外部的各种物质因素、学校的各种物质设施、家庭环境和学校环境中的某些心理因素、学习机会（即教学条件）等。科尔曼指出，教育平等的定义"从平等地得到条件（投入）同等优越的学校重新规定为在标准化的成绩测验中有平等的表现（平等的结果）"①。胡森发展了科尔曼的观点，并使教育起点公平、过程公平、结果公平成为被广泛接受的观点，对我国教育公平研究及政策制定产生了重要影响。②罗尔斯指出，作为公平的正义思想具有强烈的伦理色彩，他认为公平包括平等自由原则、机会公正平等原则和差别原则，希望通过"最少受惠者最大利益"的补偿性原则达到事实上的平等。③按照这一原则，教育公平政策必须对贫困地区和弱势群体给予倾斜，体现补偿性原则，只有弱势群体（如务工人员子女、留守儿童、残疾学生等）的义务教育权利得到维护，才是正义的教育公平。

公平包含两个基本要义：公正与平等。其中公正侧重于资源分配的合理性和正义性；平等侧重于权利平等、人格平等与机会均等。公共政策层面的教育公平普遍分为起点公平、过程公平、结果公平三个层次。由于个体差异的客观存在，在实践中，教育政策通常只能有效保障就学机会均等和起点公平，教育过程公平和教育结果公平往往很难实现，也很难被测度。国家确立教育优质均衡发展导向的深层动因，是均衡才是保障教育公平最有效的政策选择。按照褚宏启和杨海燕的观点，政策实践层面的教育公平主要是教育资源的合理配置，而教育资源的合理配置应当遵循平等原则、差异原则和补偿原则。平等原则强调教育起点平等和教育过程平等，实际上是保障受教育权平等和教育机会平等。差异原则强调依据个体禀赋、兴趣和能力，有差异地合理配置教育资源，满足不同受教育者充分发展的需要。补偿原则关注受教育者社会经济地位的差距，对社会

---

① 转引自熊春文，陈辉. 西方国家教育机会均等及其观念的历史演进. 华东师范大学学报（人文社会科学版），2011（4）：131-143.

② 熊春文，陈辉. 西方国家教育机会均等及其观念的历史演进. 华东师范大学学报（人文社会科学版），2011（4）：131-143.

③ 约翰·罗尔斯. 正义论. 何怀宏，何包钢，廖申白，译. 北京：中国社会科学出版社，1988：19.

经济地位低的教育者，应在教育资源配置上予以补偿，以实现社会公平。①

教育信息化对教育公平的价值表现在两方面：一方面通过信息化手段扩大优质资源的覆盖面，优化资源配置，缩小区域、城乡、校际差距促进教育公平，最大限度地实现所有学生在教育权利和入学机会上的平等；另一方面通过提供个性化的教与学方式，有差异性地配置教育资源，以满足不同学生充分发展的需要，最大限度地实现教育过程和结果公平。过程公平是提供相对平等的受教育机会和条件，结果公平即教育成功机会和教育效果的相对均等，即每个学生接受同等水平的教育后，其学业成就及身心素养均得以充分发展。

前文已论及，时时可学、处处能学、人人皆学的学习型社会成就了未来最广泛的教育公平和社会公平，为每个人拓展了学习、提升、发展的通道和机会，这是信息时代最伟大的影响之一。理想的终身学习社会不仅要为每个人提供广泛的学习机会，也要保障学习的质量和获得感。要实现如此宏伟的学习图景，离开了教育信息化的有效支撑，只能是空中楼阁，最广泛的教育公平也将无从谈起。

3. 现代化的视角：教育信息化是加快教育现代化的关键引擎

在我国各类语境当中，信息化与现代化、教育信息化与教育现代化密切相关，往往成双成对出现，但以公共政策层面的论述居多，而对两者的关系缺少具有学术意蕴的深入分析。要讨论教育现代化，必须先讨论现代化。从词义看，现代化是"转变成为现代"，稍加引申，现代化就是指从一种社会形态转变为现代社会的过程与结果。褚宏启认为，现代化是指文艺复兴以来特别是工业革命以来人类社会所发生的整体性的、走向现代社会的变迁过程，在时间维度上，这个变迁过程只有起点没有终点，不会终结于后工业时代、信息时代或者知识经济时代。在空间维度上，现代化席卷全球，任何一个国家都无法在现代化浪潮中置身事外，也无处藏身，现代化的先行国家也将面临继续现代化的问题。在内容维度上，现代化涉及经济、政治、文化、教育等诸多层面，是极其复杂的社会运动。②现代化并不是排斥传统、消解传统，用一切现代的事物驱逐或

① 褚宏启，杨海燕.教育公平的原则及其政策含义.教育研究，2008（1）：10-16.
② 褚宏启.教育现代化的路径——现代教育导论（第2版）.北京：教育科学出版社，2013：5.

取代传统，恰恰相反，现代化应该是以时代性的工具理性捍卫永恒性的价值理想，呈现最好、最理想的"现代性"与"现代精神"。哈贝马斯指出，现代化具有时代性，现代化是一项未竟的事业。[①]现代化是表征社会发展理想状态的性质概念而非时间概念——现代化一定是某种时代背景下的现代化，"现代"不是指某一时间点或时间段，而是一种"好的、理想的"状态，或是某一时代背景下社会发展的应然状态和理想状态所要求的主要特征。[②]在这个意义上，现代化的确永无终点、永不终结、永远是未竟的事业。

信息社会的现代化就是社会获得信息社会所要求的现代性，信息社会的教育现代化就是教育获得信息社会所要求的教育现代性。教育信息化是信息时代对教育的现代化要求之一，其目的是使教育具有信息时代所要求的开放、民主、泛在、高效、个性、创新等现代精神。教育信息化不是教育现代化的全部，教育现代化也不是教育信息化的终极目标。教育信息化是有终点的，即人类社会由信息社会发展至另一阶段，如智能社会将对教育提出相应的特定要求，即教育智能化。因此，教育信息化与教育现代化必然有一个交汇点，就是提升"信息时代的教育现代性"。信息时代的教育现代性包括两个方面：一是信息时代所独有的教育现代性，如数字化、网络化、在线化、开放化、终身化等；二是教育发展中永恒的价值追求，如公平、均等、质量、创新，这属于教育现代性的一般要求。通过数字化、网络化、在线化、开放化、终身化等，提升教育在公平、质量、均等、创新等各个方面的现代精神，是教育信息化对教育现代化的终极价值。以教育信息化推动教育现代化的合理性，取决于教育信息化对提升信息时代的教育现代性的作用及贡献，这是教育信息化与教育现代化之间的根本关系。

教育现代化是性质概念，而不是时间概念，不同历史阶段、不同时代均对应着不同的现代化要求。而教育信息化既是性质概念也是时代概念，它是信息时代独有的教育现象和教育发展要求。既然教育信息化与教育现代化的交汇点是实现信息时代的教育现代化，作为教育信息化的外延，义务教育信息化所包含的均衡、均等、公平等特性和追求正是"信息时代教育现代性"，因此，义务

---

① 转引自陈嘉明，等. 现代性与后现代性. 北京：人民出版社，2001：60.

② 褚宏启，等. 中国现代教育体系研究. 北京：北京师范大学出版社，2014：53.

教育信息化均衡发展也必然是教育现代化的内在要求。

四、教育信息化的表现形态和实践领域

前文分析了教育信息化的内涵。教育信息化的技术属性、教育属性、社会属性分别对应三个层次上的表现形态，由各个属性决定的表现形态也对应着不同的实践领域（图 2-4）[①]，即教育信息化"是什么"决定了教育信息化"做什么"。三个层次之间呈现相互兼容的倒金字塔形结构，高层次的表现形态兼容低层次的表现形态，其实践领域也更加宽广和丰富。厘清教育信息化的实践领域，也就是透视教育信息化"做什么"。

图 2-4　教育信息化的实践领域

技术属性对应第一层次的表现形态是外显的技术存在，即信息技术以物理形态广泛存在于教育教学全过程中。其实践领域主要是接入宽带网络、普及终端设备、配置数字教育资源、搭建数据系统和信息平台，以及将最新的信息技术引入教育，如大数据技术、区块链、人工智能、智慧校园、STEAM 教育等。

教育属性对应第二层次的表现形态是内隐的核心价值，即通过信息技术的融合应用，对教育结构、教育形态、教与学方式、信息素养、教师队伍等教育要素和教育内容产生深刻影响，促进教育变革与教育创新，提高教育质量和人

① 赵晓声. 教育信息化服务的内涵、层次及现实发展——对教育信息化本质的新认识. 中国电化教育，2012（7）：33-37.

才培养质量，优化教育公共服务。其实践领域在学校层面，主要是提供教学支持，优化学校管理，促进教师专业发展、学生全面发展与学校整体发展；在区域教育或宏观教育层面，主要是促进教育公平，加快教育创新，构建终身教育体系，最终推动教育结构和管理方式变革[1]，实现与信息时代要求相适应的教育现代化状态，使教育呈现出数字化、在线化、多样化、个性化、开放化、终身化等时代特征。

社会属性对应第三层次的表现形态是深层的增值价值。教育是最基础、最重要的社会子系统，承载着知识传续与创新、文化传承与创新、人类社会发展与文明进步的重要责任，教育信息化在服务于教育的同时，也服务于社会发展。从这个角度来看，教育信息化本身是社会公共服务体系的组成部分，也是完善和优化社会公共服务的重要动力。因此，社会属性对应的实践领域主要是促进社会创新和文化传承、完善社会公共服务、推动社会发展。[2]

从更广阔的视野看，人是一切技术创造和使用的主体。科技向善的本义其实不是道德范畴的是非善恶问题，而是技术应当促进人的发展和人的现代化。相应地，信息技术在教育中的存在和应用，必然伴随着学生信息素养和数字化生存能力的发展。确切地说，科技向善表现在教育信息化过程当中，应当是超越了其他三个层次的更高的人性价值——促进人类更好地适应信息社会的要求，在信息时代获得幸福感，生活得更有意义。

第四节　义务教育信息化均衡发展的评价维度与综合分析框架

我国于 2020 年全面实现县域义务教育基本均衡目标[3]，这是改革开放以来我国义务教育政策实践成效的集中体现。在此之前的 2017 年，教育部决定建立

---

[1] 赵晓声. 教育信息化服务的内涵、层次及现实发展——对教育信息化本质的新认识. 中国电化教育，2012，（7）：33-37.

[2] 赵晓声. 教育信息化服务的内涵、层次及现实发展——对教育信息化本质的新认识. 中国电化教育，2012，（7）：33-37.

[3] 教育部. 均衡督导持续发力　义教保障水平更高——义务教育基本均衡"双九五"目标如期实现. http://www.moe.gov.cn/jyb_xwfb/gzdt_gzdt/s5987/202104/ t20210427_528707. html，（2021-04-27）[2021-10-08]

县域义务教育优质均衡发展督导评估制度，引导各地开展义务教育优质均衡发展县域督导评估认定工作，这标志着我国义务教育事业进入新发展阶段，急需发挥信息化的多维价值，使县域层面的义务教育在创建优质均衡的过程中既有效率，又有质量。本章前三节分别从义务教育的本质内涵和政策演进，教育信息化的本质属性、核心价值及实践领域等方面做了多维度、系统性的观照分析，从理论上厘清了义务教育信息化均衡的基本问题。本节将在前文完成的工作的基础上，基于教育学和教育技术学的双重视野，进一步厘定义务教育信息化均衡发展的评价维度和分析框架。

一、义务教育信息化均衡发展的内涵

义务教育信息化是教育信息化的子概念，也是义务教育均衡发展的重要内容，关涉教育信息化与义务教育两个上位概念。义务教育信息化即在义务教育各个领域全面、深入地应用现代信息技术，促进义务教育改革和发展的过程。总体上，义务教育信息化关涉三个命题：一是义务教育均衡发展问题；二是教育信息化自身均衡问题；三是以信息化促进教育均衡问题。第一个问题已在上文做了深入分析，后两个问题构成了义务教育信息化均衡发展的两个基本维度，即共同构成义务教育信息化均衡发展的内涵。

如前所述，义务教育均衡发展的合理范围是县域内城乡之间、学校之间以及同一学校不同群体之间的均衡发展，最终表现为县域内学校之间的大致均衡。因此，义务教育信息化均衡发展的状态可以从两个方面予以理解和表征：一是县域内义务教育信息化的整体水平达到了一定程度，信息化对县域义务教育事业产生了积极有效的影响；二是县域内义务教育阶段所有学校的信息化水平良好，并呈现出大致均等或均衡态势。这两个方面可以更简洁统整地表述为：县域义务教育学校信息化发展水平在基本达标线之上大致均等，并且有效地促进了教育事业发展。实际上，义务教育均衡发展指标和监测研究的核心目的，就是寻找能够准确、客观表述这个状态或态势的量表和方法，并能让结果可量化、结论可比较。

第一章的文献研究显示，近年来义务教育信息化与义务教育信息化均衡发展问题日益受到学界重视，但已有研究多从信息化如何促进义务教育均衡发展的角度切入，突出了教育信息化的工具性而弱化了其主体性，忽视了教育信息化自身也存在均衡配置或均衡发展的要求，这样的研究倾向是片面的、不完整的。因此，义务教育信息化均衡发展，既要求县域内所有义务教育学校的信息化水平普遍达到一定标准（可依据国家或省级政策要求制定基本达标线），整体呈现出基本达标线之上的校际均衡状况，也要求通过信息化的内生作用对县域义务教育优质均衡和高质量发展产生显著影响。这两个方面共同构成了内在统一、具有整体性的义务教育信息化均衡发展观，也构成了教育学视野和教育技术学视野相统一下的义务教育信息化均衡发展理论分析框架。

二、义务教育信息化均衡发展的双重评价维度

上文对义务教育信息化均衡发展的内涵和理论框架做了深入分析。据此框架，义务教育信息化均衡发展应当确立双重评价维度，即义务教育信息化自身均衡发展和教育信息化促进义务教育均衡发展，分别确定这两个评价维度上的核心评价要素，是构建义务教育信息化均衡发展指标体系的基础和依据。

总体而言，第一个评价维度实质上是县域内学校之间及个体之间在信息技术使用机会和应用能力两个方面的大致均衡，信息技术使用机会均衡是信息素养、数字化学习、信息化教学等信息技术应用能力均衡的先决条件，这些构成了义务教育信息化自身均衡所涉及的核心因素，可视为义务教育信息化均衡发展的自变量。在第二个评价维度上，要透视信息化促进义务教育均衡发展的问题，应当先明确义务教育均衡发展的要求和特征，进而分析信息化能在哪些方面促进义务教育均衡发展（可能性）及其促进义务教育均衡发展的效度（有效性），而要考察教育信息化促进义务教育均衡发展的可能性和实效性，实际上是要确定教育信息化能够影响义务教育的因素和能够有效促进义务教育均衡发展的因素，它们可被看作义务教育信息化均衡发展的因变量。

从以上两个评价维度出发，通过信息技术使用机会和应用能力的均衡化，提升教育质量，促进教师专业发展和学生全面发展，这些技术应用结果和成效的均衡化最终指向人的能力的均衡化。信息技术使用机会、应用能力和应用结果普遍均衡的过程，就是技术与教育深度融合、促进义务教育信息化内在统一和整体均衡发展的过程。

1. 评价维度一：义务教育信息化自身均衡发展

义务教育信息化是教育信息化的子领域，既适用教育信息化的一般要求，也具有自身特点。在校际层面，义务教育信息化自身均衡发展主要是指义务教育学校信息化建设水平、应用水平和发展水平的均衡，建设水平和应用水平反映的是学校信息化的实然状态或已然状态，而发展水平更侧重于反映通过信息化建设和应用给学校未来发展带来的影响及作用，是技术应用的潜在影响或远期目标。当然，教育信息化设施设备和软硬件环境建设本身就属于义务教育学校办学条件和办学要素的基本内容。在个体层面，义务教育信息化自身均衡发展主要是指师生个体之间在信息技术使用机会和应用能力两方面的均衡（图 2-5）。

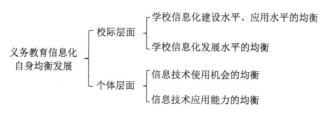

图 2-5　义务教育信息化自身均衡发展的评价要素

本章第三节对教育信息化三个层次的实践领域做了分析，学校信息化的实践领域主要集中在第一个层次和第二个层次，也就是信息技术的均衡配置和融合应用。当然，学校信息化实践领域也涉及第三个层次中与基本公共服务相关的要素，为便于考察和表述，将其归入下文"教育信息化促进义务教育均衡发展"的评价维度进行表征。

由此，结合图 2-4 可知，学校信息化环境（条件）均衡主要包括信息化终端设备配置均衡、宽带网络接入均衡、数字教育资源共享均衡（包括技术类的课程资源）和信息化相关功能部室建设均衡等；学校信息化发展水平均衡是综合性和预期性要求，将其综合反映在义务教育信息化均衡发展的各项指标当中。信息技术使用机会和应用能力均衡，主要表现在教师信息化教学能力、学生信息化学习态势、信息化的教学应用、信息化的管理应用、信息化的德育应用、信息化的创新应用等方面的均衡，这些要素实际上构成了义务教育信息化自身均衡的自变量。

2. 评价维度二：教育信息化促进义务教育均衡发展

本章第二节对义务教育均衡发展的政策演进、基本路向和内在逻辑进行了深入分析，明确了义务教育均衡发展的内涵、表征要素和分析框架，因而确立了教育信息化促进义务教育均衡发展的着力点、主要内容及基本目标。按照前文分析，义务教育均衡发展的重点是县域内校际均衡和个体均衡，具体包括办学条件均衡、资源配置均衡、办学要素均衡、教育质量均衡、学校发展水平和发展愿景均衡，以及个体之间的就学机会和学业成就均衡（就学机会均衡体现在学业成就均衡之中，就学机会是学业成就的前提条件）、升学机会均衡，最终表现为个体的全面发展均衡。这是影响义务教育均衡的八个要素，也是监测义务教育均衡状态的八个核心指标，因此，教育信息化促进义务教育均衡发展问题，可以进一步简化和聚焦为：教育信息化如何影响上述八个核心指标？或者教育信息化影响上述八个核心指标的效度如何？

从促进教育均衡的角度分析，教育信息化均衡涉及区域、城乡、校际和个体等不同层次的均衡，其中区域与城乡之间的均衡可以进一步聚焦为县域内学校之间的均衡，也就是县域内义务教育学校之间和学生个体之间的均衡。分析教育信息化对义务教育均衡发展的作用和影响，也就是分析教育信息化分别对义务教育校际均衡和个体均衡的应然价值与实然成效（图2-6）。

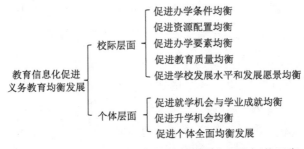

图 2-6　教育信息化促进义务教育均衡发展的评价要素

三、教育信息化与义务教育均衡发展的相关性厘定

前文将教育信息化促进义务教育均衡发展问题进一步简化为教育信息化如何有效影响义务教育均衡的八个核心指标，实质是确定教育信息化促进义务教育均衡发展的可能性和有效性，即在教育信息化促进义务教育均衡发展的各

个着力点上，深入考察其效果和作用。下面分别从校际均衡和个体均衡两个方面的八个核心要素逐一分析教育信息化与校际均衡和个体均衡的相关性。

1. 教育信息化与义务教育校际均衡

（1）办学条件、资源配置与办学要素均衡

教育信息化与办学条件、办学要素之间具有强相关性，信息化建设是学校办学条件的重要内容，也与办学条件的其他内容高度关联。根据教育部对办学要素的最新划分，办学要素主要包括教育投入、教师队伍和教育信息化。[①]教育信息化与办学要素的关系，同教育信息化与办学条件的关系十分相似，教育信息化既是办学要素的组成部分，也对办学要素的其他内容具有显著影响。教育信息化建设会增大教育投入总量，也会影响教育投入结构。教师信息化教学能力是教师队伍建设的重要内容，也是国培计划和其他各级教师培训的重点工作。通过信息化手段如远程互动教学、在线课程资源、同步教学、名师课堂等，发挥优秀师资对区域教师队伍建设的带动作用，是通过信息化手段扩大优质教育资源覆盖面的战略选择。

需要指出的是，利用信息化手段优化教育资源和办学要素均衡配置，既包括利用信息化手段促进广义上各类教育资源和办学要素的均衡配置，也包括促进狭义上数字教育资源的均衡配置。

（2）教育质量均衡

质量均衡是义务教育均衡的核心，也是保障教育公平的本源追求，但人们对教育质量的认识一直以来莫衷一是，我国学界对教育质量的构成指标和分析维度也经历了广泛的讨论乃至争论，争论的焦点在于如何既能准确反映教育质量的要素，又能具备良好的可监测性和较强的可操作性。2015年，教育部印发了《国家义务教育质量监测方案》，将监测内容确定为测查学生在语文、数学、科学三个学科与体育、艺术、德育三个领域的表现水平[②]，并调查影响学生学

---

① 袁贵仁. 以新的发展理念为引领 全面提高教育质量 加快推进教育现代化——在2016年全国教育工作会议上的讲话. http://www.moe.gov.cn/jyb_xwfb/moe_176/201602/t20160204_229466.html，（2016-02-04）[2020-10-08].

② 监测学科和领域是动态变化的. 此处重点引用参考的是《国家义务教育质量监测方案》中对教育教学质量的指标分类逻辑和表述方法. 信息化教学涉及所有学科，并不仅仅局限于国家监测的学科领域.

业水平的相关因素，包括所监测学科领域的课程开设、条件保障、教师配备、学科教学以及学校管理等，以便全面掌握义务教育总体情况。据此，对义务教育质量的监测内容，可以确定为课程教学与校本教研（指向教学质量与学业成就）、德育（保障德育实效）、体育与艺术（指向素质教育）、学生全面发展水平（包括社会责任感、创新能力和实践能力）四个方面。信息技术为提高教育教学质量提供了新手段和新动能，和这四个方面均具有强相关性，其中，和课程教学与校本教研的相关性，即各学科的信息化教学应用与科研应用；和德育的相关性，即利用信息化手段特别是新媒体和互联网，拓展德育空间，完善德育载体，丰富德育内容，健全学校、家庭、社会三结合的教育网络；和体育与艺术的相关性相对较低，主要是利用信息化手段激发学生兴趣，培养学生多方面的综合能力，过程性地落实素质教育要求；和学生全面发展水平的相关性，主要体现在利用信息化手段，培养学生的创新能力、信息素养与网络道德上。

（3）学校发展水平和发展愿景均衡

该指标反映了一所学校的综合办学水平与教育事业发展潜力，相当于OECD[①]教育指标中"教育机构品质"的内容，教育信息化对此具有显著影响。发展水平反映了当下的状态，发展愿景是通过信息化的综合影响，为学校未来可能达到的发展目标奠基。教育信息化的核心价值是通过信息化的有效应用，促进教育内部各要素和教育事业整体发展，使教育呈现出数字化、在线化、多样化、个性化、开放化、公平化、终身化等现代性特征，从而提供更好的教育公共服务及社会公共服务。从更普遍的意义上讲，以教育信息化推动教育现代化的合理性，取决于教育信息化对提升信息时代的教育现代性的作用及贡献，而提高学校当下发展水平并强化其发展愿景和能力，则是教育现代化和教育现代性的永恒追求。

2. 教育信息化与义务教育个体均衡

（1）学生就学机会与学业成就均衡

就学机会均衡是影响学业成就均衡的必要因素，也是教育起点公平最直观的体现，往往承载着人们对"满意的教育"的朴素追求，即家长对适龄儿童进

---

① 经济合作与发展组织（Organization for Economic Co-operation and Development，OECD）

入理想就读学校的可能性或难易性的群体认知。追求就学机会均衡既是所有教育政策的"初心"，也是所有教育政策的终极理想，但就学机会均衡永远"在路上"。根据教育部印发的《县域义务教育优质均衡发展督导评估办法》，当前对就学机会均衡的主要监测点是随迁子女就读、留守儿童关爱体系、特殊儿童入学和优质高中升学率，即率先保障相对弱势群体的受教育权。教育信息化对随迁子女就读、留守儿童关爱体系、特殊儿童入学的作用，主要是通过优质数字教育资源的共享，将课堂延伸至校外和家庭，为弱势群体提供义务教育阶段的学习机会。虽然高中升学率和信息化的相关性较弱，但升学率最终体现在学生个体的学业成就和升学机会中，因此可以将其归类在教育信息化对教育质量、学校发展和学生发展的影响中进行综合评价。

学业成就与教育质量密切相关，可以说是同一问题的不同表现。对学生个体而言，学校教育质量最终反映在他们的学业成就上。对教育事业发展而言，提高学生学业表现和成就是教育质量的重要目标。学业成就大体上由学生掌握知识技能的程度和分析解决问题的能力两方面构成，通过数字化学习和信息化教学，不仅有利于提高学生的学习绩效和学业水平，而且有利于培养学生的终身学习能力和创新实践能力。因此，教育信息化与学生学业成就存在强相关性。

（2）学生升学机会均衡

义务教育阶段学生的升学即小学升初中和初中升高中。小学升初中实行免试就近入学，初中升高中需通过中考完成，升学机会主要表现为进入教育质量较好的初中和高中学习的机会，因此，义务教育阶段学生升学机会均衡问题的实质是教育质量均衡。理论上，如果区域内义务教育学校实现了优质均衡发展，能够为社会提供优质的教育公共服务，那么升学机会均衡问题就不存在了。因此可以认为，教育信息化对升学机会的作用和影响，反映为教育信息化对教育质量的影响和贡献。

（3）学生全面均衡发展

学生个体的全面均衡发展，也即全体学生的全面均衡发展。何谓全面发展？《中华人民共和国教育法》规定，教育必须为社会主义现代化建设服务、为人民服务，必须与生产劳动和社会实践相结合，培养德智体美劳全面发展的社会主义建设者和接班人。2019 年颁布的《中共中央　国务院关于深化教育教学改革全面提高义务教育质量的意见》从培养担当民族复兴大任的时代新人的高度，强调坚持立德树人，"五育"并举全面发展素质教育，着力构建德智体美劳全面培养的教育体系。该意见重申了我国教育事业必须坚持学生德智体美劳全面发展的这一根本遵循，是新时代我国深化教育教学改革、全面提高义务教育质量的纲领性文件。"五育"并举是我国义务教育质量的总结性评价要求，更是贯穿于教育教学和学生成长全阶段、全过程、全环节的过程性要求，而教育信息化对此具有积极影响。

为更好适应信息时代世界教育改革发展趋势，提升我国教育的国际竞争力，教育部组织国内多所高校在认真研究的基础上，于2017年发布了《中国学生发展核心素养》，提出"全面发展的人"需要具备文化基础、自主发展、社会参与三个方面的能力，综合表现为人文底蕴、科学精神、学会学习、健康生活、责任担当、实践创新等六大素养，具体细化为18个基本要点，其中信息意识和技术运用两个要点与教育信息化直接相关。由此不难发现，教育信息化对科学精神、学会学习、实践创新等核心素养的养成，均具有显著的促进作用。因此，教育信息化与全体学生的全面均衡发展，具有密切关联和强相关性。

综上分析可知，教育信息化对义务教育在校际和个体两个层面的均衡发展均具有直接相关性或强相关性。这从理论上深入阐明了教育信息化影响这些要素的内在机制和表现方式，同时也回答了教育信息化促进义务教育均衡发展的可能性和有效性问题，即教育信息化必然能够有效促进义务教育均衡发展。那么接下来要解决的问题就是实践中教育信息化影响上述八个核心指标的效度如何，即确定义务教育信息化均衡发展的综合分析框架，并据此构建监测指标。

四、义务教育信息化均衡发展的综合分析框架

行文至此，对前面的章节内容略作梳理和总结。本书开篇便说明义务教育信息化均衡发展理论阐释、指标体系构建和监测方法设计，是本书论述和研究的三个核心问题，具有时序上的先后关系。本章着力从理论上对义务教育均衡发展及义务教育信息化均衡发展所涉及的基本问题予以分析和阐述，对本书后续内容的研究和撰写具有关键性和基础性作用。本章首先考察了义务教育均衡的理论意蕴，对我国义务教育均衡发展的政策演进和内在逻辑做了深入分析，确立了义务教育政策分析框架。然后，从信息化的渊源和内涵出发，厘清了教育信息化的内涵，基于"技术-教育-社会"的视角分析了教育信息化的本质属

性，基于"均衡-公平-现代化"的视角分析了教育信息化的核心价值，条分缕析地厘定了教育信息化的表现形态和实践领域，进而基于对义务教育和教育信息化的理论审视，确立了义务教育信息化均衡发展的双重评价维度。义务教育信息化自身均衡与教育信息化促进义务教育均衡发展两个方面，共同构成了内在统一的义务教育信息化均衡发展理论分析框架，本书将其称为整体性的义务教育信息化均衡发展观，并力图从教育学和教育技术学相统一的视野建立义务教育信息化均衡发展认识论，这是本书的一个创新点。

　　基于此，义务教育信息化均衡发展综合分析框架的脉络也就清晰了，应当从校际与个体两个层面、教育信息化自身均衡与信息化促进教育均衡两个维度，以及技术、教育与社会三重属性综合确定义务教育信息化均衡发展指标体系的基本框架（表 2-2）。

表 2-2　义务教育信息化均衡发展指标体系的基本框架

属性	教育信息化自身均衡（校际/个体）	信息化促进教育均衡（校际/个体）
技术属性	信息化终端设备配置均衡 宽带网络接入均衡 数字教育资源共享均衡 教师信息化教学能力均衡 学生信息化学习态势均衡	信息化促进办学条件均衡 信息化促进资源配置均衡 信息化促进办学要素均衡（投入、师资、保障条件）
教育属性	信息化的教学应用均衡 信息化的管理应用均衡 信息化的德育应用均衡 信息化的创新应用均衡	信息化促进教师专业发展均衡 信息化促进学生学业成就均衡 信息化促进学校教育质量均衡 信息化促进学校发展水平均衡 信息化促进学校发展愿景均衡
社会属性	完善教育基本公共服务中与信息化相关的条件和要素	优化教育基本服务能力 促进社会公共服务均等化

第三章

教育信息化指标与监测方法的国际比较研究

本书第二章对义务教育信息化均衡发展的内涵、评价维度和分析框架做了深入分析，确立了义务教育信息化均衡发展指标及监测的理论依据。为科学构建县域义务教育信息化均衡发展指标体系并设计切实可行的监测方法，有必要对国内外已有研究成果与实践经验进行深度梳理和比较分析，以资启示和镜鉴，拓展研究视野。从第一章的文献综述来看，义务教育信息化均衡发展方面的研究较少，以义务教育信息化均衡发展指标体系为重点内容的研究更是少之又少，尤其是监测方法方面的研究还是空白。根据本书研究的核心问题、主要内容和义务教育信息化均衡发展所涉及的核心概念，为尽可能全面和充分地借鉴相关研究经验，本章以教育信息化发展指标和监测方法的国内外比较为主线，按照"信息化—教育信息化"的逻辑关系和"国际—国内"的时空顺序，从三个方面开展比较研究：一是国内外通用的信息化指标与监测方法；二是美国、英国、日本等发达国家在教育信息化指标与监测方面的经验；三是我国教育信息化发展指标和测度方面的研究成果。

第一节　国内外通用的信息化指标与监测方法

一、通用的信息化发展指标

按照国际惯例，如果不明确指出使用范围，信息化即社会信息化。得到国际广泛认同的信息化发展指标主要有两类：一类是从经济学范畴出发，以信息经济和知识经济为对象的宏观计量，如马克卢普法、波拉特法；另一类是从衡量社会信息流量和信息能力的角度反映社会信息化程度，主要依据综合性的社会统计数字构建测算模型，以日本和国际电信联盟（International Telecommunication Union，

ITU）的社会信息化指数法（亦称信息化指数法）为代表。[①]

马克卢普法主要通过从宏观上测算信息产业在国民生产总值中所占的比重、信息部门就业人数占人口总数的比例、信息部门收入占国民总收入的比重，来考察信息产业在经济发展中的作用，深入分析知识生产与分配的经济机制。该法研究了信息产业在国民经济中的结构比例问题，侧重于衡量和测算信息产业及其在经济活动中的地位，即信息产业对国民生产总值的贡献。

波拉特法在马克卢普法的基础上系统地提出了信息经济的测算方法，将信息部门从国民经济各部门中分离出来，并将其进一步细化为一级信息部门和二级信息部门，建立了一套更容易量化的测算体系。一级信息部门包括通信产业、信息产品产业、信息处理与服务产业、信息基础设施产业等，二级信息部门包括为满足政府或非信息企业内部消费而提供信息生产和服务的部门。波拉特法是较早的具有权威性和普适性的信息化测算方法，为社会信息化发展水平监测奠定了重要基础。

社会信息化指数法由日本学者小松崎清首次提出。该法通过从邮电、广播、电视新闻等行业中选取信息量、信息装备率、通信水平、信息系数等四个要素，来测量不同社会阶段、不同国家或地区的信息化发展程度[②]，四个要素可被细分为 10 个变量（图 3-1）。信息化指数法因统计方便、计算简单、可操作性较强且可比性较好，受到广泛应用，尤其是将指数的概念引入信息化指标，成为国际通行的做法。

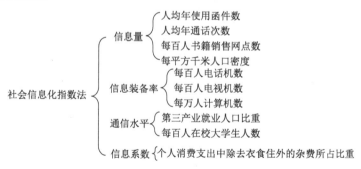

图 3-1　小松崎清提出的社会信息化指数法[③]

---

① 杨仲山，屈超. 信息经济测度方法的系统分析. 北京：科学出版社，2009：21.

② 武亚静. 国内外信息化的度量指标研究. 西安：西安电子科技大学，2013：43.

③ 转引自杨仲山，屈超. 信息经济测度方法的系统分析. 北京：科学出版社，2009：158.

以上三类社会信息化发展指标主要形成于 20 世纪 80 年代左右，是国际上最早使用的经典的信息化发展指标，虽然目前看来一些具体指标已显陈旧，但其中包含的核心思想却产生了深远影响。在以上三类指标的基础上，国际电信联盟于 1995 年提出了通用的信息化发展指标，主要从通信技术、通信设备和通信使用能力的角度进行分析，指标体系包括 6 大类 12 小类，如电话、综合业务数字网、有线电视、计算机、光纤等。[①]为适应信息技术发展，国际电信联盟又于 2007 年发布了信息化机遇指数（information communication technology opportunity index，ICT-OI），包括信息密度指数和信息应用指数两个一级指数，分别由网络指数、技术指数和使用指数、密度指数等二级指数及 10 个具体的指标构成。信息化机遇指数是用来衡量一个国家或地区的信息通信技术发展程度，并跟踪监测数字鸿沟的重要工具，主要目标是衡量"数字机遇"，即衡量一个国家通过发展和应用信息通信技术而受益的潜力。随着全球化和信息化进程的不断加快，2012 年，国际电信联盟重新修订并颁布了信息化发展指数（information development index，IDI_{ITU}），具体由信息通信技术（information communication technology，ICT）接入指数、ICT 应用指数和 ICT 技能指数构成，用来监测各个国家和地区及全球信息化发展水平，成为国际通用的信息化发展指数指标体系（表 3-1）。[②]

国际电信联盟的信息化发展指数指标体系得到了全世界的广泛认可和应用，使各国能够在全球及区域范围内评估本国社会信息化的发展进程。中国从 2000 年起就开展了国家信息化水平评价和测度的相关研究。结合我国社会信息化发展进程，工业和信息化部和一批科研机构分别制定了信息化发展指标，其中产生了广泛影响的指标体系有以下三个。

一是由信息产业部牵头编制的《国家信息化指标构成方案》。2001 年，为了科学评价国家及地区信息化水平，正确指导各地的信息化发展，信息产业部会同有关部委共同研究提出了《国家信息化指标构成方案》，该方案由信息资源、信息网络、信息技术应用、信息技术和产业、信息化人才、信息化政策法规和

---

① 陈小磊，郑建明，万里鹏. 信息化水平测度指标体系理论研究述评. 图书情报知识，2006（5）：65-70.

② 国家统计局科研所信息化水平的国际比较研究课题组. 国际电信联盟的信息化发展指数（IDI_{ITU}）国际比较——《信息化水平的国际比较研究》系列报告之二. 中国信息界，2010（4）：71-76.

表 3-1　信息化发展指数指标体系

总指数	一级指数	具体指标
信息化发展指数	ICT 接入指数	每百名居民固定电话线长（米）
		每百名居民移动电话用户数（台）
		每名用户国际互联网带宽（bit/s）
		家庭计算机拥有率（%）
		家庭接入互联网比例（%）
	ICT 应用指数	每百名居民互联网用户数（人）
		每百名居民固定互联网用户数（人）
		每百名居民移动互联网用户数（人）
	ICT 技能指数	成人识字率（%）
		初中毛入学率（%）
		高中毛入学率（%）

标准等 6 个国家信息化要素，以及反映各个要素水平的 20 项指标构成。具体包括人均带宽拥有量、每百人拥有电话主线数、每千人拥有有线电视台数、每百万人互联网用户数、每千人拥有计算机数、网络资源数据库总容量、电子商务交易额、信息产业对国内生产总值增长的直接贡献率等。该指标体系综合了波拉特法和指数法的优点，从社会信息化水平和信息产业对经济发展的贡献两个方面综合评估国家或地区信息化水平。该方案颁布后的实际应用较少，但产生的影响很大，其确定的信息化六要素作为一个有机整体，构成了符合中国国情的、完整的信息化评估体系，在很长一段时期内都是我国实施信息化相关评测的基础框架。

二是国家统计局主导提出的信息化综合指数及相关指标。1996 年，国家统计局研究发布了信息化水平总指数和信息化水平指数。2005 年，国家统计局引入中国信息化发展指数并制定了指标体系，从信息化基础设施、使用、知识、环境与效果、信息消费五个方面评估国家信息化总体水平和发展状况。2013 年，国家统计局对该指标体系做了进一步优化，建立了"国家信息化发展指数（Ⅱ）指标体系"，该指标体系由基础设施指数、产业技术指数、应用消费指数、知识支撑指数、发展效果指数 5 个分类指数构成（表 3-2），通过线性加权方法计算总指数。该指标体系已广泛应用，成为各级政府监测信息化发展水平的权威依据。

表 3-2　国家信息化发展指数（Ⅱ）指标体系

总指数	分类指数	具体指标
信息化发展指数Ⅱ	基础设施指数	电话拥有率（部/百人）
		电视机拥有率（台/百人）
		计算机拥有率（台/百人）
	产业技术指数	人均电信业产值（元/人）
		每百万人发明专利申请量（件/百万人）
	应用消费指数	互联网普及率（户/百人）
		人均信息消费额（元/人）
	知识支撑指数	信息产业从业人数占比（%）
		教育指数（成人识字率×2/3+平均受教育年限×1/3）
	发展效果指数	信息产业增加值占比（%）
		信息产业研发经费占比（%）
		人均国内生产总值（元/人）

三是中国电子信息产业发展研究院制定的信息化发展指数指标体系，该体系由网络就绪度指数、信息通信技术应用指数、应用效益指数构成信息化发展分类指数（表 3-3）。[①]该指标体系有两个突出特点：一是重视网络接入，适应了宽带网络作为社会公共服务事项的要求，以及"互联网+"和应用终端多元化、普及化发展的趋势；二是纳入技术创新指标，体现了对信息化支撑社会创新的重视。教育信息化发展指标应充分借鉴这两个特点。

二、通用的信息化水平监测方法

国际上对社会信息化发展水平的监测方法主要是依据综合性的社会统计数据构建测算模型，从衡量社会信息流量和信息能力的角度反映社会信息化程

---

① 中共中央网络安全和信息化委员会办公室. 2014 年中国信息化发展水平评估报告. http://www.cac.gov.cn/2015-01/14/c_1 113 984 653.Htm,（2015-01-14）[2020-10-08].

表 3-3　中国电子信息产业发展研究院制定的信息化发展指数指标体系

总指数	分类指数	具体指标
信息化发展指数	网络就绪度指数	智能终端普及指数
		有线电视发展指数
		光纤发展指数
		宽带普及指数
		宽带速率指数
	信息通信技术应用指数	企业应用指数
		政务应用指数
		居民应用指数
	应用效益指数	劳动生产率指数
		技术创新指数
		节能降耗指数
		人均收益指数

度。目前通用的监测方法以国际电信联盟的信息化发展指数法为主，该法可用于监测各个国家和地区及全球信息化发展水平，主要在四个方面开展跟踪监测：一是监测各个国家和地区的信息化发展进程；二是对各个国家和地区的信息化水平进行测算和比较，即指数是全球性的，既反映发达国家的信息化水平，也反映发展中国家的信息化水平；三是衡量数字鸿沟，反映不同国家和地区信息化发展水平的差距；四是监测信息化发展潜力，反映一个国家或地区能在何种程度上有效利用信息通信技术，以促进经济增长和社会发展。

一般而言，一个能有效描述和监测各个国家和地区信息社会进程的分析框架应该综合反映信息技术应用过程中的三阶段：第一阶段，信息技术准确度，用来反映网络基础设施和获取信息技术的水平；第二阶段，信息技术强度，用来反映社会使用信息技术的水平；第三阶段，信息技术影响度，用来反映高效率使用信息通信技术所带来的结果。同时，这三个信息通信技术的相关因素不能被一项指标完全跟踪，因此需要制定一个能将这三个阶段的要素结合起来的综合指数，来衡量一个国家或地区构建信息社会的进程，从而使其能够在全球范围评估和定位各自信息社会的进程。我国目前主要采用国家统计局的国家信息化发展指数（Ⅱ）指标体系开展社会信息化发展水平监测，每两年监测一次，通过线性加权方法计算信息化发展指数，从而评估区域信息化整体水平和发展态势。

三、主要经验与启示

纵观国际通用的社会信息化发展指数指标与中国国家信息化发展指数指标，有三个显著特征：一是注重衡量不同国家和地区之间，以及同一国家和地区社会各领域及不同个体之间的数字鸿沟，反映人们获取技术使用机会的公平性；二是重视信息化对知识传承和创新的作用，即信息化对知识经济的贡献；三是衡量信息化发展潜力，反映一个国家或地区能在何种程度上有效利用信息技术，以促进经济增长和社会发展。将这些共性放于教育信息化领域，就形成教育信息化在价值取向上互生互存的两个方面：第一，教育信息化发展要致力于为教育领域的人们创造技术使用的公平机会，消除数字鸿沟；第二，教育信息化发展要致力于促进教育发展和社会发展，为人们提供更好的终身学习机会。

第二节　发达国家的教育信息化指标与监测方法

除了国际上通用的社会信息化指标和监测方法外，世界各国尤其是美国、英国和日本等发达国家因社会信息化进程较快，社会各领域信息化总体水平较高，教育信息化发展较为成熟，分别形成了较为系统的教育信息化发展指标并开展了不同程度的监测实践，具有较大的借鉴价值。

一、美国、英国和日本的教育信息化指标

1. 美国的教育信息化指标

美国以科技立国，历来重视技术在教育教学领域的应用。早在 20 世纪 50 年代，美国就开展了一系列计算机辅助教学和远程教育方面的研究。美国是全

球教育信息化水平最高的国家，其教育信息化[①]发展具有以下三个显著特点。

一是超前的政策规划。从 1993 年美国克林顿政府提出信息高速公路计划以来，美国始终将变革和创新作为教育信息化的核心价值，大力运用信息技术持续促进教育改革并将其持续作为美国教育的战略方针。进入 21 世纪以来，美国发布的《不让一个孩子掉队法案》、"美国竞争力计划"和"创造者国度计划"等教育政策，都将信息技术作为实现教育公平、激发创造活力的重要因素。美国的教育信息化大致经历了准备期、普及期、规范应用期、全面变革期等四个发展阶段，每个阶段都有相应的国家教育技术规划（National Education Technology Plan，NETP）。迄今为止，美国分别于 1996 年、2000 年、2004 年和 2010 年制定了四次国家教育技术规划（表 3-4）[②]，每个规划都具有明确、富有前瞻性的目标，引领着世界教育信息化的发展。

表 3-4 美国国家教育技术规划

时间	发展阶段	主要目标	关键举措
1996	教育信息化起步发展，信息化基础设施建设	迎接技术素养的挑战	消除数字鸿沟、计算机辅助教学、信息高速公路计划
2000	教育信息化基础设施基本普及、全面应用	将世界一流教育放在每个孩子的指尖：技术使用机会的均衡与公平	计算机辅助教育、教师信息技术培训、技术使用机会均衡与公平
2004	构建数字化学习世界，提高教学创新能力	互联网和学习变革：不让一个孩子掉队	E-learning、美国竞争力计划、学习能力提升计划
2010	打造创造者的国度	构建持续发展的全民终身学习体系；变革美国教育：技术推动学习	学习分析技术、技术创新挑战项目、教育生产力、创客教育行动

二是全面的教育技术标准。2000 年，美国国际教育技术协会发布了第一版《教师教育技术标准》，在全球范围产生了深远影响。2008 年，第二版《教师教育技术标准》发布，主要用来指导教师信息技术应用能力培训和专业发展，包括五个维度：激励学生学习与创造性设计、开发数字时代的学习活动与测试手

[①] 本书第二章第三节专门提及教育信息化是具有东亚语言特征的概念。美国不使用教育信息化的概念，通常用"教育技术"（education technology）或"信息技术的教育应用"（ICT in Education）来表述教育信息化，实际上与教育信息化的内涵一致，只是概念名称不同。

[②] 张进宝，等. 国际教育信息化发展报告（2013—2014）. 北京：北京师范大学出版社，2014：67.

段、树立数字时代工作与学习的典范、增强数字化时代的公民意识与责任感、注重专业成长与领导力培养。[①]该标准强调技术应用中的创造性，以及技术促进教师和学生发展、适应数字化时代的新要求。美国国际教育技术协会还针对学生、教育管理者分别制定了教育技术标准，《学生教育技术标准》从创造力与创新、交流与合作、信息素养、批判思维与问题解决能力、数字公民、技术素养等六个维度，提出了学生应用技术促进学习和发展的要求。《教育管理者教育技术标准》包括领导力与前瞻性、数字时代的学习文化、专业实践能力、提升教育质量、数字化时代的公民教育等五个维度。每个标准都设计了起始水平、发展水平、熟练水平和变革水平四级评价量规，其中变革水平是全新的评价等级，反映了美国对教育技术应用核心价值的转变——变革教育、促进创新。

三是有力的教育信息化投资机制。美国教育信息化投资主要来自联邦政府投资、各州政府投资、企业投资、社会捐赠和各类公益组织投资等。联邦政府的投资用于不断完善教育信息化基础设施，企业投资和社会捐赠承担了大约40%的资金投入，主要用于学习方式创新、课题研究和教师培训。[②]

2. 英国的教育信息化指标

英国从 1995 年开始推进基础教育信息化，是最早将中小学信息技术课程列入国家课程的欧洲国家。英国政府先后实施了"e 战略——利用技术转变学习与儿童服务方式"和"下一代学习运动"，旨在促进全体学习者从技术中获益。2011 年起，英国政府在教育领域建立"数字化自信体系"，以为学习者提供随时随地可获取学习资源的学习支持，帮助学习者建立高阶技能并获得价值，这体现出英国对教育信息化的基本定位是将其作为终身学习支持服务或者教育公益服务。无独有偶，丹麦政府提出了"数字福利"方案，来推动数字资源成为提升学生学业水平的服务方式。英国早在 2006 年就发布了学校信息化自我评估指标，来帮助学校评估和监测信息化发展状况，主要由 25 个具体指标组成（表3-5）[③]。

---

① ISTE. ISTE Standards for Educators. http://www.iste.org/standards/iste-standards/standards-for-teachers, (2014-03-04)[2020-10-08].

② 张进宝，等. 国际教育信息化发展报告（2013—2014）. 北京：北京师范大学出版社，2014：68.

③ 陈吉利. 英国学校信息化自我评估指标述评. 中国电化教育，2008（6）：28-31.

表 3-5　英国学校信息化自我评估指标

评估维度	具体指标
领导和管理	设计教育信息化目标和规划
	统筹规划学校信息化发展
	应用信息技术提高机构效率
	贯穿整个学校工作中的监测评估
课程设计	设计信息技术课程
	学生应用信息技术的体验和实践
	信息技术课程的领导和评估
学与教	教师的使用和评估
	学生利用信息技术进行学习
	对学与教的领导
对技术的评价	评价信息技术（即选择合适的技术）
	对信息技术在其他学科中的应用情况的评价
教师专业发展	学校整体计划
	实施策略
	面向质量的评估
拓展学习机会	超越传统的学校教育观念，给学生提供更好的学习准备
	配套政策与实施策略
	影响利用信息技术为学生拓展学习机会的因素
教育资源	物质基础准备（即信息化设施设备）
	接触技术的机会
	有效的管理
对学生的影响	学业成绩的进步
	学生信息素养和技术应用水平的进步
	学生更长远的进步
	态度和行为

　　该评估指标在英国中小学的应用十分广泛，得到了校长的普遍认可。这是一套符合学校需求、体现校长视角的教育信息化评估指标体系，涵盖了学校信息化各个领域，如应用信息技术提高机构效率、设计信息技术课程、拓展学习机会和资源等，也涵盖了校长的理念、信息化领导力和执行力、对信息化的统筹规划等影响学校信息化发展的潜在因素，为学校提供了有效的信息化评估框

架。特别是从学业成绩的进步、学生信息素养和技术应用水平的进步、学生更长远的进步、态度和行为四个方面表征信息技术应用对学生的影响，体现了技术促进全人发展的现代教育理念。

3. 日本的教育信息化指标

作为世界上最早提出"信息社会"概念并推进社会信息化的国家，日本高度重视培养信息化人才，于 20 世纪 80 年代率先在高中阶段开设信息技术类课程。1991 年，日本政府出台了《信息教育指南》，提出从信息处理和创造、对信息社会的认识、信息责任意识、信息科学基础与计算机技能等方面培养学生的信息运用能力，实现了中小学信息技术教育的科学化和系统化。[1]进入 21 世纪，日本提出"IT 立国"战略，先后实施了 e-Japan、u-Japan 和 i-Japan 战略[2]，重心分别是信息化基础设施、泛在的宽带网络、以人为本的数字化社会。在这三大战略中，教育信息化都占据着优先重要地位。

新近推出的 i-Japan 战略确立了政府在推进信息化中的核心作用，旨在通过关键社会领域的信息化应用提高社会公共服务能力。针对教育信息化发展，该战略把学校确定为信息化应用核心部门，从保障机制，教学、学习与学生发展，教师队伍，人才培养等维度提出了要求（表 3-6）。[3]此外，日本制定的《教师信息化教学能力标准》，将教师信息化教学能力细化为五个方面：在教学过程中灵活使用信息技术的能力、在授课时使用信息技术指导学习的能力、指导学生使用信息技术的能力、指导信息道德教育的能力、在校务中使用信息技术的能力。[4]

二、美国、英国和日本的教育信息化监测方法

从已有文献和实践来看，发达国家开展教育信息化监测的主要方法是加强政策调控和绩效评估。从美国、英国和日本教育信息化政策和指标中也可以看

---

① 王保中. 日本基础教育信息化与信息教育. 济南：山东大学出版社，2009：26.

② e、u、i 分布指 electronics、ubiquitous 和 information and intelligence。

③ 于凤霞. 日本《i-Japan 战略 2015》：教育领域信息化战略. http://www.ict.edu.cn/world/w3/n20140804_16112. shtml，（2014-08-04）[2020-10-08].

④ 张进宝，等. 国际教育信息化发展报告（2013—2014）. 北京：北京师范大学出版社，2014：72.

表 3-6 日本教育信息化发展指标

评价维度	主要指标
保障机制	提高教育信息化领导力和执行力
	进一步完善有利于开展信息化教学的一体化环境。完善学校计算机、校内局域网建设、高速互联网等信息基础设施，推进电子黑板等数字化设备在教室中的普及，推进公共机构数字教学资源的利用
	加强校务信息化建设，推进家庭、地域间教育信息化的一体化，推进家庭、地域间的信息联合，并通过企业的帮助来推进地域间的一体化教育
教学、学习与学生发展	紧跟技术趋势，拓展信息技术课程内容，提高信息安全意识和道德水平
	深化信息技术在各学科教学中的应用，开展更加容易理解，更富有创造性、启发性的互动教学，提高学生学习欲望和学习能力
	基于高速互联网，广泛有效利用优质数字资源，使远程教育成为具有临场感的教育环境，增加教育成果
教师队伍	提高教师利用信息技术开展教学活动的能力
	有组织、有计划地开展教师培训，使所有教师都能利用信息技术进行教学
	进一步普及信息化教学模式
人才培养	建立高水平信息化人才培养机制，培养与国际接轨的高端信息化人才
	完善大学信息化基础设施，大力发展基于互联网的远程教育
	发挥产、学、官联合机制的作用，开展数字化教材、课程的开发和推广

出，发达国家十分重视教育信息化的公益性和均衡性，把教育信息化定位为社会公共服务，通过信息技术在学校教育教学中的有效使用，来提高教育公共服务和社会公共服务，这包含了对信息技术促进终身学习、促进教育公平的价值诉求。总体来看，发达国家监测教育信息化发展状况主要有以下三方面的经验。

一是国家层面十分重视消除数字鸿沟，促进学生公平地使用技术，关注技术对学生的情感和价值观的影响，这是国内大多数信息化指标未涉及的重要方面。在信息技术带来的认知过载、认知能力退化等负面影响逐渐显现的今天，这种全方位考察技术对学生影响的监测思路，尤其具有现实意义。

二是在监测中凸显教育信息化的需求导向和校长视角，即十分重视信息技术在教育领域的应用，如是否有效地适应了学校教育发展需求，是否得到了校长的普遍认可。英国将校长的意见作为监测学校信息化发展的重要反馈，教育部门会定期向校长了解信息技术提高机构效率、信息技术课程、信息技术教学应用、学习资源和环境等学校信息化绩效方面的实际情况，以及校长的理念、信息化领导力和执行力、对信息化的统筹规划等影响学校信息化发展的潜在因素。同时，英国还从学业成绩的进步、学生信息素养和技术应用水平的进步、学生更长远的进步、态度和行为四个方面监测信息技术应用对学生的影响，反映了技术促进全人发展的现代教育理念。

三是重视监测教育信息化发展中的体制机制要素。例如，日本就将学校及教育机构信息官岗位配备和推进地域间教育信息化一体化的成效作为常态化的监测内容。此外，日本非常重视对信息技术课程教学、学生信息素养、信息道德与安全意识以及学生数字化学习能力的监测评估，这些都是日本国家教育质量监测的常规内容。与日本面向数字社会和终身学习的理念及实践相比，我国的学校还存在较大差距。

三、主要经验与启示

美国、英国和日本等发达国家较早实施了教育信息化，实践历程和政策机制均较为成熟。从这些国家教育信息化指标中可以显著地看出两点：一是政策立足点是技术对教育教学和人才培养的有效变革与深度支持，充分体现了教育信息化的教育属性。日本与英国的教育信息化指标是基于教师和学生视角进行观察和表述的，重点放在了课程（包括信息技术课程本身）、教学、学习以及教师和学生的信息素养、信息化能力等方面，对技术的表述和要求较少，但其中折射出的对教育价值和人的主体地位的重视，特别是通过技术应用对学生终身发展能力的塑造和培养，面向数字社会持续关注技术对学生的情感和价值观的影响，具有很强的启示与借鉴意义。二是普遍高度重视教育信息化的公益性和均衡性，充分彰显了教育信息化作为教育公共服务和社会公共服务的属性。美国 2000 年的国家教育技术规划的"将世界一流教育放在每个孩子的指尖：技术使用机会的均衡与公平"和 2004 年的国家教育技术规划的"互联网和学习变革：不让一个孩子掉队"的主要目标，充分体现了政策制定上追求民主、普惠和公平的价值取向。这是教育信息化发展进程中的高层次要求，不仅建立在信息技术设施设备均衡配置的基础上，也建立在终身学习社会高度发达的基础上。为了保障教育信息化的均衡，日本通过设立各类教育信息官、在所有教育机构配备信息化责任岗位、推进家庭和地域间教育信息化一体化发展等政策设计，建立了较为完善的教育信息化制度体系。这些理念及实践都值得中国学习，也具有现实意义。

第三节　我国教育信息化指标与监测方法研究

我国学界对教育信息化发展水平评价的研究较多，但将均衡作为研究切入点或明确把教育信息化均衡作为研究对象的十分有限。本章前两节分别对国内外通用的信息化指标与监测方法以及发达国家教育信息化指标与监测方法做了深入讨论，本节重点梳理和分析国内教育信息化发展指标与监测方面的研究成果，这也是本书第四章和第五章的基础。总体上，国内教育信息化发展指标与监测方面的研究主要分为四类：一是区域或宏观层面的教育信息化发展指标研究；二是绩效导向的教育信息化评价指标；三是学校信息化的功能性评价指标；四是教育信息化发展水平测度方法研究。前三类的重点都是指标体系构建，第四类与义务教育信息化均衡发展监测方法具有一定的相近性。

一、教育信息化宏观发展指标研究

吴砥等从国家规划任务、文献共性指标和政策新要求三个方面综合分析了教育信息化的核心指标，首先分析了《教育信息化十年发展规划（2011—2020年）》提出的发展任务，并据此形成了学校信息化发展水平指标，包括基础设施、数字教育资源、教与学应用、管理信息化、保障机制五个方面。然后对国内教育信息化指标体系相关文献进行了分析，提炼并统计出被采纳最多的指标有多媒体教室数量、电子图书总量、多媒体软件数量、学生信息技术水平、信息化教学水平、门户网站建设、办公自动化系统应用和教学管理信息化等。最后基于政策要求新增了三个发展指标：每百名学生教学用信息化终端数、师生拥有网络学习空间的比例、学生信息化学习能力。基于上述三个方面的研究，经过多轮专家反馈，最终形成了一个通用的教育信息化核心指标体系框架，包含5个一级指标和23个二级指标（表3-7）。[①]

其中，"基础设施"主要反映信息化建设的相关基础配套设施。"数字教育资源"主要反映各级各类学校和管理机构建设的教学与科研资源，尤其注重资源应用情况。"教与学应用"主要反映教师的信息化教学能力和学生的信息化学习能力情况。"管理信息化"主要反映学校通过信息化手段开展日常行政管理、

[①] 吴砥，等. 教育信息化发展指标体系研究. 开放教育研究，2014（1）：92-99.

表 3-7　教育信息化核心指标体系框架

一级指标	二级指标
基础设施	每百名学生教学用信息化终端数（台/百人）
	建立校园网的学校比例（%）
	每百名学生配有多媒体教室座位数（个/百人）
	校均网络接入带宽（bps）
数字教育资源	生均数字视频教学资源量（小时/人）
	生均数字文献资源量（GB/人）
	生均电子图书总量（册/人）
	教学软件拥有率（%）
	软件平台开发量（个/校）
教与学应用	网络课程占总开设课程比例（%）
	资源应用与共享水平
	学生信息化学习能力达到基本要求的比例（%）
	师生拥有网络学习空间的比例（%）
	教师信息化教学能力
	学生信息化学习能力
管理信息化	教育管理信息化达到基本要求的比例（%）
	建成门户网站的学校比例（%）
	办公自动化系统应用水平
	教学管理信息化水平
保障机制	设立校级信息化主管领导的学校比例（%）
	教师信息技术教学应用能力达标比例（%）
	信息化经费投入占总经费投入的比例（%）
	规章制度和管理机制制定的比例（%）

注：表中未加单位的二级指标属于质性评价指标

教学管理和学生管理的情况。"保障机制"主要反映各级各类学校和教育部门对信息化工作的保障程度，以及各级各类学校在信息化人才培育和教师信息化培训方面的实施情况。

　　吴砥等构建的教育信息化核心指标体系框架中的每个指标都有量化标准或质性要求，可操作性强，同时能较直观和客观地反映教育信息化的实际发展状况。同时该研究团队还提出了指标体系的设计原则：宏观通用性原则、科学动态性原则、可采集易统计原则。但该指标体系框架重在反映教育信息化"现在"和"已然"状况，对教育信息化的"增值"价值缺少关注，如难以体现教育信息化对教育质量、教师发展、学生发展的支持和影响。此外，该指标体系框架没有关注教育信息化的创新发展要求。

二、教育信息化绩效评价指标研究

谢幼如和常亚洁认为，教育信息化的根本目标和价值追求在于支撑和引领教育改革与发展、带动教育现代化。依据绩效理论和元建模技术，绩效导向的教育信息化评价模型适合用于各级各类教育情境下的信息化评价。[①]

绩效导向的教育信息化评价模型的构建过程如下：通过对国家政策文件和文献资料进行分析，提炼出组织管理、环境建设与应用、资源建设与应用、队伍建设、信息技术应用和创新发展等方面的评价要素。其中，组织管理方面的指标分为组织规划与投入保障。环境建设与应用、资源建设与应用、队伍建设、信息技术应用和创新发展等方面的具体指标可以进一步提炼为建设成果和应用过程，建设成果不仅包括软硬件环境建设规模，也包括用户对教育信息化建设的满意度；应用过程包括对信息技术的意识观念和应用水平。创新发展方面的指标分为主体发展与教育创新。基于此，绩效导向的教育信息化评价的核心要素主要包括组织管理、建设成果、应用过程和创新发展四个方面，如图 3-2 所示。

以该模型为依据，基于"过程—结果"和"投入—产出"的双重要求，采用模型语言设计模式，通过核心概念建模、关联分析和操作定义，谢幼如和常亚洁构建了绩效导向的教育信息化评价指标体系（表 3-8）。[②]

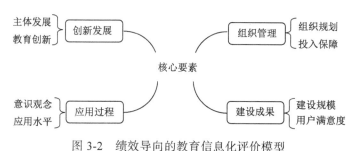

图 3-2　绩效导向的教育信息化评价模型

---

① 谢幼如，常亚洁. 绩效导向的教育信息化评价模型的构建. 中国电化教育，2015（1）：56-61，92.
② 谢幼如，常亚洁. 绩效导向的教育信息化评价模型的构建. 中国电化教育，2015（1）：56-61，92.

表 3-8　绩效导向的教育信息化评价指标体系

核心概念集	子概念集	具体概念
组织管理	组织规划	机构设置、政策规划
	投入保障	投入机制、激励机制
建设成果	建设规模	数量、种类、覆盖范围、拥有率
	用户满意度	对信息化环境/资源质量的满意度，对队伍建设的培训内容、方式的满意度
应用过程	意识观念	学生/教师/管理者/专职人员的信息化意识、信息化态度
	应用水平	信息技术使用率、应用范围、应用方式
创新发展	主体发展	学生的发展、教师的发展、管理者的发展、专职人员的发展、学校的发展
	教育创新	教学的创新、科研的创新、管理的创新

　　谢幼如和常亚洁的研究得出了一个包含评价主体、对象、目标、方法四个维度的评价模型，体现出了教育信息化的创新要求和发展要求，且拓展性良好，不足之处是对一些指标的划分比较模糊，可操作性不强。

三、教育信息化功能性评价指标研究

　　丁婧从功能层面出发，对教育信息化的评价标准进行了研究。在格朗兰德对评价的表述，即"评价=测量（量的记述）或非测量（质的记述）+价值判断"中，对事物进行量或质的记述，被称为事实判断，是对事物的现状、属性与规律的客观描述，而完整的评价应同时实现事实判断与价值判断。丁婧指出，现有教育信息化评价标准都是"应用标准"，强调应用行为本身的发生与否，并不评判这一行为对教育职能的促进效果怎样，即只进行了事实判断而未进行最关键的价值判断。教育信息化评价应确立功能性评价取向，将"功能实现与否"及"实现水平如何"作为评价内容，以体现对价值判断的重视。学校信息化评价的核心内容是教育信息化的"整体功能"而非"技术性能"，必须通过判断信息化在学校各个业务模块中发挥作用的情况，才能实现有效评价。丁婧基于对学校教育职能模块的划分，形成了学校信息化的功能监测点，包括行政管理、教学支持、教务管理、学生工作、服务体系等五大领域，对每个领域又做了进一步细化，如教学支持分为教学资源、备课支持、教学实施支持、实验支持、评价支持（图3-3）。[①]

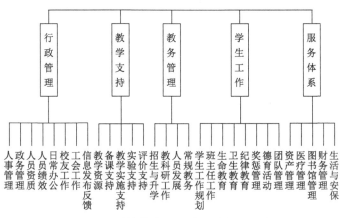

图 3-3　学校信息化评价的功能监测点

丁婧的研究没有形成明确的指标体系，对学校信息化功能监测点的划分也较为琐碎。其创新点是提出了教育信息化评价应同时重视事实判断和价值判断，即不仅要评价信息技术应用行为本身，还要评判这一行为对教育功能的促进效果。信息技术与教育融合的本质也在于此，即信息技术对学校各项工作予以全方位支撑，表现为泛在的应用行为和显见的促进效果。

四、教育信息化发展水平测度研究

周平红基于全国的大样本数据，采用基于线性加权的综合得分分析法计算了我国高等教育信息化整体及各维度综合得分指数并进行了排序和聚类分析，对我国10个省份高等教育信息化的发展状况及特点进行了总结，并对不同区域不同类型高校的信息化水平进行了比较研究，定量分析了我国高等教育信息化纵向发展水平的区域差异。针对我国高等教育信息化水平存在差异、发展不均衡的问题，周平红基于历年中国教育统计年鉴中关于高等教育信息化的四个时间序列指标数据，采用极差、差异系数等差异测量指标定量分析了我国东中西部地区高等教育信息化软硬件资源建设上的差异。[②]

① 丁婧. 功能层面的教育信息化评价标准研究. 南京：南京师范大学，2011：125.

② 周平红. 我国高等教育信息化水平测评与发展预测研究. 武汉：华中师范大学，2012：62.

在具体的测度方法上，周平红采用了基于线性加权的综合得分分析法比较区域整体差异；在相关数据的统计分析方法上，绝对差异的测度主要通过计算指标的平均差、极差和标准差来完成。其中，平均差指每一个数据与该组数据的中位数（或算术平均数）离差的绝对值的算术平均值，反映的是分布中全部数值的差异情况；极差是指一组数据中的最大数据与最小数据的差；标准差指各变量值与其均值离差平方和平均数的平方根。相对差异的测度方法主要是计算指标的极差率和差异系数，极差率是指一组数据中的最大值与最小值之比，差异系数主要用于比较不同总体或样本数据的离散程度，是一组数据的标准差与其算术平均数的比值。

五、主要经验与启示

梳理我国有代表性的教育信息化指标与监测方法的研究成果，得到以下三方面的启示。

第一，教育信息化指标的构建应基于某种理论框架或概念模式，涉及价值取向、指标层次、指标模型、测度方法等。在价值取向上，可分为绩效角度和可持续发展角度，大多数研究都会从"过程—结果""投入—产出"这两种框架内综合分析或构建指标。在指标层次上，可分为学校、教育机构和区域，教育机构可以是管理部门，也可以是学校。在指标模型上，主要有 CIPP 模式［即把 context（背景）、input（输入）、process（过程）、product（成果）综合起来开展评价的模式，也是评价指标体系的一般模式］，或者在此基础上衍生形成的 CIPO［即 context、input、process、outcome（结果）］、IEPO［即 input、ensurance（保障）、process、outcome］模式等，综合考虑投入和产出以及过程和结果，即"背景—过程—结果"的分析范式，主要通过元建模、政策文献归纳、经验总结和演绎等方法确定核心指标。在测度方法上，主要有德尔菲法、层次分析法、模糊综合评价法、算术平均法、指数法等，辅之以相应的数据统计和分析方法。值得一提的是，指数法在信息化测度领域已成为权威方法，但尚未被广泛引入教育信息化领域。

第二，教育信息化指标关注的内容不应局限在教育内部或技术层面，而应将其置于经济、社会、人口的交互视野中，分析社会系统各要素对教育信息化发展的影响，以及教育信息化发展对社会的贡献。

　　第三，现有大多数教育信息化发展指标的技术意蕴远大于教育意蕴，在一定程度上与教育信息化的核心价值相背离。从实践层面促进县域教育信息化或者义务教育信息化均衡发展，需要建立在科学适切的指标体系基础之上。

　　围绕本书的三个核心问题，本章对国内外信息化指标、教育信息化指标与监测方法研究成果做了深入梳理和分析，进一步拓展了构建义务教育信息化均衡发展指标体系与监测方法的视野，获得了具有普适意义的经验和启示。总之，考察义务教育信息化均衡发展必然涉及两个维度：一是教育信息化自身均衡，该维度主要从信息化环境建设和信息化资源配置两个角度分析，即信息技术使用机会与应用能力的大致均衡；二是信息化促进教育均衡，该维度综合考虑城乡、校际、个体等不同层面，最终聚焦到校际均衡。构建义务教育信息化均衡发展指标，首先要从教育信息化的要素和实践领域出发，厘清教育信息化自身均衡的特征和要求；然后从教育均衡发展的内涵出发，透视信息化促进教育均衡的作用机制；最后综合形成义务教育信息化均衡发展指标体系。

　　在实际监测中，应综合分析影响义务教育信息化均衡发展的可能因素。对学校而言，应该从学校所处地域的经济水平、社会环境，以及教师结构、学生结构等方面考察影响信息化均衡的可能因素。对学生而言，应该考察技术使用机会、技术应用能力和技术使用效果等方面的差异。在社会学的视野中，还应该综合考察家庭背景、信息素养、学习风格等因素对学生信息技术使用成效的影响，这也是未来的研究方向之一。因此，应通过实证研究验证影响义务教育信息化均衡发展的潜在因素，除了包括技术本身的因素外，还包括人们意识层面、地域文化、经济社会发展等方面的因素。

第四章

县域义务教育信息化均衡发展指标体系构建

众所周知，教育的发展维度和影响因素远远超出教育本身，而是与制度、经济、文化等社会各领域相互交织在一起的。杜威在 20 世纪 20 年代就指出，今日的教育问题是更深刻的、更尖锐的、更困难的，因为它要面对近代世界的一切问题。①时至今日，杜威的精辟论断依然闪耀着真理的光芒。诚然，教育是人类社会所特有的社会更新与再生系统，可能是人世间复杂问题之最②，复杂的教育需要与复杂的物质和精神需要之间构成更加复杂的关系③。与百年前相比，今日之教育显然"面对着现代世界的一切问题"，尤其是将教育置于现代化与信息化的时代背景下，人们对教育权利、教育公平和教育均衡的追求更加强烈，个性化、差异化、大众化的教育诉求不断显现，一方面是人们日益增长的对优质教育公共服务的需要，另一方面是教育发展不平衡不充分的突出矛盾，这些现实问题让教育宛如一张"复杂之网"。义务教育信息化均衡发展恰恰涵盖了现代化、信息化、教育公共服务、教育均衡、教育公平等诸多复杂要素，涉及多目标、多层次、多维度。本书第二章深入分析了义务教育均衡发展的本质要求和教育信息化的本质属性及核心价值，确立了义务教育信息化均衡发展的理论分析框架，可以用来指导义务教育信息化均衡发展指标体系的构建。本章将遵循构建指标体系的一般理论和方法，综合比较相关指标构建模式的优缺点，以确定义务教育信息化均衡发展指标模式；同时在第二章和第三章的研究基础上，对义务教育信息化均衡发展的核心指标进行归类分析，通过德尔菲法优化指标

---

① 杜威. 杜威教育名篇. 赵祥麟，王承旭，译. 北京：教育科学出版社，2006：17.
② 叶澜. 教育学原理. 北京：人民教育出版社，2007：13.
③ 郝文武. 教育哲学研究. 北京：教育科学出版社，2009：29.

内容并确定指标权重，最终形成县域义务教育信息化均衡发展指标体系。

第一节　构建指标体系的基本理论与一般方法

指标的作用是揭示与说明，是在统计数据的基础上通过分析得到能综合反映事物总体或局部特征的概念和数值。20 世纪 30 年代，西方社会学研究就已经采用指标体系来反映社会发展状况的既成事实和数量表现，并逐步形成了构建指标体系的基本理论与方法。无论是教育指标体系还是教育信息化指标体系，抑或是本书所要构建的县域义务教育信息化均衡发展指标体系，均适用构建指标体系的基本理论与一般方法，因此，有必要对其进行深入分析。

1929 年，美国第 31 任总统赫伯特·克拉克·胡佛发起了著名的"社会趋势研究"，并成立社会趋势研究委员会专门负责实施，其成员包括美国社会学家奥格本等。1933 年，奥格本发表了《当前美国社会趋势》（Resent Social Trend）的著名报告，其中涉及了与教育发展有关的内容，如学校教育、家庭教育、宗教影响、儿童和社会等。虽然当时教育指标还没有从社会指标中分离出来，但通过具体的指标来表征和描述教育发展状况的研究方法产生了普遍影响。1966 年，科尔曼向国会递交的关于教育机会平等的《科尔曼报告》，强调要重视学校教育质量评估和学校背后的家庭教育及社会因素，开创了教育指标研究的新领域。20 世纪 80 年代以来，经济合作与发展组织、联合国教科文组织、世界银行等国际组织积极开展教育指标开发设计，致力于建立一种提升教育质量的普遍机制，以提高各国教育发展水平。教育指标在汇集教育数据、监测教育发展、支持教育决策等方面的作用日益凸显，成为教育研究的重要对象。

教育指标是依据不同的价值取向，从一定的角度或目的出发来描述、定义、分析、反映和衡量教育对象状态、特征、发展水平的概念和数据工具。教育指标是教育实证分析研究的基础，也是教育决策的重要参考，一系列标准化、系统化的量化指标就构成了教育指标体系。一般来说，教育指标体系具有五种功能：一是描述功能，即对要研究的教育现象进行客观描述，承担该项功能的是指标体系中的基础性指标和客观性指标；二是解释功能，即对要研究的教育现象进行深入分析，发现问题并说明原因，承担该项功能的是指标体系中的主观性指标；三是评价功能，即对教育现象及其变化情况进行测量分析；四是监测功能，即根据教育指标，为教育发展中的问题提供决策参考；五是预测功能，即根据监测数据所反映的某些趋势，对一定时期的教育发展进行预测分析。

一、构建指标体系的基本原则

一套合理的指标体系应具备完整性、有效性和可行性。完整性，即对所描述或研究的对象达到全覆盖，能够反映有关研究对象各方面的状况。[①]如果指标体系不全面，就无法对研究对象做出整体判断。有效性，即所选各项指标均能在所描述对象的某一方面达到最佳效果，而且相互之间的冗余度和重叠度达到最低且不能存在冲突指标，否则会直接导致评价结果失真。可行性，即各项指标必须是可量化、可统计、可采集、可操作的，否则指标体系就无法应用。此外，由于指标体系处于不断修改和完善的动态过程中，一套合理的指标体系还应具备良好的拓展性和开放性。艾里奥特认为，有效的教育指标能够反映重要的教育制度内涵，可以帮助人们了解与改善教育系统，因此，在遴选教育指标时应遵循这样一些标准：①有效的教育指标应该关注现实问题，而非集中在那些已经能够测量的部分；②高效度与高信度的教育指标可以增进社会大众对教育的了解；③有效的教育指标应同时检视教育的背景、过程与结果；④有效的教育指标应能帮助研究人员发现事实背后的逻辑。与社会指标一样，单一指标无法呈现教育系统的复杂结构，为了对教育系统的复杂结构加以了解并进行测量，应将所建构的教育指标系统地结合起来，形成指标体系，这样才能真正提供有价值的信息。[②]

指标体系的构建过程是一个根据研究目的，选择若干个相互联系的统计指标组成指标系统的过程。[③]选择统计指标时应将定性分析和定量分析结合起来，安德森认为，选择"好指标"的标准包括五个：①指标应易于了解，一些以复杂数学函数表示的指标不实际也不易了解；②指标必须代表可测量的事物，具

---

① 李响，邢清华，王晓光，等. 指标体系的构建原理与评价方法研究. 数学的实践与认识，2012（20）：69-74.

② Elliott E J. Education Counts: An Indicator System to Monitor the Nation's Educational Health. Washington: NCFE Statistics, 1991: 9.

③ 汤光华，曾宪报. 构建指标体系的原理与方法. 河北经贸大学学报，1997（4）：60-65.

有共通的操作性定义；③指标所测量的对象应是重要且有意义的事物；④指标在测量时应明确时效性，只有这样，才能反映出真实状况；⑤指标应该能提供国家、区域或群体之间比较所需要的背景要素。[①]义务教育信息化均衡发展指标也应遵循这些标准。

二、构建指标体系的一般过程

指标体系的构建主要有指标体系初建、指标优化和权重确定等环节。[②]

1. 指标体系初建

首先要明确研究对象和研究目的；然后选择指标体系初建的方法如系统分析法、综合分析法和理论演绎法，或者采用多种方法的结合，得到综合评价指标集；最后确定指标间的结构和相互制约关系。在此过程中，要充分考虑各指标的内涵、计算方法、计量单位等。选取指标时，需要明确指标的作用及操作性定义、计算方法等。研究对象的复杂性决定了指标体系层次结构的复杂性，对研究对象在某个指标上的表现水平进行评价，可采用目标层次式结构；对研究对象的相关影响因素进行分析，可采用因素分解式结构。

2. 指标优化

对指标进行筛选，需要综合运用定性分析与定量分析，来降低指标的冗余度。定性分析主要着眼于指标内容的科学性，以及指标之间的协调性、必要性和完备性等。定量分析主要通过统计方法来筛选指标，将大量指标提炼为具有显著统计特征的一组，对于线性问题及一些特定的非线性问题，这种方法很容易找出相关变量，但是对于复杂的非线性问题，则需要借助神经网络、粗糙集等知识挖掘方法。为了更好地融入专家知识和经验，可以运用德尔菲法获取专家意见，以使指标体系更具专业性和权威性。

3. 权重确定

确定指标权重的方法主要有主观赋权法、客观赋权法和组合赋权法。其中，

---

① 安晓敏. 教育公平指标体系研究——基于义务教育校际差距的实证分析. 长春：东北师范大学，2008：33.
② 李远远. 基于粗糙集的指标体系构建和综合评价方法研究. 武汉：武汉理工大学，2009：19.

主观赋权法主要是利用专家的知识和经验，对实际问题做出判断并给出权重。该方法能通过吸收和借鉴本领域专家的丰富知识和经验，反映各个指标的重要性程度。目前主要的主观赋权法为德尔菲法。客观赋权法是根据研究对象的实际数据，通过数学方法来确定权重，一般是根据指标变异程度或各指标间的相关关系来确定指标的重要性，强调从数据中挖掘信息，因此所得权重具有客观性。[1]客观赋权法中比较常用的有差异系数法、复相关系数法、熵值法等，以及多元统计中的主成分分析法、因子分析法等。客观赋权法虽然具有赋权客观、不受人为因素影响等优点，但是仅从数据中挖掘指标的重要信息，很可能违背指标的实际意义及其在指标体系中的重要性，同时样本的变化也会带来权重的变化，致使结果具有不稳定性。组合赋权法是对单一赋权法所得的权重结果进行组合的方法，兼顾指标价值和信息量，比较典型的组合赋权法有基于简单平均的指标组合赋权法、基于加权平均的指标组合赋权法、基于主客观权重乘积的归一化方法、基于最小二乘法的主客观赋权组合法等。李响等结合系统思想，从时间、方法和逻辑三个维度提出了一种富有启发意义的构建指标体系的分析方法（图 4-1）。[2]时间维度是指构建指标体系的时间进程，方法维度是指构建指标体系的技术和方法，逻辑维度是指在时间维度的每一个阶段进行指标分析时应遵循的思维程序。

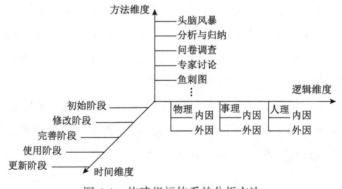

图 4-1　构建指标体系的分析方法

---

① 李响，邢清华，王晓光，等. 指标体系的构建原理与评价方法研究. 数学的实践与认识，2012（20）：69-74.

② 李响，邢清华，王晓光，等. 指标体系的构建原理与评价方法研究. 数学的实践与认识，2012（20）：69-74.

三、构建指标体系的一般模式

任何一套指标体系的构建必须基于某种理论框架或概念模式，包含价值取向、指标层次、指标模型、测度方法等多个方面，这决定了指标体系的最终内容和适用范围。构建义务教育信息化均衡发展指标体系，也要确定合理适切的指标构建模式。目前，普遍使用的指标构建模式主要有系统模式、演绎与归纳模式、目标与问题模式、CIPP 评价模式等。

1. 系统模式

在人类社会发展过程中，系统的思想源远流长。"系统"源于古希腊"syn-histanai"一词，本义是指"归纳或聚拢在一起使其站立"[①]，已蕴含了现代语境中系统的含义。1932 年，贝塔朗菲提出了系统论的思想，并逐步将其发展成为一般系统理论。系统论研究系统的一般模式、结构和规律，用数学方法和模型描述其功能，以此来寻求适用于一切系统的原理。[②]本质上，系统论是对复杂世界进行简单化、抽象化、最优化处理的理论与方法，这种取向使其在各个研究领域得到深入广泛的运用。贝塔朗菲把系统定义为相互作用的诸要素的综合体。[③]哈贝马斯认为，系统是生活世界分化出来的制度体系，各种制度秩序的理性化分化出各种不同领域的专门系统，如经济、政治和文化系统。[④]

系统是由若干相互联系、相互依存、相互作用的要素构筑成的具有特定结构和功能的有机整体，整体性是系统最本质的特征，系统的结构存在有序性。系统是一切事物的存在方式之一，一切事物都可以运用系统的观点来考察，运用系统的方法来描述，因此，系统论在社会科学领域应用广泛。构建指标体系的系统模式，是通过对各系统要素的供给与需求情况进行有序整理和分析编排，形成的具有整体性和协调性的指标体系。构建系统模式，有利于明确义务教育

---

① 杨家本. 系统工程概论（第二版）. 武汉：武汉理工大学出版社，2007：6.

② 魏宏森. 系统论：系统科学哲学. 北京：世界图书出版公司，2009：9.

③ E. 拉兹洛，闵家胤. 从贝塔朗菲的著述看一般系统论的起源——关于《一般系统论》一书的导言. 系统辩证学学报，1993（2）：60-64.

④ 哈贝马斯. 在事实与规范之间：关于法律和民主法治国的商谈理论. 童世骏，译. 北京：生活·读书·新知三联书店，2003：11.

信息化均衡发展过程中各利益相关群体的基本诉求和供需关系，提升义务教育信息化均衡发展指标体系的科学性与适切性。

2. 演绎与归纳模式

演绎与归纳是人类认识世界最古老、最重要的两种思维方式。归纳是从个别到一般，通过一系列特定的观察发现事物的秩序和本质。演绎则是从一般到具体，从逻辑或理论上预测事物的现象与模式，并观察和检验预期的现象与模式是否确实存在。[①]演绎与归纳模式是指通过对事物的观察、实验和调查等，概括出一般原理，并由该原理出发推演归纳出个别结论，最终得到事物的某些特征等结论。

归纳模式的指标建构取向是以现有的统计资料为基础，通过由个别性到概括性的辩证，或由一些偶然事件推论至通则的论证，将这些由辩证或论证来的观点或思想归纳为接近理论模式的体系，这属于描述性的指标构建模式，它没有特别界定目标主题，仍关注与教育发展相关的状况和条件，因此所包含的教育指标较为广泛。相对于归纳模式来说，运用演绎模式进行研究，需要在细化指标之前先确定目标主题，且指标的选择必须符合所关注的核心主题。演绎模式采取自上而下的建构方式，从目标主题到主要领域再到具体指标的选择，逐步形成，从而构成完整的指标体系。例如，运用演绎模式建构义务教育信息化均衡发展指标体系，其目标主题是"均衡"，进而将其细化为"教育信息化自身均衡"与"信息化促进教育均衡"两个维度，最后再选择相关具体指标。演绎模式的建构方式属于规范性的建构取向，明确界定了目标主题，因此所包含的教育指标较为集中。[②]利用演绎与归纳模式构建义务教育信息化均衡发展指标体系，能够体现义务教育均衡发展过程中众多事物和因素的根本规律及共性，科学反映义务教育信息化均衡发展的特征和因素。

---

① 李桂荣，等. 县域义务教育均衡发展监测机制研究. 北京：科学出版社，2016：49.

② 安晓敏. 教育公平指标体系研究——基于义务教育校际差距的实证分析. 长春：东北师范大学，2008：70.

3. 目标与问题模式

目标模式是 20 世纪初产生深远影响的课程开发科学化运动的产物。该模式以实用主义哲学为指导思想，同时受到行为主义心理学的影响，将目标作为课程开发的基础和核心，强调先确定目标，再以精确的目标为中心进行评价。20 世纪 80 年代以来，经济合作与发展组织等国际组织将目标模式引入了教育指标的开发设计中，以教育政策为着眼点，选取与政策目标相关的指标，把其表示为一系列可测量的行为，并以此为依据判断教育活动达到预期目标的程度，最终形成了一套以教育目标为主轴的教育指标体系。

目标模式存在一种潜在的不足，即目标的恰当性可能出现偏差。为了弥补和改进这种不足，1991 年，美国联邦教育部成立了教育指标专门研究小组，该小组将焦点集中在教育问题的实际层面，将现实的教育问题作为教育指标的预选目标，建构了教育指标的六大分析领域：①学习结果，包括核心学科的学习成就、统整推理能力和态度等；②教育机构品质，包括学习机会、教师素质、教师工作条件、学校教育目标与特色、学校资源等；③学生就学准确度，包括学生家庭社会经济地位、教育服务质量等；④社会对学习的支持，包括家庭支持、社区支持、文化支持、财政支持等；⑤教育与经济生产力，包括教育渠道、教育与训练的经济效果、工作场所对教育的支持等；⑥公平性，学生背景的差异、教育机构的政策差异等。[①]受此影响，目标与问题模式成为构建教育指标的通用模式，即从实际的教育问题出发，把教育目标与教育问题结合起来建构教育指标体系，并将其作为教育改革的依据。

目标与问题模式以明确的政策目标为指标构建的核心，要求反映当前较为重要的教育实际问题，以便将教育指标与教育改革紧密联系起来，既评估目标达成度，也评估教育问题的解决效果，从而提高教育指标的实际效用。目标与问题模式重视教育指标与教育问题及教育政策的结合，但并不试图指出指标之间的因果关系，因为教育现象相当复杂多变，很难对其进行一一验证。借鉴目标与问题模式构建义务教育信息化均衡发展指标体系，一方面要求我们准确把握义务教育均衡发展的最新政策要求；另一方面要求我们准确把握义务教育信

---

① 安晓敏. 教育公平指标体系研究——基于义务教育校际差距的实证分析. 长春：东北师范大学，2008：72.

息化均衡发展过程中的普遍问题，以提升指标的适用性和有效性，使其成为教育监测的科学依据和教育决策的重要参考。

4. CIPP 评价模式

1966 年，斯塔弗尔比姆提出应建立一种超越目标模式的新评价模式。这种模式应能提供整体的、全面的信息，以促进方案目标的确定、研究计划的修订、方案的实施以及方案实施结果的考核。斯塔弗尔比姆认为，评价就是为管理者做决策提供信息服务的过程，应该考虑将背景、输入、过程和结果结合起来开展评价，即 CIPP 评价模式。[①]教育背景评价就是根据社会需要和评价对象的实际背景情况，对教育目标本身进行价值判断，在具体环境中评估其教育需求、问题、资源和机会；教育输入评价是在背景评价的基础上，对达到目标所需的条件和资源及可能获得的条件与资源进行评价，实质是对方案的可行性和效用性进行评价；教育过程评价是对方案实施过程进行连续不断的监督、检查和反馈；教育结果评价是对目标达到的程度所做的评价，包括测量、判断、解释方案的成就，确证人们的需要得到满足的程度等。

CIPP 评价模式弥补了目标模式的不足，突出了评价的发展性功能，整合了诊断性评价、形成性评价和终结性评价，提高了人们对评价活动的认可程度，适用于长期开展并希望获得可持续性改进的项目。CIPP 评价模式不仅在教育领域得到广泛应用，也在经济学、社会学等重视综合评估的学科领域受到重视，并由此形成了"投入—过程—产出"模式、"背景—过程—结果"模式、"投入—过程—结果"模式等多种分析模式，用来指导各类指标体系的设计和开发，如人类发展指标、社会发展指标、信息化发展指标等。

总体而言，近年来一些发达国家和国际组织在教育指标体系构建模式上日趋多元化和综合化，注重多种模式的有效整合。无论是系统模式、演绎与归纳模式，还是目标与问题模式及 CIPP 评价模式，每一种模式都有其强调的理念与主张，也都有其优势和局限，可以将不同模式的优势和特点作为设计或建构教育指标体系的重要参考。

---

① CIPP 评价模式. http://baike.baidu.com/item/cipp 评价模式/9898134，[2021-10-08].

第二节　义务教育信息化均衡发展指标构建：
IE-CCPO 模型

基于对上述各种指标体系建构模式的考察，本节提出了一种分析义务教育信息化均衡发展指标的新模型，即 IE-CCPO 模型。

义务教育信息化均衡发展包括教育信息化自身均衡与信息化促进教育均衡两个维度。从两个维度之间的语义逻辑、内在逻辑、相互作用等各个方面来看，解决好办学条件和办学要素等教育均衡的"刚需"，是一个前提条件。在信息技术高度发达的今天，教育均衡必然包含教育信息化的均衡，如果教育信息化或信息技术条件未能实现均衡，就不可能通过信息化的深层作用解决制约教育均衡发展的结构性矛盾，或消除影响教育均衡发展的相关因素。义务教育信息化均衡发展的两个维度中，教育信息化自身均衡的实质是信息技术使用机会与应用能力的均衡，占主导地位的是信息化。相应地，信息化促进教育均衡的实质是信息化对教育均衡发展的作用和影响，也就是分析信息化分别对教育校际均衡和个体均衡的应然价值与实然成效，占主导地位的是教育。将这两个维度统整到一起，就是义务教育信息化均衡发展的 IE 模型，这就形成了义务教育均衡发展指标体系构建的表层结构，也可称之为外部结构。

仅仅有表层的 IE 模型是不够的，尚不足以确立构建义务教育信息化均衡发展指标的概念模式，还需要借鉴教育指标系统模式、演绎与归纳模式、目标与问题模式及 CIPP 评价模式的优点，从背景、条件、过程、结果四个方面考察义务教育均衡发展指标体系构建的深层结构。"背景"主要涉及影响义务教育信息化均衡发展的区域经济社会发展背景、政策背景、对教育信息化的统筹管理体制和工作机制等。"条件"主要涉及义务教育信息化设施设备及软硬件环境，如学校在宽带网络接入、终端设备配置、数字教育资源共享、管理平台和系统等方面的建设状况。"过程"即义务教育信息化的应用过程，主要涉及教学支持、优化学校管理、促进教师专业发展、学生全面发展与学校整体发展。"结果"即义务教育信息化均衡发展的综合效益与教育影响，主要涉及县域内义务教育学校之间信息化建设水平、应用水平和发展水平的均衡，义务教育学校师生个体之间在信息技术使用机会与应用能力两方面的均衡，以及教育信息化对县域义务教育事业整体均衡和优质均衡发展的影响和作用。这四个方面共同构成了义务教育信息化均衡发展指标的深层结构，即 CCPO 模型。

表层结构 IE 模型与深层结构 CCPO 模型不是独立的，而是共同构成了一个交互结构，即义务教育信息化均衡发展指标的 IE-CCPO 模型（图 4-2）。

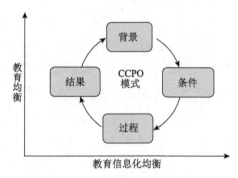

图 4-2　义务教育信息化均衡发展指标的 IE-CCPO 模型示意图

第三节　县域义务教育信息化均衡发展
指标体系的核心要素

指标体系构建是根据研究目的和问题，基于一定的理论模型，分层遴选指标并分步优化和细化指标内容的过程。基于本书第二章和第三章的研究，义务教育信息化均衡发展指标体系的价值取向、总体目标、主要问题和理论模型已经确立。根据 IE-CCPO 模型，IE 体现的是义务教育信息化均衡发展的两个维度，CCPO 体现的是指标之间的内部逻辑关系。因此，构建义务教育信息化均衡发展指标体系，应首先确立两个维度各自的核心要素；然后按照背景—条件—过程—结果的逻辑顺序，利用系统分析、综合分析和理论演绎等多种方法，确定核心要素之间的结构和相互制约关系；最后确立义务教育信息化均衡发展指标体系的核心要素及指标体系的层次结构，完成指标体系初建。

实际上，这个过程可以形象地表述为：先对 IE-CCPO 模型进行拆分，分别从 I-CCPO 和 E-CCPO 两个维度对背景、条件、过程、结果四要素进行分析，然后对 I-CCPO 和 E-CCPO 进行归类分析，最终形成统一的指标框架。

一、维度一：教育信息化自身均衡的核心要素

根据本书第二章确立的义务教育信息化均衡发展分析框架，教育信息化自身均衡的自变量主要关涉信息化终端设备配置、宽带网络接入、数字教育资源共享、教师信息化教学能力、学生信息化学习态势、信息化教学应用、信息化管理应用、信息化德育应用、信息化创新应用等要素或内容，实际上可以将其提炼为四个方面：学校信息化环境建设均衡、学校信息化发展水平均衡、师生信息技术使用机会均衡和信息技术应用能力均衡。基于此，对背景、条件、过程、结果四要素的分析如下。

1. 背景要素

背景要素包括客观背景要素和主观背景要素，客观背景要素包括县域经济水平、人口规模和教育发展状况，主观背景要素包括县级层面对教育信息化发展的政策规划、统筹管理、经费投入和工作机制等。客观背景是相对稳定的，而主观背景则直接反映了县级政府和教育部门对义务教育学校信息化均衡发展的重视程度与管理水平（可以概括为教育信息化领导力），是背景性指标中与均衡发展密切相关的要素。

2. 条件要素

条件要素主要反映信息技术的泛在态势和均衡态势，包括义务教育学校在宽带网络接入、终端设备配置、数字教育资源共享、管理平台和系统等信息化环境建设。"十三五"期间，我国对基础教育信息化建设的主要目标是实现"三通两平台"，"三通两平台"可以作为义务教育信息化自身均衡条件要素的主要指标。

3. 过程要素

过程要素主要反映义务教育学校利用信息化手段开展教育教学、日常管理、数字化学习等工作的态势和状况，以及义务教育学校信息化应用水平的均衡状况，即信息技术与义务教育的融合状况。

4. 结果要素

结果要素主要反映义务教育学校信息化应用绩效，包括教育质量、教育创

新、教师发展、学生发展、学校发展和办学社会效益等发展性导向要素，这些要素集中体现教育信息化的教育影响和教育价值，是以信息化促进义务教育均衡发展的重要表征，也是维度二的重点分析内容。

综上，教育信息化自身均衡的核心要素如表 4-1 所示。

表 4-1 教育信息化自身均衡的核心要素

要素类型	核心要素
背景要素	客观背景：县域经济水平、人口规模、教育发展状况 主观背景：教育信息化发展的政策规划、统筹管理、经费投入、工作机制等
条件要素	"三通两平台"：宽带网络接入、终端设备配置、数字教育资源共享、管理平台、学习空间、校园安全环境、智慧校园环境
过程要素	（教育信息化在）德育、教学、课程改革、素质教育、教科研、校务管理（全过程全方位的应用态势）
结果要素	（教育信息化对）教育质量、教育创新、学校发展、学生发展、教师发展、办学社会效益（的影响）

二、维度二：信息化促进教育均衡的核心要素

信息化的均衡配置和有效应用，能够对义务教育校际均衡与学生个体均衡产生积极、正面的影响。信息化促进教育均衡的核心要素也就是信息化均衡发展的因变量，主要表现为信息化在促进办学条件均衡、资源配置均衡、办学要素均衡、教师专业发展均衡、学生学业成就和发展均衡、学校教育质量均衡、学校发展愿景均衡等方面的作用。基于此，对背景、条件、过程、结果四要素的分析如下。

1. 背景要素

信息化促进教育均衡的背景要素，主要包括县级政府和教育部门在落实国家关于义务教育均衡发展方面政策时的情况，特别是在推进县域义务教育信息化均衡发展过程中对教育信息化的重视程度，如县级义务教育均衡发展标准中对教育信息化的投入比例、相关要求、总体规划等的规定，通过教育综合评价体现对教育信息化工作成效的落实要求。

2. 条件要素

信息化促进教育均衡的条件要素，主要是通过对县域内校际信息化环境和信息化设施设备条件的均衡配置，整体上消除校际办学条件和办学要素的非均衡现象，不仅缩小物理层面的数字鸿沟，而且缩小个体之间因技术使用机会差异带来的信息素养、数字化学习、信息化教学等信息化技能方面的差异，以及因网络使用带宽、时长及使用方式差异带来的使用鸿沟。

3. 过程要素

信息化促进教育均衡的过程要素，主要是体现技术支持教育的过程，即通过信息技术在学校教育、教学、教研、管理全过程、全方位、全领域的有效应用和深度融合，促进学校间在办学条件、资源配置、办学要素等方面的均衡化，以及个体间在信息素养、数字化学习、技术应用能力等方面的均衡化，为县域内义务教育均衡发展提供外部支撑。

4. 结果要素

信息化促进教育均衡的结果要素，与教育信息化自身均衡的结果要素是内在一致的，均主要体现教育信息化的教育影响、教育价值和社会服务属性。教育信息化自身均衡的根本目的是提升义务教育均衡发展的质量和水平，使之不断趋近义务教育优质均衡和城乡一体化发展的理想状态。信息化促进教育均衡的结果要素，即信息化对教育质量、教育创新、教师发展、学生发展、学校发展、办学社会效益等教育发展核心指标的贡献和作用，使信息时代的基本特征和要素有效融入教育，内化为"信息时代的教育现代性"，最终实现教育现代化目标。换言之，教育信息化自身均衡和信息化促进教育均衡两个维度，统一于"信息时代的教育现代性"。

行文至此，有必要在第二章对教育信息化与教育现代化、教育均衡、教育公平等相关概念进行分析的基础上做简要小结。教育现代化的实质是提升信息时代的教育现代性，使教育呈现出与信息时代相适应的教育现代性特征。在现代化的视野中，教育均衡和教育公平作为教育现代性的主要特征，既是教育现代化的过程性要求，也是教育现代化的结果性要求。"以教育信息化推动教育现代化"的合理性，取决于教育信息化对提升信息时代教育现代性的作用及贡献。

教育信息化的外在结果是教育呈现数字化、网络化、在线化、开放化、终身化等特征，内在影响则是提升教育在公平、质量、均等、创新等方面的"现代精神"，实现公平、均衡和创新价值之上的"学有优教"，即教育质量现代化。如果说现代化是"时代性的工具理性捍卫永恒性的价值理想"，那么通过教育信息化捍卫教育永恒的价值理想，则是教育信息化的终极使命。

综上，信息化促进教育均衡的核心要素如表 4-2 所示。

表 4-2　信息化促进教育均衡的核心要素

要素类型	核心要素
背景要素	客观背景：县域经济水平、人口规模、教育发展状况 主观背景：（推进均衡的）保障机制、政策实施、教育行政部门对教育信息化的重视程度、教育综合评价中对教育信息化工作成效的要求
条件要素	信息化环境均衡配置 信息化设施设备条件均衡配置 数字教育资源均衡配置 办学条件和办学要素均衡配置 教师使用信息技术的机会均衡 学生使用信息技术的机会均衡
过程要素	信息技术在学校教育全过程有效应用 信息技术与学科教学深度融合 信息技术与教研深度融合 信息技术与德育深度融合 信息技术与学校管理深度融合 教师应用信息技术的能力均衡 学生应用信息技术的能力均衡
结果要素	教育质量、教育创新、学校发展、学生发展、教师发展、办学社会效益

第四节　县域义务教育信息化均衡发展
指标体系的基本框架

上文详细分析了县域义务教育信息化均衡发展指标体系的核心要素，本节进一步对这些相对分散的要素进行归类分析，在 I-CCPO 和 E-CCPO 的基础上形成统一的 IE-CCPO 指标框架，以保证各级指标的针对性、可得性、可跟踪性和时效性。这既符合指标体系构建的一般要求，也便于后续开展监测研究和实践；既有利于为教育部门和管理人员提供反映县域义务教育信息化均衡发展态势的数据，还有利于政策实施及调适运用。

一、指标归类结果

根据 IE-CCPO 模型，义务教育信息化均衡发展指标体系由两个子指标系统构成，即义务教育信息化自身均衡指标体系和信息化促进义务教育均衡发展指标体系，每个子指标系统内部分别由背景要素、条件要素、过程要素和结果要素构成。为提高义务教育信息化均衡发展指标体系的简洁性与直观性，本部分对这两个子指标系统的四类要素进行了进一步归类分析，形成了一个由背景性指标、条件性指标、过程性指标、结果性指标构成的总体指标框架，这也是义务教育信息化均衡发展指标体系的四个一级指标。

1. 背景性指标归类

背景性指标能够反映义务教育信息化均衡发展主客观背景的各类指标。如前所述，客观背景旨在反映县域经济水平、人口规模和教育发展状况，以便将义务教育信息化均衡发展置于特定的县域经济社会综合背景之下予以监测。虽然县域经济总量、人口总量和教育总体规模看似与义务教育是否均衡并无直接关系，但其背后却存在这样一种基于常识的判断：县域经济总量越大，说明县域经济越发达，对县域内义务教育学校进行资金投入的灵活性和调控性就越大，因此，县域经济水平与义务教育均衡发展呈正相关；县域人口总量越大，说明学龄人口基数越大，就学需求也越大，对义务教育均衡发展的要求越强烈，校际均衡和个体均衡的压力相应越大，因此，县域人口总量与义务教育均衡发展呈负相关；教育总体规模取决于学校总数、教师总数和学生总数，县域教育总体规模越大，说明义务教育均衡的难度越大，对政府行为和政策实施的要求越高，因此，教育总体规模与义务教育均衡发展也呈负相关。当然，上述客观背景指标较为笼统和抽象，但这些客观背景指标不应被完全忽视，而应将其纳入对政府努力程度和保障措施的相关指标中予以体现。

背景性指标的主要功能是反映与义务教育信息化均衡发展相关的县级政策背景，旨在反映政府的努力程度、保障程度和管理水平。根据本书第二章提出的"义务教育信息化均衡发展的综合分析框架",结合国家的政策文本,如《县域义务教育优质均衡发展督导评估办法》《国务院关于统筹推进县域内城乡义务教育一体化改革发展的若干意见》《"十三五"推进基本公共服务均等化规划》,以及 I-CCPO 和 E-CCPO 的核心要素,可以提炼出义务教育信息化均衡发展指标体系的四项背景性指标:县级义务教育均衡发展政策实施、县级义务教育均衡发展经费投入、县级教育信息化发展规划、学校信息化统筹管理。其中,县级义务教育均衡发展政策实施主要监测文件的出台和执行情况;县级义务教育均衡发展经费投入主要监测经费投入和促进校级均衡的激励政策及扶持政策,如教育总投入、信息化总投入、对薄弱学校的投入倾斜度等;县级教育信息化发展规划主要监测县级政府和部门对教育信息化的重视程度和统筹管理工作;学校信息化统筹管理主要监测县域内义务教育阶段各学校对教育信息化工作的领导力和执行力。

2. 条件性指标归类

条件性指标是义务教育信息化均衡发展指标体系中针对性最强的指标,也是指向性最明确、边界最清晰的指标。条件性指标应该包括两部分:一部分是体现信息技术泛在态势和均衡态势的指标;另一部分是体现信息技术与各类办学条件联系的指标。我国对义务教育学校已有统一的办学条件约束性指标,如教育部颁布的《县域义务教育优质均衡发展督导评估办法》明确要求"每百名学生拥有网络多媒体教室数:小学、初中分别达到 2.3 间以上、2.4 间以上","实现学校管理与教学信息化","教师能熟练运用信息化手段组织教学,设施设备利用率达到较高水平"。《义务教育学校管理标准》要求"提高教师信息技术和现代教育装备应用能力,强化实验教学,促进现代科技与教育教学的深度融合"。除教育部颁布的标准之外,《陕西省义务教育阶段学校基本办学标准(试行)》也对信息技术和科技类功能部室、信息化设施设备和信息化教学应用等方面提出了指导性意见,上述要求较为分散地表述于该标准之中。

不难看出,教育部颁布的文件中关于办学条件标准的规定中,对学校信息化建设指标体现得相对较为粗放,或者笼统地将其归在部室建设或仪器设备等指标中,既难以有效反映国家对学校信息化建设的刚性要求,也难以反映学校信息化发展中的生成性指标或特色性指标,导致本应在办学条件中占据重要地位的教育信息化相关指标被"淹没"和"稀释"。同时，由于国颁标准具有很强的政策规范性和行政导向性，各地在实施过程中往往也会弱化教育信息化的指标权重和内容，显然这与信息时代的教育现代化要求严重不适应，不利于体现国家对教育信息化公共服务属性的功能定位。依据国家教育信息化建设"三通两平台"和"三全两高一大"的基本要求，为在义务教育信息化均衡发展指标体系中合理体现信息化建设的内容与比重，本书将条件性指标确定为宽带网络、终端设备、数字教育资源、管理平台和系统、教育大数据、新媒体与新技术等六大指标，力图客观反映学校间信息技术的泛在态势与信息技术使用机会的均衡态势，并兼顾学校信息化建设与其他办学条件相互协调、融合推进。宽带网络、终端设备、数字教育资源、管理平台和系统四个条件性指标是教育信息化"三通两平台"建设的刚性内容，而教育大数据、新媒体与新技术两个条件性指标体现的则是教育信息化的未来发展趋势。

3. 过程性指标归类

条件性指标反映教育信息化建设的实然状态，过程性指标则反映教育信息化应用的实际水平；条件性指标反映信息技术的泛在态势，过程性指标则反映信息技术的应用水平。在教育信息化自身均衡维度，过程性指标重点体现信息技术与教育教学、校务管理、数字化学习、素质教育等学校核心业务工作深度融合的态势和状况，反映义务教育学校信息化应用水平的均衡，即教育信息化的全面深度融合。如前所述，在信息化促进教育均衡维度，过程性指标重点体现技术支持教育的全过程，即通过信息技术手段促进学校之间在办学条件、资源配置、办学要素、教育质量等方面的均衡，同时促进个体之间在信息素养、数字化学习、技术应用能力等方面的均衡。

对这两个维度的过程性指标进行归类，可以将义务教育信息化均衡发展的过程性指标概括为教育信息化的教学应用（包括技术类课程开设情况）、学习应用、教研应用、管理应用、德育应用、创新应用等六个方面，涵盖了学校工作的全部流程和业务模块，有利于监测义务教育学校信息化应用水平的均衡状况。其中，教学应用、教研应用、管理应用、德育应用、创新应用五个指标主要面向校际均衡，学习应用指标主要面向个体均衡，即学生信息素养、数字化学习、技术应用能力等方面的均衡。

4. 结果性指标归类

教育信息化具有技术、教育和社会三重属性，分别对应三个层次的实践领域。第一个层次的实践领域是信息技术在教育中的泛在与使用，即信息技术如何广泛存在于教育当中，体现的是教育信息化的技术属性；第二个层次的实践领域是技术应用产生的效益与影响，即信息技术的有效应用，能够对教育结构、教育形态、教与学方式、教师队伍等教育要素产生深远影响，促进教育创新，提高教育质量，优化教育公共服务，体现的是教育信息化的教育属性；第三个层次的实践领域是通过教育与社会的交互作用，促进教育信息化带动社会创新、完善社会公共服务，体现的是教育信息化的社会属性。如果说条件性指标反映的是教育信息化建设的"实然状态"，过程性指标反映的是教育信息化应用的"实际水平"，那么结果性指标反映的则是教育信息化建设和应用的"应然价值"。把教育信息化的教育属性及社会属性通过适切的指标进行描述和表征，是全面反映义务教育信息化均衡发展内涵和价值的内在要求。根据前文对义务教育信息化均衡发展两个维度的结果要素的分析，将结果性指标归类为六个方面：教育质量、教育创新、教师发展、学生发展、学校发展和办学社会效益，用来监测义务教育学校信息化应用绩效和促进教育均衡发展的实际效度。

二、指标体系的基本框架

确定指标类别和层级是构建指标体系的关键工作。根据上文的指标归类结果，可以初步得出 4 个一级指标分别包含的主要内容，并将其作为对应的二级指标，每个二级指标又分别对应若干监测点指标。在初步确定监测点指标时，重点从三个方面进行总结和提炼：一是根据本书第三章所梳理的国内已有研究普遍涉及的教育信息化指标内容；二是根据教育部和陕西省教育厅对中小学信息化发展状况的数据采集重点，如教育部每年开展的全国教育信息化发展状况调研的指标等；三是结合中小学业务流程，努力贴近学校教育、教学、管理和信息化工作实际，以为后期监测数据的获取提供便利，更为大面积测评义务教育学校信息化均衡发展程度提供便利。确定监测点指标的实质是确定各监测点指标的功能和指向性，即如何对各个二级指标进行细化描述和具体表征。从以上三个方面提炼监测点指标还有一个优势，就是前期研究较为丰富，各类教育工作者对相关内容较为熟悉，开展专家咨询和利益相关者调查时更能准确理解指标的含义。基于此，初步形成了县域义务教育信息化均衡发展指标体系的基本框架（表4-3）。

表4-3　县域义务教育信息化均衡发展指标体系的基本框架

一级指标	二级指标	监测点指标的功能与指向性
背景性指标	政策实施	县级落实国家义务教育均衡发展政策的情况
		县级落实国家教育信息化政策的情况
	经费投入	县级教育信息化经费投入与使用
		学校信息化经费投入与使用
	发展规划	县级教育信息化发展规划
		义务教育学校信息化工作规划
	统筹管理	县级教育信息化管理体制和机构设置
		学校信息化管理体制和机构设置
条件性指标	宽带网络	义务教育学校宽带网络接入率
		义务教育学校校均网络带宽
		义务教育学校带宽网络通达状况
	终端设备	终端设备在教室的覆盖率
		终端设备在办公场所的覆盖率
	数字教育资源	国家和省级数字教育资源平台校际共享情况
		县级数字教育资源平台校际共享情况
		校均数字教育资源总量
	管理平台和系统	各级教育管理综合服务平台校际部署
		各类教育管理信息系统校际部署
		教师个人学习空间开通率
		学校门户网站开通率
	教育大数据	校均教育数据类目
		校均教育数据总条目
		校均教育信息数据总量
		教育数据动态共享状况
	新媒体与新技术	学校官方微博和微信开通率
		校园电视台拥有率
		智慧校园建设比例
		智慧教室占学校教室总数的比例
		创新类部室占学校教室总数的比例

一级指标	二级指标	监测点指标的功能与指向性
过程性指标	教学应用	信息技术类课程开课率
		校本 STEAM 课程开课率
		开展信息化教学的学科教师比例
		开展信息化教学的课时比例
		师均每学年数字教育资源使用总量
	学习应用	生均每学年接受信息化教学的课时总量
		生均每学年数字化学习时长
	教研应用	校均承担教育信息化相关课题数量
		师均承担教育信息化相关课题数量
		校际网络教研活动开展状况
	管理应用	各级教育管理综合服务平台使用状况
		各类管理信息系统使用状况
	德育应用	利用信息化手段开展德育活动的状况
	创新应用	教学创新状况
		管理方式创新状况
结果性指标	教育质量	义务教育质量监测水平
	教育创新	省级教育信息化创新示范校的比例
		教师教育教学创新成果
		学生创新类成果
	教师发展	教师信息化教学能力
		信息化促进教师专业发展状况
	学生发展	学生信息技术课程学业水平
		学生数字化学习能力
		学生信息素养水平
	学校发展	学校知名度和影响力
		学校社会满意度与认可度
	办学社会效益	学校新媒体门户访问量
		学校门户网站访问量
		远程互动课堂开设状况

　　需要指出的是，为了清晰地显现不同层次指标的表征性和指向性，本书在构建县域义务教育信息化均衡发展指标体系时遵循的一个基本思路是，一级指

标重点反映指标体系的内在逻辑和构建模型，二级指标重点反映指标体系的质性分析内容，监测点指标重点反映指标体系的量化分析内容和数据采集要求。在此基础上开展专家咨询和访谈及指标优化工作，并确定指标权重，提高指标体系的完整性、有效性和适切性。各层级指标间的逻辑关系如图 4-3 所示。

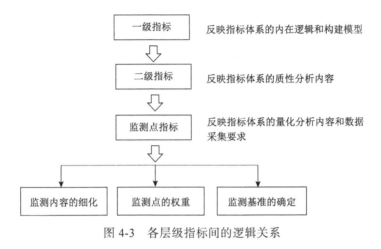

图 4-3　各层级指标间的逻辑关系

第五节　县域义务教育信息化均衡发展指标优化与权重确定

指标体系的优化主要包括专家咨询（正式函询）和访谈（电话或现场访谈）及利益相关群体调查（电话或现场访谈）、确定指标权重和监测范围、开展实证检验等工作。开展专家咨询和访谈旨在核定各级指标是否全面和准确，并对指标框架、指标内容、指标监测点进行调整和完善，以确保指标体系的适切性和针对性，提高指标体系的科学性。实施利益相关群体调查旨在使指标体系尽可能全面地关照和反映教育管理部门、校长、教师、学生和家长等各类利益相关群体的诉求及价值倾向，以提升指标体系的中立性和包容性。确定指标权重和监测范围旨在增强指标体系的可操作性，便于指标横向比较和精确赋值。开展实证检验，是为了监测实践验证指标体系各监测点数据采集的可行性，并检验监测思路和方法的可行性。本书在指标体系的优化阶段共开展了四个轮次的专家咨询和访谈，每个轮次先向专家进行正式函询，接着进行电话或现场访谈。

前两个轮次重点确认各级指标的科学性与适切性，后两个轮次重点确定指标权重，最终形成县域义务教育信息化均衡发展通用指标体系。指标体系的实证检验过程，在本书第五章单独论述。

一、确认指标的科学性与适切性

专家咨询和访谈采用了德尔菲法，共开展了两轮专家咨询和访谈。第一轮，先将上文的"县域义务教育信息化均衡发展指标体系的基本框架"发给相关专家和人员，咨询并收集他们的修改意见，然后将修改后的结果再次发给相关专家和人员，开展第二轮的咨询和修改，最终确定各个二级指标及监测点指标。为了便于标注指标层次，采用"大写字母+数字序号"的格式，把一级指标标注为 A、二级指标标注为 B、监测点指标标注为 C，分别用数字表示各指标的位序，以表 4-3 的指标框架作为专家函询的初稿。

在确定专家人选和利益相关群体时，本书借鉴了米切尔评分法的相关理论。米切尔以利益相关者所固有的属性为出发点，将组织利益相关者划分为三类属性：合法性、权力性和紧急性。[1]合法性，即某一群体是否被法律和道义赋予了对组织的索取权，如该群体是否有权分配组织资源；权力性，即某一群体是否拥有影响组织决策的地位、能力和相应的手段，如该群体能否凭借政策、地位或权威来影响组织发展；紧急性，即某一群体的要求能否引起组织管理层的关注，如该群体的意见能否迅速得到组织反馈。根据利益相关者的三类属性，米切尔把组织的利益相关者分为核心利益相关者、重要利益相关者和次要利益相关者。核心利益相关者对组织的影响最大，具有高确定性，同时拥有合法性、权力性和紧急性；重要利益相关者与组织直接关联，对组织具有较为重要的影响，拥有三类属性中的任意两类；次要利益相关者一般处于组织外部，对组织具有一定潜在影响。

据此，本书在开展专家咨询时，主要邀请了三类人员：政策研究者、政策制定者与实施者、政策直接受益者及潜在受影响者。针对政策研究者，邀请了 4 名高校专家，他们的研究领域涉及义务教育、教育信息化和教育统计。针对政策制定者与实施者，邀请了教育部有关司局的 3 名官员，省、市、县行政部

---

① 转引自李桂荣，等. 县域义务教育均衡发展监测机制研究. 北京：科学出版社，2016：70.

门分管基础教育的处长（局长）及市、县教育信息化部门负责人共 8 人。以上两类专家属于义务教育信息化均衡发展政策的研究者、制定者与实施者，或兼具其中多种身份，他们对教育信息化的意见总体上代表了宏观视角和政策视角，分别通过正式的书面意见征询函向他们咨询意见。针对政策直接受益者及潜在受影响者，邀请了义务教育学校管理人员、学科教师、家长与学生各约 20 人，并通过电话或现场访谈的形式收集他们的反馈意见。具体情况见表 4-4。

表 4-4　专家咨询人员的具体情况

人员类别	工作单位	职称、职务、研究领域
政策研究者	陕西师范大学	教授（义务教育）
	陕西师范大学	教授（教育技术学）
	西北大学	教授（教育技术学）
	西安财经学院	教授（教育统计学）
政策制定者与实施者	教育部基础教育司信息化处	处长
	中央电化教育馆研究指导部	主任
	中央电化教育馆项目部	主任
	陕西省教育厅基础教育一处	处长
	陕西省教育厅信息化处	处长
	陕西省教科院	副院长
	榆林市教育局	副局长
	咸阳市教育局电教馆	馆长
	石泉县教育局	副局长
	韩城市教育局电教中心	馆长
	靖边县教育局电教中心	主任
政策直接受益者及潜在影响者	陕西省部分中小学	校长、校级信息化负责人、教务负责人等约 20 人；各学科教师代表约 20 人；家长与学生代表约 20 人

为提高专家咨询效率，本书根据指标的重要性和准确性设计了咨询量表，参照利克特量表的五级评分，将"重要性"描述为"很重要、重要、一般重要、不重要、很不重要"，分别对应 5 分、4 分、3 分、2 分、1 分；将"准确性"描

述为"很准确、准确、一般准确、不准确、很不准确",分别对应 5 分、4 分、3 分、2 分、1 分。同时要求专家如果认为某项指标较重要但表述不准确,则对该指标提出修改意见。咨询量表总体上兼顾了封闭性和开放性。通过计算专家打分均值,筛选专家认为比较重要的指标,并根据专家意见对表 4-3 中初步确定的二级指标进行修改和完善。参照李桂荣等在确定县域义务教育均衡发展监测指标过程中对指标重要性和准确性的打分标准[1],如果专家对单一指标的打分均值高于 3 分,则该指标的重要性和准确性可接受;高于 4 分,则该指标的重要性和准确性高;介于 2 分和 3 分,则需要对该指标进行二次打分或调整;低于 2 分,则该指标可直接被删除。专家咨询和访谈量表样例见表 4-5。

表 4-5 专家咨询和访谈量表样例(以表 4-3 的指标框架作为专家函询的初稿)

二级指标	监测点指标
B5 宽带网络 指标重要性:□很重要 □重要 □一般重要 □不重要 □很不重要 指标准确性:□很准确 □准确 □一般准确 □不准确 □很不准确 (如果您认为该指标表述不准确,请对其进行修改)	C9 义务教育学校宽带网络接入率 指标重要性: □很重要 □重要 □一般重要 □不重要 □很不重要 指标准确性: □很准确 □准确 □一般准确 □不准确 □很不准确 (如果您认为该指标表述不准确,请对其进行修改) C10 义务教育学校校均网络带宽 指标重要性: □很重要 □重要 □一般重要 □不重要 □很不重要 指标准确性: □很准确 □准确 □一般准确 □不准确 □很不准确 (如果您认为该指标表述不准确,请对其进行修改)
⋮	⋮

1. 第一轮专家咨询及访谈结果

第一轮专家咨询及访谈共发出了书面征询函 15 份,全部回收。第一轮访

---

[1] 李桂荣,等. 县域义务教育均衡发展监测机制研究. 北京:科学出版社,2016.

谈涉及义务教育学校校长 3 名、信息技术学科教师 4 名、其余学科教师 6 名、学生 5 名、家长 3 名。

书面征询函结果显示，专家对 22 个二级指标的认同度较高，有 16 个指标的重要程度被选为"很重要"及"重要"，5 个指标被选为"较重要"，1 个指标被选为"不重要"。被认为不重要的二级指标是"教育大数据"，理由是对于中小学而言，大数据建设和应用还未普遍启动，既不能体现校际差异，也不符合当前学校信息化发展实际。因此，将"教育大数据"从二级指标中剔除。

对于监测点指标，专家的反馈意见主要有：二级指标"经费投入"的监测点指标应体现县级层面对教育信息化投入的持续性，在实施监测时重点考察 2016—2018 年的县级财政投入额度情况；二级指标"教师发展"应体现教师信息技术教学应用能力培训的开展情况，以及县级教育管理人员和校长的教育信息化领导力的培训力度；二级指标"数字教育资源"应对数字教育资源进行类型和总量的区分，如细化为视频类、素材类、课件类、电子图书类和数字化文献类等，以便于采集监测数据；二级指标"学生发展"应体现对学生网络道德与网络安全意识的培养；二级指标"统筹管理"应体现信息技术专职教师配备和学校信息化管理岗位设置情况；二级指标"管理应用"应体现学校管理信息化方面的指标要求，进一步细化学校信息化创新方面的指标表述，着重体现信息技术对传统功能部室的升级改造等。

访谈结果显示，校长代表的意见集中为：教育部门对学校信息化建设缺少持续性投入；信息技术专职教师比例偏低，影响信息技术及相关课程的开设；教师专业能力和信息技术应用能力参差不齐，影响信息化教学效果。还有部分农村校长认为，虽然与城市学校开展了校际帮扶，但城市学校的优秀教学设计、课件等数字教育资源共享滞后，远程同步课堂不能常态化开展，影响了帮扶实效等。教师代表的意见集中为：学校网络带宽较低，影响数字教育资源的下载和使用；数字教育资源质量参差不齐，尤其缺乏优质教学资源；学校对信息技术学业水平考试普遍不够重视；部分农村小学和初中教师的计算机配比较低，影响备课质量；部分学校计算机教室较为陈旧，生机比较高；上级部门对教师开展信息化教学和信息化应用的激励政策不明确，在绩效考核和工作量统计方面标准不一，教师应用信息化开展教育教学的积极性不高等。学生代表的意见集中为：信息技术课程内容枯燥，趣味性不强；在校参加机器人社团和竞赛的机会较少，希望能接触更多有趣的学习内容。家长代表的意见主要集中在家校联系方面，如是否开通了学校门户网站和微信公众号，是否为有学习困难的学生提供了课后复习的视频资源，是否通过网络及时地批改了作业和开展了一对一的学习辅导等。

特别要强调的是，在开展第一轮专家函询时，与各位专家反复交流和说明指标意义的过程，有效地清晰了各个监测点指标的指向性。若多数专家不能清晰理解其目的和功能的监测点指标，说明该指标本身在描述和设置上存在缺陷，需要调整和修改。因此，第一轮专家咨询和访谈结束后，笔者对表4-3做了深度修改，以使各个指标更加清晰明确，并具有可操作性。具体的调整如下。

1）将背景性指标的二级指标调整为政策实施、发展规划、统筹管理、经费投入、师资队伍五个，以使各个指标的指向性更明确。其中，政策实施主要监测县级政府和学校落实国家义务教育均衡发展政策和教育信息化政策的情况；发展规划主要监测县级政府和学校制定教育信息化发展规划的情况；统筹管理主要监测县级政府和学校对教育信息化管理体制和机构设置的情况；经费投入主要监测县级政府和学校在教育信息化方面的资金投入情况；师资队伍主要监测信息技术专职教师配备、学历和职称结构，以及教师信息化能力培训的情况。

关于监测点指标，其中政策实施、发展规划、统筹管理和经费投入的监测点指标没有发生变化，而将师资队伍细化为"信息技术专任教师比例""信息技术专任教师职称结构与骨干体系建设""教师和管理人员信息化培训"三个监测点指标。

2）将二级指标"终端设备"的监测点指标由原来的两个调整为三个，分别是"终端设备班班通覆盖率""义务教育学校生机比""义务教育学校师机比"。其中"终端设备班班通覆盖率"反映利用信息技术手段对学校各类功能部室进行改造升级的成效，"义务教育学校生机比"和"义务教育学校师机比"反映师生使用计算机的便利性，这是信息技术使用机会均衡最基础的条件。之所以删除原来的"终端设备在办公场所的覆盖率"这一监测点指标，是因为"义务教育学校师机比"已经包括了办公用终端设备。

3）将二级指标"数字教育资源"的监测点指标调整为"各级数字教育资源平台校际共享""校均数字教育资源拥有量""数字教育资源类型""教师个人

空间开通率",分别指向学校获取资源的渠道和能力、学校资源总量、学校资源类型和结构、教师对资源的个人化存储和使用等监测重点,以提高对数字教育资源配置均衡程度的监测响应度。

4)将二级指标"管理平台和系统"的监测点指标调整为"各级各类教育管理信息系统校际部署""校园一卡通系统建设""校园安全监控系统建设",以综合反映学校管理类大数据的汇聚情况。

5)删除二级指标"教育大数据"及其各项监测点指标。

6)将二级指标"新媒体与新技术"的监测点指标调整为"学校门户网站与新媒体平台开通率""校园电视台建设和使用率""创新类部室建设"。

7)将二级指标"教学应用"的监测点指标调整为"信息技术课程开课率""开展信息化教学的学科教师比例""常规教室周均信息化教学课时""计算机教室周均排课量",用于反映信息化教学的开展情况。同时,之所以删除原来的"校本 STEAM 课程开课率"这一监测点指标,是因为 STEAM 课程与信息化教学没有必然的关联,也就是说,开展 STEAM 跨学科教学或学习,不一定要使用信息技术。

8)在二级指标"德育应用"中增加监测点指标"网络道德与信息安全课程开设",以体现学校对学生网络道德、网络自律、信息安全意识等方面的教育和引导。

9)将二级指标"创新应用"的监测点指标调整为"教学模式创新开展状况"和"学生创新类社团开设",从教学和学习两个方面综合体现信息化应用创新成效,反映学校对学生创新实践能力的重视程度和培养效果。

10)删除二级指标"教育创新"及其监测点指标。

11)将二级指标"教师发展"原来的两个监测点指标合并表述为"教师信息化教学能力与专业发展"。

2. 第二轮专家函询及访谈结果

在第一轮专家函询和访谈的基础上,笔者又开展了第二轮专家函询和访谈。为保持受邀专家的延续性,笔者向参与第一轮的专家再次发送了调整后的指标体系框架,同时新邀请了两名高校教育信息化专家和两名市、县教育局相关负责人。第二轮共发出书面征询函 19 份,全部回收。同时,第二轮的访谈包括义务教育学校校长 2 名、信息技术学科教师 2 名、其余学科教师 5 名、学生和家长各 3 名。

在第二轮专家函询过程中，有两位专家提出应借鉴教育部开展的县域义务教育均衡发展评估的实践经验，将义务教育信息化均衡发展指标体系中涉及监测县级教育部门的指标与涉及监测学校的指标分开，以提高各个指标的针对性和指向性，也便于在实际监测中分类收集数据。因此，在后续实证研究阶段，本书将从县级教育部门推进义务教育信息化均衡发展的工作成效和县域内义务教育学校信息化发展水平校际差异两方面予以监测。

此外，第二轮专家函询意见主要集中在以下方面：背景性指标应当适当体现县域教育总体发展状况，经费投入应当从县级经费总体投入情况和义务教育学校的生均信息化经费两个方面进行体现；过程性指标应进一步细化教学信息化应用和管理信息化应用的监测点指标，管理信息化的指标应该充分体现国家对各类教育管理信息系统的部署和应用要求，体现创客教育、人工智能、智慧校园等教育信息化发展趋势和要求，体现传统书法教室、美术教室、音乐教室等功能教室的信息化建设等。

在第二轮访谈中，校长、教师、学生和家长代表的意见主要有：增加对综合实践活动和科技活动的指标要求；设计能够反映教师个人空间和名师网络工作室的指标内容；增加反映校际基于网络协作开展教研情况的指标；指标体系应对学校参与各类教育信息化应用活动予以鼓励和引导；为留守儿童建立数据库，并通过网络平台推送心理健康教育资源，落实国家加强留守儿童关爱的要求等。

综合第二轮专家函询和访谈结果，对指标体系的二次调整如下。

1）二级指标"经费投入"的监测点指标，调整为"县级教育信息化经费投入及其使用"和"义务教育学校生均信息化经费"两项。

2）二级指标"宽带网络"的监测点指标"义务教育学校宽带网络接入率"和"义务教育学校校均网络带宽"存在重叠，因为如果网络带宽为 0，即表示学校未接入网络，同时，目前中小学已基本实现宽带网络接入，因此，删除"义务教育学校宽带网络接入率"这一监测点指标。同时，为了与国家"三通两平台"中宽带网络校校通的要求保持一致，将二级指标"宽带网络"修改为"宽带网络校校通"，"终端设备"修改为"终端设备班班通"。

3）在二级指标"新媒体与新技术"中增加监测点指标"创新类部室建设"，

删除监测点指标"智慧校园建设比例",并将"智慧教室"并入"创新类部室建设"。

4)将二级指标"管理应用"的监测点指标修改为"管理信息系统可实现的业务功能""管理信息系统数据共享状况",从功能差异和数据共享差异两个方面考察不同学校管理信息化方面的均衡发展程度。

5)对于二级指标"学习应用"的两个监测点指标"生均每学年接受信息化教学的课时总量""生均每学年数字化学习时长",专家在重要性上分别赋分4.23、3.63,即认为重要,但在准确性上的赋分较低,分别为1.63、1.13。原因是两个指标难以被统计,建议将比较周期由一学年修改为一周,即反映每周生均差异。因此,将"学习应用"的两个监测点指标调整为"学生周均接受信息化教学的课时""学生周均数字化学习时长"。

6)在二级指标"教研应用"的监测点指标中,删除"师均承担教育信息化相关课题数量",统一在"校均承担教育信息化科研课题数量"监测点指标中体现。

7)二级指标"学生发展"中的"学生信息素养水平"和"学生数字化学习能力"之间存在重叠,因此剔除了"学生数字化学习能力"。

8)将"学校发展"与"办学社会效益"两个二级指标合并为"学校发展与社会服务",原因是"学校发展"的两个监测点指标与教育信息化的关系难以准确测度,属于无效指标,调整为通过"学校社会影响和认可度""利用信息化手段开展校际协作帮扶状况""利用信息化手段开展弱势学生帮扶状况"予以体现,同时能够兼顾家长诉求。

经过以上两轮专家咨询和访谈,对各个二级指标及其监测点指标做了修正和调整,最终形成了县域义务教育信息化均衡发展通用指标体系,如表4-6所示。从一定程度上讲,该指标体系是一个理想化的监测框架,它反映出了与县域义务教育信息化均衡发展各个相关方面的内容与要素,包括对县级教育部门推进县域义务教育信息化均衡发展的努力程度和工作成效的评价、对县域内各义务教育学校信息化发展水平和均衡程度的评价,同时也能体现教育信息化工作的社会效益和社会满意度。因此,该指标体系可作为监测县域义务教育均衡发展的通用指标体系,为县域义务教育信息化均衡发展提供基本监测依据。

表 4-6　县域义务教育信息化均衡发展通用指标体系（未确定指标权重）

一级指标	二级指标	监测点指标	监测重点
背景性指标（A1）	政策实施（B1）	县级落实国家义务教育均衡发展政策的情况（C1）	县级工作成效
		县级落实国家教育信息化政策的情况（C2）	县级工作成效
	发展规划（B2）	县级教育信息化发展规划（C3）	县级工作成效
		义务教育学校信息化工作规划（C4）	校际均衡状况
	统筹管理（B3）	县级教育信息化管理体制和机构设置（C5）	县级工作成效
		学校信息化管理体制和机构设置（C6）	校际均衡状况
	经费投入（B4）	县级教育信息化经费投入及其使用（C7）	县级工作成效
		义务教育学校生均信息化经费（C8）	校际均衡状况
	师资队伍（B5）	信息技术专任教师比例（C9）	校际均衡状况
		信息技术专任教师职称结构与骨干体系建设（C10）	
		教师和管理人员信息化培训（C11）	
条件性指标（A2）	宽带网络校校通（B6）	义务教育学校班均网络带宽（C12）	校际均衡状况
		学校网络信息安全防范状况（C13）	
	终端设备班班通（B7）	终端设备班班通覆盖率（C14）	校际均衡状况
		义务教育学校生机比（C15）	
		义务教育学校师机比（C16）	
	数字教育资源（B8）	各级数字教育资源平台校际共享（C17）	校际均衡状况
		校均数字教育资源拥有量（C18）	
		数字教育资源类型（C19）	
		教师个人空间开通率（C20）	
	管理平台和系统（B9）	各级各类教育管理信息系统校际部署（C21）	校际均衡状况
		校园一卡通系统建设（C22）	
		校园安全监控系统建设（C23）	
	新媒体与新技术（B10）	学校门户网站与新媒体平台开通率（C24）	校际均衡状况
		校园电视台建设和使用率（C25）	
		创新类部室建设（C26）	
过程性指标（A3）	教学应用（B11）	信息技术课程开课率（C27）	校际均衡状况
		开展信息化教学的学科教师比例（C28）	
		常规教室周均信息化教学课时（C29）	
		计算机教室周均排课量（C30）	
	学习应用（B12）	学生周均接受信息化教学的课时（C31）	校际均衡状况
		学生周均数字化学习时长（C32）	

续表

一级指标	二级指标	监测点指标	监测重点
过程性指标（A3）	教研应用（B13）	校均承担教育信息化科研课题数量（C33） 校际网络教研开展状况（C34）	校际均衡状况
	管理应用（B14）	管理信息系统可实现的业务功能（C35） 管理信息系统数据共享状况（C36）	校际均衡状况
	德育应用（B15）	网络道德与信息安全课程开设（C37） 利用信息化手段开展德育活动的状况（C38）	校际均衡状况
	创新应用（B16）	教学模式创新开展状况（C39） 学生创新类社团开设（C40）	校际均衡状况
结果性指标（A4）	教育质量（B17）	义务教育质量监测水平（C41）	校际均衡状况
	教师发展（B18）	教师信息化教学能力与专业发展（C42）	校际均衡状况
	学生发展（B19）	学生信息技术课程学业水平（C43） 学生信息素养水平（C44）	校际均衡状况
	学校发展与社会服务（B20）	学校社会影响和认可度（C45） 利用信息化手段开展校际协作帮扶状况（C46） 利用信息化手段开展弱势学生帮扶状况（C47）	校际均衡状况

二、确定指标权重

指标权重是指某一指标在整个指标体系中的相对重要程度。确定县域义务教育信息化均衡发展指标体系各级指标的权重，能够科学合理地分析和比较各类别、各层次指标的优先性和重要性，以便在指标体系的实际应用中既能判断某一指标的实际水平，也能通过指标体系的总得分判断被监测对象的整体状况。一般来说，确定指标权重的方法主要有主观赋权法、客观赋权法和组合赋权法。主观赋权法是利用专家的知识和经验来判断指标的重要性程度并给出权重。客观赋权法是根据研究对象的实际数据，通过数学方法来赋权，根据指标变异程度或各指标间的关系来确定指标的重要性。主观赋权法体现了指标的价值量，客观赋权法体现了指标的信息量，组合赋权法则兼有二者的特点。比较典型的组合赋权法有层次分析法、简单平均赋权法、加权平均赋权法和非线性规划赋权法等。

由于义务教育信息化均衡发展问题涉及诸多复杂的教育现象和综合因素，同时均衡是相对的、动态的，无法通过一定的数理模型予以计算和处理，不适合采用客观赋权法确定指标权重。更重要的是，人们对教育均衡的判断更接近于主观价值判断，教育指标在反映教育水平方面不能完全依据数据的离散程度，应更多考虑教育问题的复杂性[①]，因此义务教育信息化均衡发展指标适用主观赋权法。为科学确定指标权重，在前两轮专家咨询及访谈的基础上，笔者又开展了第三轮和第四轮专家咨询，通过详细计算得出了各个指标的具体权重。

1. 权重确定的思路和步骤

1）组建指标权重判断专家组，包含高校专家、教育部门管理者、校长和教师等不同背景人员。

2）运用专家赋权法进行第一轮权重设定。由专家对指标的相对重要性进行判断，根据各专家在指标重要性判断中的结果，计算出第一轮指标权重。

3）将第一轮的权重计算结果返回给专家审议，并依据专家建议，再次对指标权重进行修正和调整。

4）计算各专家设定的各指标权重的平均值和标准差，针对专家赋权差异较大的指标，进行有针对性的修正和确认。

5）将上一步的结果再次反馈给专家，进行第二轮的权重设定，取各个指标的权重平均值作为最后的权重。

2. 专家赋权结果

为便于专家开展权重赋分，笔者将指标体系的权重总值设为100分，各层级指标的权重总值也为100分。从前两轮的专家咨询名单中，邀请8名专家（包括高校专家，省级教育部门和市、县教育部门负责人，学校管理人员等）对指标进行权重赋分，总共开展两轮。

专家权重打分表样例见表4-7。

---

① 卢晓旭. 基于空间视角的县域义务教育发展均衡性测评研究——以江苏省常熟市为例. 南京：南京师范大学，2011.

表 4-7　专家权重打分表样例

一级 指标	权重赋分 （共 100 分）	二级 指标	权重赋分 （共 100 分）	监测点指标	权重赋分 （共 100 分）
背景性指标		经费投入		县级教育信息化经费投入及其使用	
				义务教育学校生均信息化经费	
		发展规划		县级教育信息化发展规划	
				义务教育学校信息化工作规划	
		⋮			
条件性指标		宽带网络校校通		义务教育学校班均网络带宽	
				学校网络信息安全防范状况	
		终端设备班班通		终端设备班班通覆盖率	
				义务教育学校生机比	
				义务教育学校师机比	
		⋮			
过程性指标		教学应用		信息技术课程开课率	
				开展信息化教学的学科教师比例	
				常规教室周均信息化教学课时	
				计算机教室周均排课量	
		管理应用		管理信息系统可实现的业务功能	
				管理信息系统数据共享状况	
		⋮			
结果性指标		教师发展		教师信息化教学能力与专业发展	
		学生发展		学生信息技术课程学业水平	
				学生信息素养水平	
		⋮			

8 名专家权重打分标准差的计算公式如下

$$s = \sqrt{\frac{1}{N}\sum_{i=1}^{N}(X_i - x)^2}$$

其中，N 为一组数据的总个数，X_i 为本组各个数据值，x 为数据的平均值，s 为标准差。在计算本轮专家权重赋分的标准差时，每个指标均会对应一组数据，每组数据的个数即专家数（$N=8$），X_i 为每个指标所对应的专家权重赋分数值。

专家在第一次权重赋分时，对 4 个一级指标的赋分一致性良好，标准差均小于 5。在 20 个二级指标的权重赋分中，17 个二级指标的赋分一致性良好，标准差小于 1；有 3 个二级指标的权重赋分出现了较大偏差，分别是 B8、B11 和 B16，专家的权重打分标准差分别为 1.51、1.41 和 1.06。因此，针对这 3 个指标又开展了专家咨询，发现标准差较大的原因是有 3 名专家在打分时，突破了 100 分的权重总分。经过第二次与相关专家确认权重打分，综合第一次的打分情况，最终得到县域义务教育信息化均衡发展一级指标和二级指标的权重（表 4-8、表 4-9）。

表 4-8　专家对一级指标的权重赋分统计表

一级指标	专家 1	专家 2	专家 3	专家 4	专家 5	专家 6	专家 7	专家 8	SD	权重
A1	12	25	20	25	20	25	15	20	4.83	0.2012
A2	35	30	25	25	30	20	30	30	4.58	0.2810
A3	35	25	30	25	30	30	35	30	3.77	0.2988
A4	18	20	25	25	20	25	20	20	2.87	0.2190

表 4-9　专家对二级指标的权重赋分统计表

一级指标	二级指标	专家 1	专家 2	专家 3	专家 4	专家 5	专家 6	专家 7	专家 8	SD	单层权重	整体权重
	B1	3	1	2	2	3	3	1	3	0.88	0.112	0.0225
	B2	2	2	2	2	2	2	2	2	0	0.099	0.0200
A1	B3	3	5	5	4	4	4	4	3	0.75	0.199	0.0400
	B4	7	6	6	5	5	5	6	7	0.83	0.292	0.0587
	B5	5	6	6	7	6	6	7	5	0.75	0.298	0.0600
	B6	6	6	7	6	5	6	6	6	0.53	0.214	0.0600
	B7	6	5	6	8	6	6	6	6	0.83	0.220	0.0620
A2	B8	8	8	8	6	10	10	8	6	1.51	0.285	0.0800
	B9	5	5	4	5	5	5	4	6	0.64	0.174	0.0490
	B10	3	4	2	3	3	2	3	4	0.75	0.107	0.0300

续表

一级指标	二级指标	专家1	专家2	专家3	专家4	专家5	专家6	专家7	专家8	SD	单层权重	整体权重
A3	B11	12	10	9	8	10	12	9	10	1.41	0.333	0.1000
	B12	2	2	2	2	3	1	3	1	0.75	0.067	0.0200
	B13	3	5	4	4	3	3	4	5	0.83	0.131	0.0388
	B14	5	6	6	6	6	7	6	6	0.53	0.201	0.0600
	B15	4	4	5	4	5	4	3	3	0.75	0.134	0.0400
	B16	4	3	4	6	3	3	5	4	1.06	0.134	0.0400
A4	B17	1	2	3	3	2	2	2	3	0.70	0.093	0.0205
	B18	9	8	8	6	8	8	8	7	0.88	0.362	0.0795
	B19	8	8	8	9	8	8	9	6	0.92	0.363	0.0800
	B20	4	4	3	4	4	4	3	6	0.92	0.182	0.0400

可以看出，4个一级指标的权重与各个二级指标的整体权重基本吻合。同时，一级指标对应的二级指标，各单层权重与整体权重的吻合度也很显著。对47个监测点指标，也采取上述办法通过专家打分的方式确定权重。

三、最终形成的县域义务教育信息化均衡发展通用指标体系

通过以上赋权过程确定了各个指标的具体权重，最终形成了县域义务教育信息化均衡发展通用指标体系及权重（表4-10）。

表4-10　县域义务教育信息化均衡发展通用指标体系及权重

一级指标及权重	二级指标及权重	监测点指标及权重
A1（0.2012）	B1（0.112）	C1（0.5） C2（0.5）
	B2（0.099）	C3（0.5） C4（0.5）
	B3（0.199）	C5（0.5） C6（0.5）
	B4（0.292）	C7（0.33） C8（0.67）
	B5（0.298）	C9（0.34） C10（0.33） C11（0.33）

续表

一级指标及权重	二级指标及权重	监测点指标及权重
A2 （0.2810）	B6 （0.214）	C12 （0.667）
		C13 （0.333）
	B7 （0.220）	C14 （0.5）
		C15 （0.333）
		C16 （0.167）
	B8 （0.285）	C17 （0.125）
		C18 （0.375）
		C19 （0.375）
		C20 （0.125）
	B9 （0.174）	C21 （0.6）
		C22 （0.2）
		C23 （0.2）
	B10 （0.107）	C24 （0.334）
		C25 （0.333）
		C26 （0.333）
A3 （0.2988）	B11 （0.333）	C27 （0.2）
		C28 （0.2）
		C29 （0.3）
		C30 （0.3）
	B12 （0.067）	C31 （0.8）
		C32 （0.2）
	B13 （0.131）	C33 （0.5）
		C34 （0.5）
	B14 （0.201）	C35 （0.5）
		C36 （0.5）
	B15 （0.134）	C37 （0.25）
		C38 （0.75）
	B16 （0.134）	C39 （0.5）
		C40 （0.5）
A4 （0.2190）	B17 （0.093）	C41 （1.0）
	B18 （0.362）	C42 （1.0）
	B19 （0.363）	C43 （0.5）
		C44 （0.5）
	B20 （0.182）	C45 （0.25）
		C46 （0.5）
		C47 （0.25）

注：本表数据为 SPSS 软件自动计算的结果，小数点位数也由软件自动保留，余同

第六节　县域义务教育信息化均衡发展指标
内容阐释和指标基准

在县域义务教育信息化均衡发展通用指标体系的构建过程中，笔者已对一级指标和二级指标做了详细质性分析，因此，各一级指标和二级指标的意义已明确，监测点指标总体上分为质性监测点和量化监测点两类。

县域义务教育信息化均衡发展指标体系的主要功能应该是测度学校信息化发展水平的校际均衡程度。但在实际监测中，有可能出现这样一种情况，即低水平的均衡。显然，这不是开展义务教育信息化均衡发展监测的初衷。为了避免这种低水平均衡现象的出现，需要为每个指标确定指标基准，通俗地说就是为每个监测点指标划定达标"门槛"，既测度学校信息化发展水平，也测度校际均衡程度，以保障县域义务教育信息化均衡发展的质量和水平。

为此，将指标基准分为基础性指标和发展性指标，基础性指标是国家和省级政府已有明确要求的指标，原则上所有义务教育学校均应达标。基础性指标是衡量县域内义务教育学校信息化发展水平校际均衡的主要指标，以陕西省教育厅颁发的相关标准为赋分依据，主要参照标准有《陕西省义务教育阶段学校基本办学标准（试行）》《陕西省学校信息化建设标准》等（为表述简洁，下文将这两个规范性文件简称为"省颁标准"）。发展性指标适应教育信息化发展方向和最新要求，带有前瞻性和发展性，能够监测信息化水平较高的学校，具有引导学校信息化优质均衡发展的作用。

基于此，为便于理解县域义务教育信息化均衡发展指标体系各个监测点指标的内容并明确其赋分基准，现对表4-10中的监测点指标分别阐释如下。

C1 主要监测县级教育部门对义务教育均衡发展各项政策要求的贯彻落实情况，属于质性监测点，主要是通过访谈了解政策落实情况。如果某县通过了教育部义务教育基本均衡县的督导评估，则获得该指标全部权重。

C2 主要监测县级教育部门对国家和省级教育信息化宏观政策的响应度，属于质性监测点，通过访谈了解政策落实情况。

C3 主要监测县级教育部门是否制定了县级教育信息化发展规划（3—5年），属于质性监测点，通过调研访谈获取相关信息。

C4 主要监测县域内各义务教育学校制定学校信息化工作规划的情况，计算制定规划的学校比例，通过问卷调研获取相关信息。

C5 主要监测县级教育部门是否建立了教育信息化归口管理体制，包括领导小组、行政职能科室、技术业务部门等，并计算县级教育信息化管理岗位、技术业务岗位数与县域学校总数的比例。指标基准为达到省颁标准要求。

C6 主要监测县域内各义务教育学校信息化部门和信息化业务岗位设置情况，并计算岗位数与学生数的比例。指标基准同 C5。

C7 主要监测县级教育部门对教育信息化的经费投入和投向，计算年度教育信息化投入占年度教育总经费的比例，并统计县级信息化经费在义务教育学校间的配置和使用情况。指标基准同 C5。

C8 主要监测县域内各义务教育学校信息化经费投入及其使用情况，计算生均信息化经费，比较生均信息化经费的校际差异。

C9 主要监测县域内各义务教育学校信息技术专任教师与学生数的比例。指标基准同 C5。

C10 主要监测县域内各义务教育学校中级以上职称的信息技术教师的比例，以及学科带头人、教学能手和骨干教师比例，反映信息技术学科骨干教师体系建设情况。

C11 主要监测县域内各义务教育学校组织实施教育信息化培训的情况，指标基准同 C5。

C12 主要监测县域内各义务教育学校教室和功能部室的平均网络带宽，指标基准同 C5。

C13 主要监测各学校网络安全技术防护状况。

C14 主要监测多媒体教学设备在教室和功能部室的覆盖率，反映学校开展常态化信息化教学的技术条件，指标基准同 C5。

C15 主要计算各学校学生数与学生用计算机数的比例，以及各类学生用终端设备的比例，反映学生使用信息技术的机会，指标基准为达到义务教育基本均衡县标准。

C16 主要计算各学校教师数与教师用计算机数的比例，以及各类教师用终端设备的配比，反映教师使用信息技术的机会，指标基准同 C5。

C17 主要监测各学校对国家级、省级和县级数字教育资源平台的访问情况，反映数字教育资源的获取途径。

C18 和 C19 这两个指标主要监测各学校校本数字教育资源总量和类型构成，综合反映数字教育资源的校际部署情况。资源类型包括课件类资源、视频类资源、数字文献及电子图书类资源。一般来说，视频类资源以优质课、专题讲座、慕课、微课为主，前两类用于教师专业发展，后两类用于学生数字化学习。课件类资源主要用于各学科的信息化教学，数字文献及电子图书类资源涵盖除视频类和课件类资源之外的各类数字教育资源。

C20 计算义务教育学校开通个人空间的教师比例，指标基准同 C5。

C21 主要监测各类教育管理系统在义务教育学校的部署情况，指标基准同 C5。

C22 为发展性指标，主要监测义务教育学校一卡通系统建设状况，一卡通系统是实现各类校级管理数据互联互通的重要条件。

C23 为发展性指标，校园安全监控系统是智慧校园建设的基础，可以综合反映校园信息化水平。

C24 主要监测学校新媒体门户开通情况，包括官方网站、微博和微信。新媒体是学校与社会互动的主要途径，也是学校服务社会和展示办学影响力的重要方式。

C25 主要监测县域内建有校园电视台的义务教育学校比例，指标基准同 C5。

C26 为发展性指标，主要监测学校信息化建设中的特色项目，如创客空间，智慧教室，数字化音乐、美术和书法教室，数字化探究实验室，机器人实验室等，反映学校对信息化建设的关注度和敏锐度。

C27 主要监测义务教育学校开设信息技术课程的情况。

C28、C29 和 C30 这三个指标分别从教师、学科和教学空间等不同维度，综合监测学校信息化教学的开展情况，指标基准同 C5。

C31 和 C32 这两个指标主要监测信息技术对学生学习的支持，属于发展性指标。

C33 主要监测学校对教育信息化科研的重视程度和开展状况，指标基准同 C5。

C34 主要监测学校利用信息化手段开展网络教研校际协作的状况，属于发展性指标。

C35 和 C36 这两个指标主要监测义务教育学校信息化管理水平，以及学校各类管理数据互联互通和数据融合程度。

C37 和 C38 这两个指标主要监测学校利用信息化手段开展德育工作的状况。C37 为发展性指标，C38 为基础性指标。

C39 主要监测学校利用信息化手段开展教学创新的状况，指标基准同 C5。

C40 主要监测学校开展科技创新类社团活动的状况，为发展性指标。

C41 主要是从教育部开展的义务教育质量监测样本中，提取与学校信息化相关的数据和内容，反映信息技术对教育质量均衡的影响，为发展性指标。

C42 主要监测教师信息化教学能力均衡和信息化促进教师专业发展的成效，可通过教师教育技术能力达标率、教师信息化教学竞赛活动参与率和获奖率比较校际差异，指标基准为《中小学教师教育技术能力标准（试行）》。

C43 主要监测学生在信息技术学业水平考试中的表现，如通过率和优秀率，指标基准同 C5。

C44 主要监测学生在信息技术竞赛活动中的表现，进而反映教育信息化对学生发展的支持作用和实际成效，为发展性指标。

C45 主要监测学校的社会影响力与办学品牌认知度。

C46 和 C47 这两个指标主要监测义务教育学校在开展校际协作、校际帮扶、弱势群体关爱等方面的表现和差异，为发展性指标。

第五章

县域义务教育信息化均衡发展监测方法及实证检验

第四章构建了县域义务教育信息化均衡发展通用指标体系，明确了反映县域义务教育均衡发展程度的监测领域、监测范围和监测内容，即监测点。形象地说，该指标体系如同一张网格，将其撒向某县域，便可从复杂而具体的县域教育情境中获取义务教育信息化发展各个监测点的相关数据，通过一定的数据分析和测度方法，便可以测算县域义务教育信息化发展的均衡度。因此，还需要在构建指标体系的基础上进一步确定县域义务教育信息化均衡发展的监测思路与方法。本章将借鉴教育部实施义务教育发展基本均衡县评估的思路和国内有关研究对教育均衡发展的实证测度方法，确定监测县域义务教育信息化均衡发展的基本思路和具体方法，并以陕西省安康市石泉县的义务教育学校为研究样本，通过实证研究分析县域义务教育信息化均衡发展状况，从而对本章提出的监测方法进行检验和确证。

第一节　监测县域义务教育信息化均衡发展的基本思路

县域义务教育信息化均衡发展监测与县域义务教育均衡发展监测具有相近性，因此在确定监测县域义务教育信息化均衡发展的基本思路前，本章首先考察了教育部实施县域义务教育均衡发展评估的思路。

2012 年，教育部印发《县域义务教育均衡发展督导评估暂行办法》，指出在各省份逐步开展义务教育发展基本均衡县评估认定工作。各省份之间、同一个省份不同县（市、区）之间经济社会和教育发展水平差异较大，因此，教育部将义务教育发展基本均衡县的评估范围限定在县域内，其评估思路可以概括为"一个门槛、两项工作、一个参考"。"一个门槛"是指县域内所有义务教育阶段学校必须达到本省份义务教育学校办学基本标准。在教育部政策要求的基础上，陕西省进一步明确了9项义务教育学校办学基本标准："教学及辅助用房面积、体育运动场地、教学仪器设备配备、计算机、图书、师生比、专任教师学历、中级专业技术职务教师比例、高级专业技术职务教师或县级以上骨干教师比例，每一所义务教育学校必须达到上述9项中的7项及以上，该校'综合评估'为达标。"①县域内所有义务教育学校在"综合评估"中必须全部达标。"两项工作"是指对县域内义务教育校际均衡状况的评估和对县级政府推进义务教育均衡发展工作的评估。前者重点评估县级政府均衡配置教育资源的情况，以生均教学及辅助用房面积、生均体育运动场馆面积、生均教学仪器设备值、每百名学生拥有计算机台数、生均图书册数、师生比、生均高于规定学历教师数、生均中级及以上专业技术职务教师数8项指标，分别计算小学和初中的差异系数，评估县域内小学、初中校际均衡状况；后者重点评估入学机会、保障机制、教师队伍、质量与管理等4个方面17项工作的推进情况，满分为100分，达到85分及以上为合格。"一个参考"是指将公众对本县义务教育均衡发展满意度作为评估认定的重要参考，包括当地人大代表和政协委员、义务教育学校校长、教师、学生家长及其他群众等。

简言之，按照教育部的总体思路，陕西省在评估义务教育发展基本均衡县时，主要是监测县域内所有义务教育学校是否达到省颁9项办学标准，每所学校达到其中7项即视为达标，即学校办学标准达标率比例要求为80%。同时，县域内所有义务教育学校的校际差异要达标，小学和初中的校际差异系数分别小于或等于0.65、0.55，并且评估县级政府对推进义务教育均衡发展的努力程度和公众对本县义务教育均衡发展的满意度。以上思路为确定监测县域义务教育信息化均衡发展的基本思路提供了重要参考。

根据本书第二章和第四章的分析，义务教育信息化均衡发展的监测层次为县域内校际均衡和个体均衡。个体均衡即学生使用信息技术的机会、能力和效

---

① 陕西省2017年义务教育均衡发展督导评估政策解读（一）. http://www.sohu.com/a/204874947_387151，（2017-11-17）[2020-10-08].

果的均衡，实际上在指标归类分析时，个体均衡已经包含在校级均衡的监测点之中。因此，县域义务教育信息化均衡发展问题本质上是县域义务教育学校信息化发展水平均衡问题，核心是监测县域内义务教育学校信息化发展水平的均衡程度。均衡是一个相对概念，反映的是某一事物在某一时空范围内大抵均等或平衡。换言之，均衡是度量和描述事物差异的，不直接反映均衡的水平或质量。教育事业发展的理想状态是实现高水平均衡和优质均衡，我们研究义务教育信息化均衡发展，不仅要测度和反映县域内校际均衡或校际差异，还要测度校际均衡的水平和质量。如果仅仅测度均衡度，就很有可能出现县域内学校信息化水平差别较小但普遍较低的现象。显然，这不是我们追求的均衡，也不是研究义务教育信息化均衡发展的本意。教育部在义务教育发展基本均衡县的评估中，对学校办学水平的监测基准是县域内所有义务教育学校均达到本省份义务教育学校办学基本标准，在此基础上通过比较校际差异来衡量均衡程度。也就是说，教育部通过划定学校达标要求，来保障县域内校际均衡总体水平的基线和底线。因此，监测县域义务教育信息化均衡发展，既要监测县域内义务教育学校信息化水平，也要监测信息化水平的校际均衡状况，这两个方面缺一不可。

　　本书认为，监测县域义务教育信息化均衡发展的基本思路是：将本书第四章构建的县域义务教育信息化均衡发展通用指标体系作为实施监测的基本依据和开展数据采集分析的基本框架，通过科学的数据分析方法，客观准确地监测县域内各义务教育学校信息化发展水平的校际均衡状况。校际均衡是义务教育信息化均衡监测的主要视角。按此思路，首先要确立义务教育学校信息化发展水平的评价基准，根据当前学校信息化发展的总体态势和阶段，结合国家和陕西省对义务教育学校信息化发展的基本要求，均衡划定评价基准，然后通过合适的方法来监测义务教育学校信息化发展是否达到了基本均衡，或者义务教育学校信息化水平的校际差异是否在可接受的范围之内。唯有如此，才是有实践意义的均衡和有质量保障的均衡。因此，本书以省颁标准等指导性文件为主要依据，以陕西省教育信息化发展的总体态势和陕西省义务教育学校信息化平均水平为参照，综合划定县域义务教育信息化发展水平的监测基准，以为各个监测点指标的校际差异确立比较标准，进而分析校际均衡程度，体现县域义务教育信息化高质量均衡的核心导向。

第二节　监测县域义务教育信息化均衡发展的具体方法

从已有的研究和实践来看，目前尚无大面积广泛应用的对县域义务教育信息化均衡发展进行监测的机制。国内为数不多的义务教育均衡发展研究，主要是从理论层面或宏观层面探讨义务教育均衡发展的相关问题的，如李葆萍等建议通过差异系数的方法比较城乡学校的校际差异[①]，但并未进一步开展指标体系的应用实证研究。但周平红的博士论文《我国高等教育信息化水平测评与发展预测研究》、卢晓旭的博士论文《基于空间视角的县域义务教育发展均衡性测评研究——以江苏省常熟市为例》和屈宏强的博士论文《学校体育均衡发展评价指标体系的构建与实证研究——以河南省中学为例》，以及翟博的《教育均衡发展：理论、指标及测算方法》、翟博和孙百才的《中国基础教育均衡发展实证研究报告》等，在监测思路或监测方法上有可借鉴之处。

在监测方法上，屈宏强采取了综合加权赋分法。卢晓旭提出了三种监测思路：①根据指标体系逐个为县域内所有学校赋分，比较校际综合得分差异；②逐校对每个指标进行赋分，比较各个指标的校际差异；③利用基尼系数、差异系数和锡尔系数，分别从不同的侧重点出发，比较县域内城乡和校际差异。周平红从高校信息化整体水平和不同领域的发展水平两个方面比较了区域内校际差异和区域间高等教育信息化水平差异，并采取绝对差异和相对差异进行差异分析。绝对差异的测度方法主要是计算指标的平均差、极差和标准差，相对差异的测度方法主要是计算指标的极差率和差异系数。[②]

翟博较早地开展了区域教育均衡的测度研究，提出建立基础教育均衡发展指数，用以衡量基础教育均衡发展水平。[③]在具体测度方法上，翟博采用标准差和差异系数来测算教育发展的离散程度，即教育的均衡度。先确定每一个指标的最大值和最小值，根据公式（1），将各指标转化为取值为0—1的指数形式进行标准化处理，然后将各项分级指数做简单平均，从而得出教育均衡指数。

---

① 李葆萍，马妮娜，田承芸. 我国义务教育信息化均衡性评价指标体系的构建及应用. 现代远程教育研究，2012（5）：36-41.

② 周平红、卢晓旭、屈宏强相关研究中采用的监测方法的文献来源详见第二章，本章不再赘述。

③ 翟博. 教育均衡发展：理论、指标及测算方法. 教育研究，2006（3）：16-28.

$$X = \frac{x_{mv} - x_{min}}{x_{max} - x_{min}} \qquad (1)$$

翟博还借鉴联合国开发计划署有关人类发展指数的计算方法，用公式（2）计算教育均衡发展指数，其中 n 为分级指数个数。

$$X = \frac{1}{n}(x_1^3 + x_2^3 + \cdots + x_n^3)^{\frac{1}{3}} \qquad (2)$$

上述研究普遍采用综合加权赋分法来确定县域（区域）义务教育或教育信息化整体水平，采用差异系数法来分析区域内城乡间和学校间教育均衡或教育信息化均衡状况。鉴于差异系数已经在教育部开展的义务教育发展基本均衡县评估中得到广泛使用，本书利用第四章构建的县域义务教育信息化均衡发展通用指标体系来采集数据，采用综合加权赋分法和差异系数法来分析县域内义务教育学校信息化发展水平的校际差异，从而监测县域义务教育信息化均衡发展状况。具体有县域综合加权赋分法、学校综合加权赋分法和基于差异系数的县域均衡指数法。

一、县域综合加权赋分法

县域综合加权赋分法的监测重点是县级教育部门推动义务教育信息化均衡发展的工作成效和县域内义务教育学校信息化发展水平的达标率。利用县域义务教育信息化均衡发展通用指标体系，依据指标基准和每个监测点指标的达标学校比例确定每个监测点的等级分值，然后用同一个一级指标下各监测点指标的等级分值分别乘以该指标对应的权重并求和，就得出该一级指标的得分。同理，在计算出所有一级指标的得分之后，将在同一个指标类型下的一级指标分别乘以各自的权重之后再求和，就得出所对应指标类型的得分。最后，各指标类型的得分乘以各自的权重再求和，即可得出县域义务教育信息化均衡发展的总体得分。根据监测点指标的等级分值，加权计算得出综合分值，以综合分值是否达到 0.8 为评判是否均衡的标准，即当县域内大多数学校的信息化发展水平达标时，则认为该县义务教育信息化达到基本均衡。当然，综合分值可以结合实际灵活设置。

1. 指标赋分标准

县域义务教育信息化均衡发展通用指标体系的每个监测点指标，均需体现县域内所有义务教育学校的差异度或均衡度，因此需要明确衡量校际差异度或均衡度的标准。总体而言，该通用指标体系的监测点分为县级监测点和学校监测点，县级监测点包括 C1、C2、C3、C5 和 C7 等 5 个，其余均为学校监测点。这 47 个监测点指标中，既涉及质性监测点和量化监测点，也涉及基础性指标和发展性指标，不同类型监测点的具体要求不同，需分别确定赋分标准。

县级监测点中，C1、C2、C3 为质性监测点，重点反映县级教育部门对推进县域教育信息化工作的努力程度和完成情况，如果县级教育部门达到了监测点的工作要求或完成了相关工作任务，即可对其进行赋分，如 C3 的赋分标准就可以设定为"制定了科学合理的县级规划；有县级规划；无县级规划"。

学校监测点大多数为量化指标，重点反映各学校在各个指标上的均衡度或差异度。学校监测点可进一步分为基础性指标和发展性指标，基础性指标是依据省颁标准，要求县域内所有义务教育学校 100%达标的教育信息化刚性指标；发展性指标则是具有引导性和前瞻性的指标，要求县域内义务教育学校分批分步达标，凸显优质均衡发展要求，包括 C10、C32、C37、C40、C44、C46、C47 等 7 个。

基础性指标的监测基准是达到省颁要求。为了体现县域内校际均衡程度，可以采用基础性指标达标学校的比例来确定县域义务教育学校信息化均衡发展水平。参照陕西省在义务教育发展基本均衡县评估中对学校的监测要求，县域内每所义务教育学校均须通过办学基本标准综合评估，办学基本标准涉及学校教学及辅助用房面积等 9 项指标，每所学校达到 7 项及以上指标要求，则该校的"综合评估"为达标。按照陕西省的教育信息化建设标准，原则上 100%的义务教育学校在各基础性指标上应全部达标，考虑到义务教育信息化均衡发展监测机制尚未建立，要求 100%的义务教育学校达标并不现实，因此将县域整体监测要求确定为县域内不少于 80%的义务教育学校达标，即可认为该县在某一项监测指标上实现基本均衡，同时也意味着各学校信息化发展水平整体达到了省颁要求，实现了有水平的校际均衡。

针对各项发展性指标，由于其前瞻性较强，且未被纳入现行的省级教育信息化建设标准范围，不适合设定 80%的达标率监测要求，应采取质性评价（有或无）或降低达标率要求。结合指标制定过程中专家的建议和陕西省教育信息化总体态势，本书对涉及达标率的发展性指标分别提出了合理的监测要求，确定了各个指标的监测基准，也可称为指标阈值（表 5-1）。

表 5-1　各监测点指标赋分基准

监测点指标	赋分标准	监测点指标	赋分基准
C1	通过国家义务教育发展均衡县验收；通过省级评估；未通过省级评估	C14	学校"终端设备班班通"覆盖率达到80%
C2	国家级、省级或市级教育信息化试点县	C15	学校生机比达到8：1
C3	制定了科学合理的县级规划；有县级规划；无县级规划	C16	学校师机比达到1：1
C4	制定了科学合理的校级规划；有校级规划；无校级规划	C17	能够通过各级资源平台获取资源服务
C5	成立了县级信息化业务部门；按1岗/2000名学生的标准设置业务岗位；成立了以教育局局长为组长的信息化领导小组	C18	建有校本资源库且不少于100 G
C6	千人以上学校成立了信息化业务部门；千人以下学校设立了信息化管理岗位；信息化管理岗位数按1岗/500名学生的标准设置，至少设置1人	C19	视频课程资源、学科教材配套课件和电子图书等资源种类齐全
C7	近三年县级教育信息化经费投入占教育经费的比例：高于20%；10%—20%；10%以下	C20	教师个人空间开通率达到80%
C8	近三年的生均信息化经费不低于生均教育公用经费的15%（小学达到90元，初中达到120元）（近三年的平均年度经费投入数）	C21	部署2个以上管理信息系统
C9	小学信息技术专任教师生比1：800；初中不低于1：600	C22	开通了校园一卡通系统
C10	信息技术专任教师中级以上职称达标，拥有县级以上信息技术骨干教师；中级以上职称达标，无骨干教师；两项均无	C23	建有校园安全监控系统
C11	参加县级以上信息技术培训的教师比例不低于10%，参加校本信息技术培训的教师比例不低于40%	C24	开通了学校门户网站
C12	班均网络带宽不低于2 M	C25	建有校园电视台且使用良好
C13	拥有2项（防火墙、防病毒）网络安全防范技术措施	C26	建有创新类部室

续表

监测点指标	赋分标准
C27	信息技术课程开课率达到100%
C28	80%的学科教师开展了信息化教学
C29	常规教室周均信息化教学课时不低于20课时
C30	计算机教室周均排课量不低于10课时
C31	学生周均接受信息化教学不低于20课时
C32	学生周均数字化学习时长：2小时以上、1—2小时、不足1小时
C33	承担县级以上信息化科研课题不少于1项
C34	有开展网络教研的举措（学校比例：30%以上；20%—30%；20%以下）
C35	具备3项以上管理信息系统功能
C36	学校管理信息系统实现统一身份认证
C37	开设网络道德与信息安全课程（学校比例：30%以上；20%—30%；20%以下）

监测点指标	监测基准
C38	利用信息化手段开展德育活动
C39	利用信息化手段开展教学创新
C40	有创新类社团或开展科技创新活动（学校比例：30%以上；20%以下）
C41	义务教育质量监测水平合格
C42	近一年，10%以上的教师参加信息化教学活动，获奖率达到5%
C43	学生信息技术课程学业水平通过率达到80%以上
C44	学生信息技术课程学业水平优秀率达到60%以上
C45	利用信息化手段支持学校宣传和家校联系（效果显著；产生效果；未开展）
C46	利用信息化手段开展校际协作帮扶（学校比例：30%以上；20%—30%；20%以下）
C47	利用信息化手段开展弱势学生帮扶（学校比例：30%以上；20%—30%；20%以下）

2. 指标赋分等级

周平红、卢晓旭和屈宏强在其博士论文中，分别按照 0.8—1、0.6—0.8、0.6 以下的标准，将指标等级和评价量规分为高、中、低三个等级，或较高要求、基本要求（达标要求）、较低要求三个等级。

翟博和孙百才根据国际教育发展情况，以及我国教育政策有关规定和教育实际，认为在均衡指标中设定指标最大值和最小值的标准是：凡是与百分比有关的数据，其均衡指数要素的最小值和最大值的标准分别为 0 和 100%；各级教育数据指标差异系数的最小值和最大值的标准分别为 0 和 1。如果是不能完全量化的指标，则结合实际对该指标进行标准化处理，即合理制定量规，将指标内容换算为相应的指标等级进行计算。[①]

县域义务教育信息化均衡发展通用指标体系的各个指标均为正向指标。借鉴以上研究采取的指标等级划分方法，结合基础性指标 80% 的达标率监测要求，可将县域义务教育信息化均衡发展综合加权赋分的基础性指标确定为三级，即 100% 达标率的指标赋分等级值为 1，80% 以上（含 80% 不含 100%）达标率的指标赋分等级值为 0.8—1（不含 1），低于 80% 达标率的指标赋分等级值为 0.8 以下（不含 0.8），实际等级值按照实际达标率计算。因此，基础性指标照"较高要求、基本要求、较低要求"划分 3 个指标等级，分别对应 1、0.8—0.99、0—0.8 这 3 个赋分区间。假如在某一项基础性指标上，某县的义务教育学校达标率为 90%，那么该指标的赋分等级值就是 0.9；同理，假如在某一项基础性指标上，某县的义务教育学校达标率为 70%，那么该指标的赋分等级值就是 0.7。这样处理还能将指标等级值与学校达标率一致化，可直观反映县域内义务教育学校在某一项指标上的达标度和均衡度。结合质性指标和发展性指标的质性评价特点，将二者的赋分等级确定为"较高要求、基本要求、不达要求"三级，分别对应"1、0.8、0.8 以下"3 个赋分区间。根据这样的指标赋分等级，将 0.8 划定为县域内义务教育信息化均衡发展的临界点，也可称之为阈值。

县域综合加权赋分法的监测依据与赋分等级见表 5-2。

[①] 翟博，孙百才. 中国基础教育均衡发展实证研究报告. 教育研究，2012（5）：22-30.

表 5-2 县域综合加权赋分法的监测依据与赋分等级

监测点指标	监测依据	监测基准	赋分等级及分值
县级指标	《陕西省学校信息化建设标准》《陕西省县域义务教育均衡发展督导评估办法》等	工作完成度	1（较高要求） 0.8（基本要求） 0.8以下（不达要求）
基础性指标	《陕西省学校信息化建设标准》《陕西省义务教育阶段学校基本办学标准（试行）》《陕西省县域义务教育均衡发展督导评估办法》等	县域内义务教育学校达标比例	1（达标率为100%） 0.8—0.99（达标率为80%—99%） 0—0.8（达标率低于80%）
发展性指标	教育信息化发展态势和政策要求	指标要求达成度	1（较高要求） 0.8（基本要求） 0.8以下（不达要求）

综上，通过县域综合加权赋分法监测县域义务教育信息化均衡发展状况的思路和方法可总结如下。

1）县域义务教育信息化均衡发展的整体监测基线是县域内所有义务教育学校的信息化水平达标率不低于80%。当然，这个达标比例可根据县域教育信息化整体发展态势灵活确定，本书将达标率阈值确定为80%，与教育部和陕西省对县域义务教育学校在办学标准方面的达标率要求保持一致。在实践中，达标率阈值可以灵活确定。

2）根据县级监测点和学校监测点所指向的内容要求，分别为每一项指标确定监测基准。县级监测点以质性评价为主，监测基准为是否达到了监测点的工作要求或完成了相关工作任务。学校监测点中的基础性指标以学校达标率不低于80%为监测基准，发展性指标则运用质性评价进行监测。

3）为使所有监测点指标具有可比性，需要对监测点指标进行赋分等级标准化，各类指标的监测依据、监测基准、赋分等级及分值见表5-2。按此思路，如果某县整体赋分不低于0.8，即可认为该县实现了义务教育信息化均衡发展。

4）指标赋分的计算公式如下：设一级指标为 A，二级指标为 B，监测点指标为 C，指标顺序为 i，n 为各级指标数，监测等级分值为 Z_i（即第 i 个指标所对应的等级分值，代表该项指标的等级水平），W_i 为指标权重值，指标体系最终赋分值为 X，则各个监测点指标加权赋分的计算公式为

$$C_i = Z_i W_i \qquad (3)$$

各个二级指标加权赋分的计算公式为

$$B_i = \sum_{i=1}^{n} C_i W_i \qquad (4)$$

各个一级指标加权赋分的计算公式为

$$A_i = \sum_{i=1}^{n} B_i W_i \qquad (5)$$

最后，计算县域综合加权分值的公式为

$$X = \sum_{i=1}^{n} A_i W_i \qquad (6)$$

以 B6 为例，该指标包括 C12 和 C13 两个监测点指标，则 B6 的加权赋分值= C12 等级分值 × 权重系数 + C13 等级分值 × 权重系数。同理，A2 的加权赋分值= B6 赋分值 × 权重系数 + B7 赋分值 × 权重系数 + B8 赋分值 × 权重系数 + B9 赋分值 × 权重系数 +B10 赋分值 × 权重系数。以此类推，即可得出县域义务教育信息化均衡发展总加权赋分值。

假设在 C12 和 C13 两个监测点指标上，县域内义务教育学校的达标比例分别为 90% 和 85%，则 C12、C13 两个指标的等级分值分别为 0.9、0.85。根据权重系数，B6 的加权赋分值=0.9×0.667+0.85×0.333=0.88。以此类推，可以分别计算 B7、B8、B9、B10 的加权赋分值，进而得出条件性指标的加权赋分值，最终计算指标体系总加权赋分值，以此评价县域义务教育信息化均衡发展程度。指标体系总加权分值大于等于 0.8 为基本均衡，低于 0.8 为不均衡。

需要指出的是，设定 0.8 为监测均衡的基线，一是考虑到人们对事物发展水平约定俗成的观念，换算成百分制的总分值时，就是某县综合得分达到 80 分以上，即可认为该县义务教育信息化基本均衡发展。否则，当我们通过县域加权综合赋分法计算出每个县的综合得分时，会产生无法比较或定义是否均衡发展的实际问题。因此，必须确定每个监测点指标的水平基线，并将水平基线统一对应 0.8 的指标等级值，确保达标率与指标等级相对应，从而实现 0.8 的指标阈值作用。二是参照了教育部义务教育发展基本均衡县评估中采取 80%的学校办学条件达标率和县级政府工作完成度达到 0.85 以上的要求，并与其保持了一致。在实际监测中，该阈值可根据实际需要灵活设置，本书只是提供了一种数值上的参考范例。

二、学校综合加权赋分法

学校综合加权赋分法是在县级教育部门推动义务教育均衡发展工作达标的前提下，分别计算每所义务教育学校信息化发展水平分值，通过比较分值达标率和标准差来反映均衡程度。学校综合加权赋分法是在县域综合加权赋分法的基础上，借鉴教育部在义务教育发展基本均衡县评估中的思路，对县域义务教育信息化均衡发展通用指标体系进行拆分，按照权重，将其分成县级监测指标体系和学校监测指标体系。其中，县级监测指标体系主要评估县级政府及教育部门推进义务教育信息化均衡发展的工作成效，学校监测指标体系主要评估县域内所有义务教育学校信息化均衡发展水平。在指标基准、赋分依据和指标等级上，均与县域综合加权赋分法保持一致。利用学校综合加权赋分法判定县域义务教育信息化均衡的标准是：县级政府及教育部门推进义务教育信息化均衡发展的工作达标，并且各所义务教育学校的信息化水平普遍达标。

具体而言，通过县级监测指标体系可以计算出县级政府及教育部门的分值。通过学校监测指标体系，可为县域内每一所义务教育学校计算出一个分值，但该分值仅反映某一所学校的信息化水平，还需要进一步确定反映县域内校际信息化均衡水平的方法，即如何体现不同学校信息化水平分值的绝对差异。统计学上反映一组数据的绝对差异，通常使用的方法是计算该组数据的平均差、极差和标准差。从平均差、极差和标准差各自的优缺点来看，极差计算简便，意义清楚，但极差只能体现一组数据内的最大值和最小值之间的差异，而不能准确地衡量数据的波动程度，且易受极端值的影响；平均差能够体现一组数据的集中趋势，且能够较全面、客观地反映变量数列标志值的平均变动程度，计算也比较简便，但平均差以平均绝对离差的形式来表现，不利于进一步的代数运算，在应用中受到一定的限制；标准差用平方的方法消除了离差的正负号，把离散程度放大之后再收缩，对变异量更为敏感，对离散程度的表达也更为准确，能够较好地表现一组数据的离中趋势和离散程度，在统计工作中被广泛运用。[1]因此，可以计算县域内所有义务教育学校分值的标准差，以反映县域内校际信息化水平的均衡程度。

具体到每一所学校的分值计算上，可采用如下方法。

1）根据表 5-3 和表 5-4 可知，县级监测指标集中在背景性指标中，包括 C1、C2、C3、C5 和 C7 这 5 个监测点指标。学校监测指标由除 C1、C2、C3、C5 和 C7 之外的其他监测点指标构成。

表 5-3　县级监测指标及其权重

一级指标	二级指标	监测点指标
A1（0.2012）	B1（0.112）	C1（0.5）
		C2（0.5）
	B2（0.099）	C3（0.5）
	B3（0.199）	C5（0.5）
	B4（0.292）	C7（0.33）

表 5-4　学校监测指标及其权重

一级指标	二级指标	监测点指标
A1（0.2012）	B2（0.099）	C4（0.5）
	B3（0.199）	C6（0.5）
	B4（0.292）	C8（0.67）
	B5（0.298）	C9（0.34）
		C10（0.33）
		C11（0.33）
A2（0.2810）	B6（0.214）	C12（0.667）
		C13（0.333）
	B7（0.220）	C14（0.5）
		C15（0.333）
		C16（0.167）
	B8（0.285）	C17（0.125）
		C18（0.375）
		C19（0.375）
		C20（0.125）

① 韩兆洲，杨林涛. 极差、平均差和标准差之间测度关系研究. 统计与信息论坛，2008（4）：5-8.

一级指标	二级指标	监测点指标
A2（0.2810）	B9（0.174）	C21（0.6） C22（0.2） C23（0.2）
	B10（0.107）	C24（0.334） C25（0.333） C26（0.333）
A3（0.2988）	B11（0.333）	C27（0.2） C28（0.2） C29（0.3） C30（0.3）
	B12（0.067）	C31（0.8） C32（0.2）
	B13（0.131）	C33（0.5） C34（0.5）
	B14（0.201）	C35（0.5） C36（0.5）
	B15（0.134）	C37（0.25） C38（0.75）
	B16（0.134）	C39（0.5） C40（0.5）
A4（0.2190）	B17（0.093）	C41（1.0）
	B18（0.362）	C42（1.0）
	B19（0.363）	C43（0.5） C44（0.5）
	B20（0.182）	C45（0.25） C46（0.5） C47（0.25）

2）分别计算县级监测指标和学校监测指标的权重系数。县级监测指标的总权重系数为：A1 权重系数 ×[B1 权重系数 ×（C1 权重系数+C2 权重系数）+B2 权重系数 ×C3 权重系数+B3 权重系数 ×C5 权重系数+B4 权重系数 ×C7 权重系

数]=0.2012×[0.112×（0.5+0.5）+0.099×0.5+0.199×0.5+0.292×0.33]=0.072。同理，可计算出学校监测指标的总权重系数为0.928。

3）为便于比较，县级监测指标体系和学校监测指标体系在指标基准、赋分依据和指标等级上，均与县域综合加权赋分法保持一致。按照指标等级划分，0.8为学校信息化水平达标基准，由此可知，当县级监测指标体系的加权分值在0.072×0.8=0.0576以上时，说明县级政府及教育部门推进义务教育信息化均衡发展的工作达标；当学校监测指标体系的加权分值在0.928×0.8=0.7424以上时，说明该学校的信息化发展水平达标。

4）以0.8为达标阈值，对各所学校监测点指标的原始数值进行标准化处理。为与县域综合加权赋分法保持一致，各监测点指标的赋分等级仍然分为三级，即0.8—1为较高水平，0.8为达标水平，0.8以下为较低水平。由于各所学校在各个监测点上的原始数值不同，为了体现0.8的指标标准阈值，需要以此为基准，通过下列公式进行处理。

对等于和大于指标标准阈值的数值，假设指标原始值为x_i，x_{max}和x_s分别为该组数据的最大值和指标阈值，则标准化后的指标等级值为

$$x = \frac{x_i - x_s}{x_{max} - x_s} \times (1 - 0.8) + 0.8 \qquad （7）$$

对小于指标标准阈值的数值，假设指标原始值为x_i，x_{min}和x_s分别为该组数据的最小值和指标阈值，则标准化后的指标等级值为

$$x = 0.8 - (\frac{x_s - x_i}{x_s - x_{min}} \times 0.8) \qquad （8）$$

通过以上两个公式可计算出各监测点原始数值的标准化值，即各监测点原始数据与标准阈值所对应指标数值的偏离比例。

5）根据县域综合加权赋分法的指标等级，原则上县域内80%的义务教育学校的信息化水平应该达标，并在此基础上通过计算校际分值标准差来监测校际均衡情况。但标准差在多大范围内可视为基本均衡，需要实证检验。

6）在分别计算得出县域内各义务教育学校信息化水平分值的标准差后，还可以进一步计算校际分值的极差率和差异系数，从而进行校际相对差异测度。极差率是指各学校分值的最大值与最小值之比，差异系数是各学校分值标准差

与各学校分值算术平均数的比值。极差率易受极端值的影响，因此更适合选用校际分值的差异系数来测度均衡度，差异系数受极端数值的影响较小，且比标准差更能准确地反映校际分值的离中趋势和离散程度。通过计算得出的校际分值差异系数越小，则意味着校际义务教育信息化发展越均衡。

三、基于差异系数的县域均衡指数法

县域综合加权赋分法通过计算一个县域的总体分值，来衡量县域义务教育信息化均衡发展水平；学校综合加权赋分法通过计算每所学校的分值和校际分值标准差，来衡量县域义务教育信息化均衡发展水平。总体上，县域综合加权赋分法和学校综合加权赋分法都采取了线性加权的思路，其优点是对每一个监测点指标进行计算赋分，非常详细和全面地观照了县域义务教育信息化均衡发展各个方面的指标要求，但也存在工作量较大、计算过程较为烦琐的不足，且同时对所有监测点指标进行线性加权计算分值，会在一定程度上弱化核心指标的作用和地位。当然，没有任何一种统计学方法是尽善尽美的，从统计学作为数据的科学的本质来看，采集的数据越多，越有利于得出最接近事实的结论，但数据量越大，统计分析的工作量和难度也越大，因此在多指标综合评价应用中，往往需要精简指标数量，或者抽取核心指标予以重点统计分析。[1]

县域义务教育信息化均衡发展通用指标体系共 4 个一级指标、20 个二级指标和 47 个监测点指标。如果要全面反映县域内各义务教育学校之间的信息化均衡发展情况，最理想的方法是计算每个指标的校际差异系数，进而得出县域总体的加权差异系数[2]，其作为县域义务教育信息化均衡发展指数，可直观反映某县域的义务教育信息化均衡发展水平。为更加突出测度重点，同时考虑到数据处理的工作量，本书抽取了量化性最好、敏感度最高、代表性最强的若干监测点指标作为核心指标来计算校际差异系数，即基于差异系数的县域均衡指数法。具体方法如下。

1）从学校监测点指标中抽取核心指标。教育部在义务教育发展基本均衡县的评估中，在县域内各义务教育学校均达到办学标准要求的前提下，抽取了生

---

① 袁卫，刘超. 统计学：思想、方法与应用. 北京：中国人民大学出版社，2011.

② 卢晓旭. 基于空间视角的县域义务教育发展均衡性测评研究——以江苏省常熟市为例. 南京：南京师范大学，2011.

均教学及辅助用房面积、生均体育运动场馆面积、生均教学仪器设备值、每百名学生拥有计算机台数、生均图书册数、师生比、生均高于规定学历教师数、生均中级及以上专业技术职务教师数 8 项指标，并分别计算了每所学校的这 8 项指标值，进而计算每所学校 8 项指标值的校际差异系数，最终的总差异系数就是 8 项指标值各自差异系数的算术平均值。通过对大量的样本县（市、区）进行测算，结合我国义务教育总体发展水平，最终教育部将总差异系数确定为小学不高于0.65、初中不高于 0.55。笔者认为，教育部之所以选择上述 8 项指标，一是考虑到了指标的可量化性；二是为突出县级政府对基础性教育资源的均衡配置情况。

　　从指标指向上来看，计算校际差异系数需要从学校监测点指标中遴选和确定一部分核心指标。根据表 5-4，可以从背景性指标、条件性指标、过程性指标和结果性指标中，分别抽取若干量化性和代表性最强的指标作为核心指标，即应该从具有显著达标要求的基础性指标中抽取。按此原则，在背景性指标中，抽取 C8 和 C9 两个监测点指标；在条件性指标中，抽取 C12、C14、C16 和 C184 个监测点指标；在过程性指标中，抽取 C30 和 C31 两个监测点指标，通过学校信息化应用的重点——教学应用状况，来测算校际差异；在结果性指标中，抽取 C42 和 C43 两个监测点指标，分别通过学生信息技术课程考试优秀率和教师信息化教学能力优秀率予以比较。计算校际差异系数的核心指标如表 5-5 所示。

表 5-5　校际差异系数的核心监测点指标

一级指标	二级指标	抽取的核心监测点指标
A1	B4	C8
	B5	C9
A2	B6	C12
	B7	C14
		C16
	B8	C18
A3	B11	C30
	B12	C31
A4	B18	C42
	B19	C43

　　2）计算每个核心监测点指标的校际差异系数。差异系数是一组数据的标

准差与其算术平均数的比值，表 5-5 中共有 10 个核心监测点指标，通过问卷调查获取各项指标的数据，并对照省级教育统计年鉴对有关数据进行核准后，可以得到县域内所有义务教育学校在 10 个核心监测点指标上的 10 组数据，并分别计算出这 10 组数据的差异系数。

差异系数的计算公式为

$$CV = \frac{S}{\overline{X}} \tag{9}$$

式中，CV 为差异系数，S 为一组数据的标准差，$\overline{X}$ 为一组数据的算术平均值。

标准差的计算公式为

$$s = \sqrt{\frac{1}{N} \sum_{i=1}^{N} (x_i - x)^2} \tag{10}$$

式中，N 为一组数据的总个数，x_i 为各个数据值，x 为数据的平均值。

3）计算总差异系数，并将其作为县域义务教育信息化均衡发展指数。对以上 10 个监测点指标的差异系数求平均值，可以得出县域义务教育信息化均衡发展指数。该指数介于 0—1，值越小意味着均衡程度越高。

综上，基于差异系数的县域均衡指数法通过计算各核心监测点指标的校际相对差异评判均衡，首先计算各学校在 10 个核心监测点指标上的分项差异系数，然后计算总差异系数，最后将此系数作为县域义务教育信息化均衡发展指数。

第三节　县域义务教育信息化均衡发展监测实证检验

借鉴教育部评估义务教育发展基本均衡县的方法和国内有代表性的教育均衡及教育信息化均衡发展监测研究成果，本章提出了监测县域义务教育信息化均衡发展的基本思路和具体方法。基本思路是从校际均衡的角度出发，比较校际均衡度和校际差异状况，通过划定监测点标准阈值，来实现对县域义务教育信息化优质均衡发展进行监测的目的。具体方法即县域综合加权赋分法、学校综合加权赋分法和基于差异系数的县域均衡指数法。为通过实证研究进一步检验这 3 种监测方法的适用性，并对县域义务教育信息化均衡发展通用指标体系进行基于实证检验的调适和修正,本节选取陕西省安康市石泉县作为样本县,对县域义务教育信息化均衡发展开展了实证监测研究。

一、研究样本

本书构建县域义务教育信息化均衡发展通用指标体系并提出对其进行监测的基本思路和具体方法的初衷,是据此对陕西省任何一个县(市、区)的义务教育信息化均衡发展状况进行监测(当然,该体系和基本思路及具体方法也适用于任何其他区域范围或学校样本)。考虑到工作量,实证研究既需要控制样本数量,也需要尽量提高有限样本的代表性。在确定样本县时,本书遵循的原则为以下三个:一是在县域人口数量和教育规模上具有代表性;二是在教育信息化总体水平上具有代表性;三是在县域义务教育均衡发展方面具有代表性。综合考虑这三个方面,本节选取了石泉县为样本县,原则上是以该县所辖全部义务教育学校为样本学校,综合分析县级政府及教育部门推进义务教育信息化均衡发展的工作成效和校际信息化水平均衡状况。

1. 石泉县教育发展与教育信息化概况[①]

石泉县位于陕南安康的西部,北依秦岭、南枕巴山,地处秦巴腹地、汉水之滨,总面积1525平方千米,人口18.2万,属国家秦巴连片扶贫开发重点县。截至2017年12月,全县义务教育学校共30所,其中初中10所、小学20所(镇级中心小学11所,完全小学9所),小学在校生10 416人、初中在校生4401人。中小学适龄儿童、少年入学率均达100%,小学、初中巩固率分别为100%、99.53%,毕业合格率分别为100%和99.5%。石泉县于2009年实现"双高普九",2014年通过国家义务教育发展基本均衡县评估验收。

作为山区贫困县,石泉县的可支配财力有限,2018年,地方公共财政预算收入为1.29亿元,农村居民人均可支配收入为7675元、城镇居民人均可支配收入为25 747元,在陕西77个县(不含地级市辖区)中处于中下水平。县域内中小学布点比较分散,教师年龄结构性矛盾比较突出,尤其是缺乏优质教师,要在短期内实现学校布局的集中优化和教师资源的均衡配置十分困难。为此,

---

① 本部分的数据主要来源于石泉县人民政府网站,截止时间为2017年底。

石泉县高度重视教育信息化建设和应用工作，坚持以信息化带动教育现代化，以信息化推动县域教育均衡发展，以信息化实现城乡优质教育资源共享，走有质量、有内涵的均衡发展之路。2012 年，石泉县被教育部确定为全国首批教育信息化区域综合试点县；2018 年，石泉县获评全国教育信息化区域综合试点工作"优秀"等次。教育部对石泉县教育信息化工作的基本评价是：一是抓统筹，推动教育信息化一体化发展；二是建机制，促进信息化可持续发展；三是强培训，提升教师信息化教学能力；四是重应用，促进教育质量提升。[①]

总体来看，石泉县人口规模和教育体量适中，经济发展水平一般，综合背景情况在陕西省县域中的代表性较强。在教育发展方面，2014 年，石泉县首批通过了国家义务教育发展基本均衡县评估；在教育信息化方面，石泉县作为全国教育信息化区域综合试点工作县，具有较好的基础，也具有较强的代表性。以石泉县为研究样本监测县域义务教育信息化均衡发展状况，能够丰富县域经济发展水平欠发达地区的实证案例，对广大经济发展水平较低以及贫困县域推进教育信息化发展，具有良好的借鉴意义。石泉县作为首批义务教育发展基本均衡县和全国教育信息化区域综合试点工作县，对其开展实证监测研究，可以为教育及教育信息化优质均衡发展提供数据支撑和方法路径。诚然，教育的发展水平特别是教育信息化水平常常与区域社会经济总体水平呈正相关。人们普遍认为"只有发达地区才能建设一流教育信息化环境、办一流教育"，这种认识往往会导致经济欠发达地区产生一种先天的无力感或心理劣势，即经济欠发达地区的教育发展滞后是理所当然、难以超越的宿命。无疑，这不利于经济欠发达地区提升教育质量，也不利于区域之间的教育均衡发展，更不利于弥合区域间和阶层间的鸿沟及保障教育公平的政策伦理和教育正义。从这个角度来看，更应该关注和研究经济欠发达地区在教育均衡发展以及教育信息化发展中的经验和成效。

同时，从本书的逻辑结构上看，也需要对前文论及的义务教育信息化均衡发展维度、分析框架、指标模型与指标体系进行实证检验，以充分验证监测县域义务教育信息化均衡发展的方法论体系。

---

① 教育部. 关于第一批教育信息化试点验收结果的通报. http://www.moe.gov.cn/srcsite/A16/s3342/201802/t20180208_327102.html，（2018-01-02）[2020-10-08].

2. 学校样本选取

从石泉县义务教育学校中选取 21 所作为样本学校，其中初中 8 所（城区 2 所、乡镇 3 所、农村 3 所）、小学 13 所（城区 3 所、乡镇 3 所、农村 7 所），具体情况见表 5-6。

表 5-6　石泉县义务教育学校区域和数量分布　　　　　　单位：所

区域分布	小学	初中	合计
城区	3	2	5
乡镇	3	3	6
农村	7	3	10
合计	13	8	21

二、数据获取方法

根据县域义务教育信息化均衡发展的三种监测方法，需要收集两类数据：一是反映县级政府及教育部门推进县域义务教育信息化均衡发展工作成效的数据；二是反映各义务教育学校信息化发展水平的数据。县级政府及教育部门推进义务教育信息化均衡发展工作涉及的监测点指标较少，调研对象为样本县政府及教育行政部门，数据集中且易于采集，因此通过实地访谈的方式收集，并结合《2018 年陕西省教育事业发展统计公报》对数据进行比对核准。各义务教育学校信息化发展水平数据，主要通过问卷调研的方式获取。为保证样本学校数据的准确性，在正式发放调研问卷前，充分校验了问卷的效度和信度，并结合《2018 年陕西省教育事业发展统计公报》对数据进行比对，同时辅以电话访谈等方式对部分数据进行核对和修正。

三、问卷设计与调研实施

为准确采集数据，本书专门编制了"义务教育信息化均衡发展调研问卷"（附录 1）。县域义务教育信息化均衡发展指标体系中的每个监测点指标对应问卷中的一个题目，并按照监测点指标的数据分析要求，对题目的选项进行了结构化处理。针对质性监测点指标或需要人工处理数据的监测点指标，对题目进行精准描述，以提高问卷填报质量，保证数据准确真实。正式发送问卷后，根据填报情况，对个别存在明显纰误的问卷填报人进行了电话访谈，并从 21 所学校的原始问卷中，按照小学、初中学段比例和城区、乡镇、农村区域分布情况，抽取数据填报准确的 17 所小学和初中作为最终的监测数据分析样本（表 5-7）。

表 5-7　石泉县义务教育学校监测样本

小学	区域分布	初中	区域分布
石泉县城关第二小学	城区	石泉县第三中学	城区
石泉县城关第三小学	城区	石泉县城关中学	城区
石泉县城关第四小学	城区	石泉县池河初级中学	乡镇
石泉县城关镇中心小学	乡镇	石泉县喜河初级中学	乡镇
石泉县熨斗中心小学	乡镇	石泉县熨斗初级中学	乡镇
石泉县喜河镇中心小学	乡镇	石泉县饶峰中学	农村
石泉县后柳镇中心小学	农村	石泉县两河中学	农村
石泉县曾曦镇中心小学	农村	石泉县迎丰初级中学	农村
石泉县中坝小学	农村		

四、监测数据采集

根据本章提出的监测思路和方法，首先将收集的两类数据予以汇总，然后对照指标标准，分别应用三种监测方法进行数据处理和实证检验，最后检视结果。石泉县政府及教育部门推进义务教育信息化均衡发展工作成效的监测数据见表 5-8。由于学校样本数据量较大，下文只列出了石泉县城关第二小学（表 5-9）和石泉县第三中学（表 5-10）的监测数据，其余学校的监测数据见附录 2。

表 5-8　石泉县政府及教育部门推进义务教育信息化均衡发展工作成效的监测数据

监测点指标	原始数据
C1	2014 年通过国家义务教育发展基本均衡县验收
C2	国家级教育信息化区域试点工作获得优秀
C3	制定了《石泉县教育信息化三年行动计划》《石泉县教育信息化工作成果奖励指导意见》，从县域统筹、体制机制、教师队伍、信息化建设、信息化应用评估等方面明确政策要求，每年开展县级教育信息化工作督导

续表

监测点指标	原始数据
C5	成立了县长任组长的教育信息化领导小组，教育局内设信息化科和电教中心，岗位符合要求
C7	县教育局出台了三个"10%"的经费保障投入机制，即各校每年用于教师教育信息化能力提升的培训经费不得低于生均公用经费 10%、用于教育信息化设备运转维护和资源购置的经费不得低于生均公用经费 10%、用于信息技术与学科深度融合成果奖励的经费不得低于生均公用经费 10%。2016—2018 年全县教育信息化累计投入 1752 万元，以上三项经费分别为 561 万元、681 万元、510 万元

表 5-9　石泉县城关第二小学的监测数据

监测点指标	原始数据
C4	制定了信息化工作规划，内容充实完备
C6	建立了管理体制和信息化管理部门，设立了 1 个专职岗位
C8	2016—2018 年，生均信息化经费为 555 元
C9	信息技术专任教师数：学生数=1：747
C10	信息技术专任教师中，有 1 名具备中级职称，无县级以上骨干教师
C11	参加县级以上培训的教师占 20%以上，校本信息化培训覆盖 60%以上的教师
C12	义务教育学校班均网络带宽为 2.5M
C13	拥有 3 项网络信息安全防范技术
C14	终端设备班班通覆盖率为 40%
C15	生机比为 4：1
C16	师机比为 1：1
C17	经常访问国家级、省级和县级教育资源平台
C18	数字教育资源拥有量为 2000G
C19	拥有视频类课程资源、学科配套课件资源和电子图书文献资源
C20	教师个人空间开通率在 80%以上
C21	部署了 5 个信息管理系统
C22	未开通校园一卡通系统
C23	建有校园安全监控系统
C24	未开通学校门户网站和新媒体平台
C25	开通了校园电视台

续表

监测点指标	原始数据
C26	建成智慧教室，数字化美术教室、音乐教室和科学探究室各 1 间
C27	信息技术课程开课率为 100%
C28	80%的教师可开展信息化教学
C29	常规教室周均信息化教学 25 课时
C30	计算机教室周均排课量为 17 课时
C31	学生周均接受信息化教学 25 课时
C32	学生周均数字化学习时长差异小
C33	承担教育信息化科研课题 0 项
C34	通过 3 种方式开展校际网络教研活动
C35	实现了电子学籍管理
C36	实现统一身份认证
C37	未开设网络道德与信息安全课程
C38	利用信息化手段开展德育活动
C39	利用信息化手段开展课堂教学创新 1 项
C40	成立创新类社团
C41	合格
C42	各级各类信息化教学活动的教师参与率在 15%以上、获奖率在 15%以上
C43	通过率 100%
C44	优秀率 90%以上
C45	学校门户网站及新媒体平台的访问量 0 次
C46	利用信息化手段开展校际帮扶工作
C47	未利用信息化手段开展关爱留守儿童活动

表 5-10　石泉县第三中学的监测数据

监测点指标	原始数据
C4	制定了信息化工作规划
C6	建立了管理体制和信息化管理部门，设立了 2 个专职岗位
C8	2016—2018 年，生均信息化经费为 109 元

续表

监测点指标	原始数据
C9	信息技术专任教师数∶学生数=1∶311
C10	2 名信息技术专任教师均为中级职称，其中 1 名为县级骨干教师
C11	教师和管理人员参加县级以上培训的占 10%—20%，校本信息化培训覆盖率在 60%以上
C12	班均网络带宽为 7.4M
C13	拥有 1 项网络信息安全防范技术
C14	终端设备班班通覆盖率在 80%以上
C15	生机比为 8∶1
C16	师机比为 1∶1
C17	经常访问国家级、省级和县级教育资源平台
C18	数字教育资源拥有量为 500G
C19	拥有视频类课程资源、学科配套课件资源和电子图书文献资源
C20	教师个人空间开通率在 80%以上
C21	部署了 1 个信息管理系统
C22	开通了校园一卡通系统
C23	建有校园安全监控系统
C24	开通了门户网站，未开通新媒体平台
C25	开通了校园电视台
C26	建成数字化书法教室、美术教室和音乐教室各 1 间
C27	信息技术课程开课率为 100%
C28	80%的教师可开展信息化教学
C29	常规教室周均信息化教学 8 课时
C30	计算机教室周均排课量为 15 课时
C31	学生周均接受信息化教学 10 课时
C32	学生周均数字化学习时长差异小
C33	承担教育信息化科研课题 2 项
C34	通过 4 种方式开展校际网络教研活动
C35	实现了电子学籍管理、教师管理和电子公文系统 3 项管理信息化功能
C36	实现统一身份认证

监测点指标	原始数据
C37	未开设网络安全与网络道德课程
C38	利用信息化手段开展德育活动
C39	利用信息化手段开展课堂教学创新 1 项
C40	未成立创新类社团
C41	合格
C42	各级各类信息化教学活动的教师参加率在 15%以上、获奖率在 10%
C43	通过率为 80%—99%
C44	优秀率为 80%—90%
C45	学校门户网站访问量较少，新媒体平台访问量 0 次
C46	利用信息化手段开展校际帮扶工作
C47	利用信息化手段开展关爱留守儿童活动

五、监测方法应用及结果分析

经过实施调研和校核数据，分别应用县域综合加权赋分法、学校综合加权赋分法和基于差异系数的县域均衡指数法进行实证检验，结果如下。

1. 县域综合加权赋分法的应用与结果分析

县域综合加权赋分法是分别为县级监测点指标和学校监测点指标确定监测标准，县级监测点指标的监测标准为是否达到了监测点的工作要求或完成了相关工作任务，指标等级分为三级：高于达标要求、符合达标要求、低于达标要求，分别对应 1、0.81—0.99、0—0.8 的等级分值。原则上，县级监测点指标均应符合达标要求或高于达标要求；学校监测点指标以达标学校比例不低于 80%为监测基准，具体指标分值以实际达标率为准。举例来说，假如某一项基础性指标上的达标学校比例为 90%，那么该指标的等级分值就是 0.9；同理，假如某一项基础性指标上的达标学校比例为 70%，那么该指标的等级分值就是 0.7。这样能够将指标等级与学校达标率一致化，从而直观反映出县域内义务教育学校在某一项指标上的发展水平和均衡度。

　　在具体的分值计算上，县域综合加权赋分法是根据县域义务教育信息化均衡发展通用指标体系，按照指标基准为每一个监测点指标赋分，将同一个二级指标下的监测点指标的具体分值分别乘以该指标对应的权重并求和，就得出该二级指标的得分。同理，可计算得出各一级指标的得分。最后，各一级指标的得分乘以各自的权重再求和，即可得出县域义务教育信息化均衡发展的总体得分。详细计算方法已在本章第二节做了说明，不再赘述。

　　依据县级政府及教育部门和样本学校的原始监测数据，经过指标等级赋分和加权计算，石泉县义务教育信息化均衡发展县域综合加权赋分为 0.8319，说明县级政府及教育部门推进义务教育信息化工作达标，且县域内大多数义务教育学校的信息化发展水平也达标。计算结果详见表 5-11。

表 5-11　石泉县义务教育信息化均衡发展县域综合加权赋分情况

一级指标	一级指标加权分	二级指标加权分	二级指标	监测点指标加权分	监测点指标及权重	等级分值	县级工作达标情况或义务教育学校达标率（%）
A1	0.185 4	0.112	B1	1	C1（0.5）	1	高于达标要求
					C2（0.5）	1	高于达标要求
		0.099	B2	1	C3（0.5）	1	高于达标要求
					C4（0.5）	1	100
		0.174 12	B3	0.875	C5（0.5）	1	高于达标要求
					C6（0.5）	0.75	75
		0.262 65	B4	0.899 5	C7（0.33）	1	高于达标要求
					C8（0.67）	0.85	85
		0.223 94	B5	0.751 5	C9（0.34）	0.9	90
					C10（0.33）	0.6	60
					C11（0.33）	0.75	75
A2	0.227 5	0.185 47	B6	0.866 7	C12（0.667）	0.9	90
					C13（0.333）	0.8	80
		0.179 67	B7	0.816 7	C14（0.5）	0.8	80
					C15（0.333）	0.8	80
					C16（0.167）	0.9	90

一级指标	一级指标加权分	二级指标加权分	二级指标	监测点指标加权分	监测点指标及权重	等级分值	县级工作达标情况或义务教育学校达标率（%）
A2	0.227 5	0.225 86	B8	0.792 5	C17（0.125）	1	100
					C18（0.375）	0.83	83
					C19（0.375）	0.75	75
					C20（0.125）	0.6	60
		0.111 36	B9	0.64	C21（0.6）	0.8	80
					C22（0.2）	0.3	30
					C23（0.2）	0.5	50
		0.071 32	B10	0.666 6	C24（0.334）	0.6	60
					C25（0.333）	0.55	55
					C26（0.333）	0.85	85
A3	0.240 6	0.274 72	B11	0.825	C27（0.2）	1	100
					C28（0.2）	0.8	80
					C29（0.3）	0.75	75
					C30（0.3）	0.8	80
		0.053 6	B12	0.8	C31（0.8）	0.75	75
					C32（0.2）	1	100
		0.094 98	B13	0.725	C33（0.5）	0.6	60
					C34（0.5）	0.85	85
		0.160 8	B14	0.8	C35（0.5）	1	100
					C36（0.5）	0.6	60
		0.093 8	B15	0.7	C37（0.25）	0.4	40
					C38（0.75）	0.8	80
		0.093 8	B16	0.7	C39（0.5）	0.8	80
					C40（0.5）	0.6	60
A4	0.178 4	0.093	B17	1	C41（1.0）	1	100
		0.271 5	B18	0.75	C42（1.0）	0.75	75

续表

一级 指标	一级指标 加权分	二级指标 加权分	二级 指标	监测点指 标加权分	监测点指标 及权重	等级 分值	县级工作达标情况或 义务教育学校 达标率（%）
A4	0.178 4	0.299 48	B19	0.825	C43（0.5）	0.85	85
					C44（0.5）	0.8	80
		0.104 65	B20	0.575	C45（0.25）	0.8	80
					C46（0.5）	0.6	25
					C47（0.25）	0.3	10
县域综合加权分值					0.831 9		

2. 学校综合加权赋分法的应用与结果分析

学校综合加权赋分法是在县域综合加权赋分法的基础上，按照权重，将县域义务教育信息化均衡发展通用指标体系分成县级监测指标体系和学校监测指标体系。按照指标等级划分，0.8 为达标基准，当县级监测指标体系的加权分值在 0.072×0.8=0.057 6 以上时，说明县级政府及教育部门推进教育信息化均衡发展的工作达标；当学校监测指标体系的加权分值在 0.928×0.8=0.742 4 以上时，说明该学校的信息化发展水平达标。在县级监测指标体系的加权分值达标的前提下，通过比较各样本学校信息化发展水平分值标准差，来确定学校之间的信息化发展水平是否均衡。

结合表 5-3 和表 5-8 可以看出，石泉县在 C1、C2、C3、C5、C7 这 5 个监测点指标上均达到了最高等级分值，因此很容易得出石泉县推进义务教育信息化均衡发展工作水平分为 0.072，即最高分值，说明县级政府或县级教育部门推进义务教育信息化均衡发展工作达标且成效显著。

由于各学校在各个监测点指标上的原始数值不同，为了体现 0.8 的指标阈值，需要以此为基准进行标准化处理。对等于和大于指标标准阈值的数值，假设指标原始值为 x_i，$x_{\max}$ 和 x_s 分别为该组数据的最大值和指标阈值，则标准化后的指标等级值为

$$X = \frac{x_i - x_s}{x_{\max} - x_s} \times (1 - 0.8) + 0.8 \qquad (11)$$

对小于指标标准阈值的数值，假设指标原始值为 x_i，x_{min} 和 x_s 分别为该组数据的最小值和指标阈值，则标准化后的指标等级值为

$$X = 0.8 - (\frac{x_s - x_i}{x_s - x_{min}} \times 0.8) \qquad (12)$$

计算学校信息化发展水平分值的具体方法已在本章第二节做了说明，不再赘述。由于样本学校数据量较大，在此列出石泉县城关第二小学和石泉县第三中学的信息化发展水平赋值情况（表 5-12 和表 5-13），其余学校的情况见附录 2。经过详细的指标等级赋分和加权计算，这两所学校的信息化发展水平分值分别为 0.7844 和 0.7628，均高于 0.7424 的学校信息化水平达标阈值。

表 5-12　石泉县城关第二小学信息化发展水平综合加权赋分情况

一级指标	一级指标加权分	二级指标加权分	二级指标	监测点指标加权分	监测点指标及权重	等级分值
A1	0.117 7	0.039 6	B2	0.5	C4（0.5）	1
		0.099 5	B3	0.5	C6（0.5）	1
		0.195 64	B4	0.67	C8（0.67）	1
		0.250 26	B5	0.839 8	C9（0.34）	0.82
					C10（0.33）	0.8
					C11（0.33）	0.9
A2	0.228 9	0.179 75	B6	0.839 97	C12（0.667）	0.81
					C13（0.333）	0.9
		0.125 40	B7	0.569 98	C14（0.5）	0.3
					C15（0.333）	0.86
					C16（0.167）	0.8
		0.270 75	B8	0.95	C17（0.125）	0.8
					C18（0.375）	1
					C19（0.375）	1
					C20（0.125）	0.8
		0.153 12	B9	0.88	C21（0.6）	1
					C22（0.2）	0.6
					C23（0.2）	0.8

续表

一级指标	一级指标加权分	二级指标加权分	二级指标	监测点指标加权分	监测点指标及权重	等级分值
A2	0.228 9	0.085 58	B10	0.799 8	C24（0.334）	0.6
					C25（0.333）	0.8
					C26（0.333）	1
A3	0.245 12	0.277 39	B11	0.833	C27（0.2）	0.8
					C28（0.2）	0.8
					C29（0.3）	0.85
					C30（0.3）	0.86
		0.056 28	B12	0.84	C31（0.8）	0.85
					C32（0.2）	0.8
		0.104 8	B13	0.8	C33（0.5）	0.7
					C34（0.5）	0.9
		0.160 8	B14	0.8	C35（0.5）	0.8
					C36（0.5）	0.8
		0.100 5	B15	0.75	C37（0.25）	0.6
					C38（0.75）	0.8
		0.120 6	B16	0.9	C39（0.5）	0.8
					C40（0.5）	1
A4	0.192 65	0.074 4	B17	0.8	C41（1.0）	0.8
		0.333 04	B18	0.92	C42（1.0）	0.92
		0.344 85	B19	0.95	C43（0.5）	1
					C44（0.5）	0.9
		0.127 4	B20	0.7	C45（0.25）	0.6
					C46（0.5）	0.8
					C47（0.25）	0.6
综合分值				0.784 4		

注：各监测点指标的原始数据详见表 5-9，此表不再赘述

表 5-13　石泉县第三中学信息化发展水平综合加权赋分情况

一级指标	一级指标加权分	二级指标加权分	二级指标	监测点指标加权分	监测点指标及权重	等级分值
A1	0.113 48	0.039 6	B2	0.4	C4（0.5）	0.8
		0.099 5	B3	0.5	C6（0.5）	1
		0.146 73	B4	0.502 5	C8（0.67）	0.75
					C9（0.34）	0.95
		0.278 18	B5	0.933 5	C10（0.33）	1
					C11（0.33）	0.85
A2	0.240 27	0.196 19	B6	0.916 75	C12（0.667）	1
					C13（0.333）	0.75
		0.172 34	B7	0.783 35	C14（0.5）	0.8
					C15（0.333）	0.75
					C16（0.167）	0.8
		0.269 33	B8	0.945	C17（0.125）	0.8
					C18（0.375）	0.92
					C19（0.375）	1
					C20（0.125）	1
		0.128 76	B9	0.74	C21（0.6）	0.7
					C22（0.2）	0.8
					C23（0.2）	0.8
		0.088 45	B10	0.826 64	C24（0.334）	0.8
					C25（0.333）	0.8
					C26（0.333）	0.88
A3	0.224 28	0.247 42	B11	0.743	C27（0.2）	0.8
					C28（0.2）	0.8
					C29（0.3）	0.56
					C30（0.3）	0.85
		0.026 8	B12	0.4	C31（0.8）	0.3
					C32（0.2）	0.8
		0.121 18	B13	0.925	C33（0.5）	0.9
					C34（0.5）	0.95

续表

一级指标	一级指标加权分	二级指标加权分	二级指标	监测点指标加权分	监测点指标及权重	等级分值
A3	0.224 28	0.160 8	B14	0.8	C35（0.5）	0.8
					C36（0.5）	0.8
		0.100 5	B15	0.75	C37（0.25）	0.6
					C38（0.75）	0.8
		0.093 8	B16	0.7	C39（0.5）	0.8
					C40（0.5）	0.6
A4	0.184 72	0.074 4	B17	0.8	C41（1.0）	0.8
		0.318 56	B18	0.88	C42（1.0）	0.88
		0.313 99	B19	0.865	C43（0.5）	0.88
					C44（0.5）	0.85
		0.136 5	B20	0.75	C45（0.25）	0.6
					C46（0.5）	0.8
					C47（0.25）	0.8
综合分值				0.762 8		

注：各监测点指标的原始数据详见表 5-10，此表不再赘述

逐校加权赋分的结果显示，在 17 所样本学校中，石泉县城关第四小学、石泉县中坝小学等 5 所学校的信息化水平分低于 0.7424 的达标阈值，其余 12 所义务教育学校的信息化水平分均高于 0.7424（表 5-14）。其中小学的水平分标准差为 0.0395，初中的水平分标准差为 0.021，义务教育学校的水平分标准差为 0.0334。总体上校际水平分标准差较低，说明各义务教育学校信息化发展水平较均衡。

表 5-14　石泉县义务教育学校信息化发展水平分值及标准差

小学	分值	初中	分值
石泉县城关第二小学	0.7844	石泉县第三中学	0.7627
石泉县城关第三小学	0.7433	石泉县城关中学	0.7701
石泉县城关第四小学	0.6769	石泉县池河初级中学	0.7512
石泉县城关镇中心小学	0.7437	石泉县喜河初级中学	0.7419
石泉县熨斗镇中心小学	0.7026	石泉县熨斗初级中学	0.7653
石泉县喜河镇中心小学	0.7459	石泉县饶峰中学	0.8049

续表

小学	分值	初中	分值
石泉县后柳镇中心小学	0.7840	石泉县两河中学	0.7450
石泉县曾溪镇中心小学	0.7655	石泉县迎丰初级中学	0.7423
石泉县中坝小学	0.6893		
SD	0.0395	*SD*	0.0210
义务教育学校总体 *SD*			0.0334

3. 基于差异系数的县域均衡指数法的应用与结果分析

县域综合加权赋分法通过计算一个县域的总体分值，来衡量县域义务教育信息化均衡发展水平；学校综合加权赋分法通过计算每所学校的分值和校际分值标准差，来衡量县域义务教育信息化均衡发展水平。根据本章第二节对基于差异系数的县域均衡指数法的阐述，从背景性指标、条件性指标、过程性指标和结果性指标中，分别抽取量化性和代表性最大的 10 个核心指标，即 C8、C9、C12、C14、C16、C18、C30、C31、C42 和 C43，通过问卷调查获取各项核心指标的数据，对照省级教育统计年鉴对有关数据进行核准，然后计算每个核心指标的校际差异系数，便可以得到县域内所有义务教育学校在 10 个核心指标上的 10 组数据，分别计算出这 10 组数据的差异系数及其算术平均值，就可以得到县域义务教育信息化均衡发展指数，即基于差异系数的县域均衡指数。

经过详细计算，石泉县基于差异系数的县域均衡指数为 0.61（表 5-15）。从石泉县的具体情况来看，C8、C12、C18 等条件性指标的校际差异系数较大，而 C9、C14、C30、C31、C43 等背景性、过程性和结果性指标的校际差异系数较小。这直观地说明，石泉县校际义务教育信息化发展基本均衡，特别是信息技术的应用水平和应用效益方面的均衡度良好。之所以信息化经费投入和信息技术使用机会方面的校际差异相对较大，是因为石泉县着力提升教育信息化环境建设水平，部分学校追求更高的信息化设施设备条件，远远超出了省级基本要求，因此在普遍达标的基础上拉开了差距，但这种现象可以理解为追求优质均衡过程中的阶段性校际差异，是可以接受的。为了促进教育事业的可持续发展，必须允许有一部分学校不断追求卓越，而不是绝对化地追求均衡。正如在

表 5-15　基于差异系数的县域义务教育信息化均衡发展指数计算结果

样本学校	C8（元）	C9（教师数/学生数）	C12（M）	C14（%）	C16（学生数/计算机数）	C18（G）	C30（课时）	C31（课时）	C42（%）	C43（%）
城关第二小学	555	1/747	2.5	40	4	2000	17	25	15	90
城关第三小学	300	0/233	2.7	80	8	11	4	11	10	80
城关第四小学	275	1/279	7.14	80	1	0	4	12	0	40
城关镇中心小学	219	1/822	4.35	80	17	8	12	24	15	80
熨斗镇中心小学	412	1/946	4.8	80	9	150	16	15	15	40
喜河镇中心小学	1 347	1/282	4.3	80	7	75	6	11	15	40
后柳镇中心小学	761	1/486	11.8	80	10	50	8	30	10	90
曾曦镇中心小学	275	1/128	3.85	80	1	550	5	8	15	80
中坝小学	306	1/196	7.1	80	6	0	4	12	0	40
石泉县第三中学	109	1/311	7.4	80	8	500	15	8	15	90
城关中学	270	1/456	5	80	11	500	30	35	10	90
池河初级中学	426	1/306	7.14	80	8	1 000	25	25	5	80
喜河初级中学	1 436	1/282	4.3	80	1	50	8	20	15	60
熨斗初级中学	377	2/463	4.5	80	12	50	11	20	15	60
饶峰中学	625	1/316	35.7	80	11	2000	8	40	15	80
两河中学	375	1/476	3.2	80	5	400	16	30	0	90
迎丰初级中学	404	1/445	2.6	80	6	1 000	12	20	0	40
SD	370.56	0.0008	7.7704	0.0970	4.2857	656.83	7.435	9.65	0.0637	0.2118
M	498.35	0.0038	6.9635	0.7765	7.3529	490.82	11.823	20.35	0.1	0.6882
CV	0.743	0.207	1.116	0.124	0.582	1.338	0.628	0.474	0.637	0.307

总 CV　0.61

社会发展过程中，当大多数人达到普遍小康时，仍然要鼓励一部分人追求更高水平的生活质量一样。总体来看，从差异系数的角度分析石泉县义务教育信息化均衡发展状况，与县域综合加权赋分法和学校综合加权赋分法的结果达成了良好的一致性。

第四节　实证检验的结论：三种监测方法
具有可行性和一致性

基于第四章确立的县域义务教育信息化均衡发展通用指标体系，借鉴教育部实施的义务教育发展基本均衡县评估的思路和国内有关学者对教育均衡发展的实证测度方法，本书确定了县域义务教育信息化均衡发展监测的总体思路。在监测方法上，县域综合加权赋分法和学校综合加权赋分法需要依据指标原始数值进行标准化处理，以确定各指标的等级分值，进而加权计算得出综合分值，以综合分值是否达到 0.8 为评判是否均衡的标准。县域综合加权赋分法的监测重点是县级政府及教育部门推动义务教育均衡发展的工作成效和县域内义务教育学校信息化发展水平达标率；学校加权赋分法是在县级政府及教育部门推动义务教育均衡发展工作达标的基础上，分别计算义务教育学校信息化发展水平分值，通过各学校分值达标率和标准差反映均衡程度；基于差异系数的县域均衡指数法则通过计算各个监测指标在原始数值上的校际差异，来评判义务教育信息化是否均衡，其监测重点是校际相对均衡，可根据具体情况灵活设定差异系数区间。

本章最后以陕西省石泉县所辖义务教育学校为数据样本，对以上监测方法进行了实证检验，结论如下。

利用县域综合加权赋分法的综合分值为 0.8319，超出了 0.8 的达标阈值，说明石泉县义务教育信息化处于较高水平的均衡发展态势。

利用学校综合加权赋分法，得出石泉县推进义务教育信息化均衡发展工作水平加权分为 0.072，说明石泉县推进义务教育信息化均衡发展工作达标且成效显著。同时，县域内88%的义务教育学校的信息化水平分值均在达标基准之上，且校际分值标准差为 0.0334，说明石泉县义务教育学校的信息化均衡状况水平较高。

利用基于差异系数的县域均衡指数法，得出石泉县义务教育信息化均衡发展指数为 0.61，与教育部确定的小学和初中的校际差异系数分别小于或等于 0.65、0.55 进行比对，基本吻合，说明石泉县义务教育校际信息化发展基本均衡，信息技术的应用水平和应用效益方面的均衡度良好。同时也反映出，该县通过大力推进教育信息化环境建设，部分学校的信息化设施设备条件超出了省级基本要求。从部分条件性指标上看存在校际差异，实质上是各学校在积极追求优质均衡过程中的阶段性差异。通过部分学校的示范带动，事实上更有利于学校信息化的可持续发展。

石泉县是国家义务教育发展基本均衡县，也是国家级教育信息化区域试点优秀县。三种监测方法的实证结果与石泉县教育信息化发展水平实际情况的吻合度较好。这说明，本章提出的监测思路和监测方法是有效的、可行的。同时，应用这三种监测方法的结果具有良好的一致性和指向性，能够客观、直观地反映一个县域的义务教育信息化均衡发展水平和态势。因此，总体而言，本书提出的指标体系和监测方法，可以在实践中有效支撑县域义务教育信息化均衡发展监测工作，为大面积、常态化地开展义务教育信息化均衡发展监测提供了可行的方法论体系。

第六章

结　语

虽然县域义务教育均衡发展已经在理论层面达成了广泛共识，并在政策实践方面取得了有效进展，但作为义务教育均衡发展与教育信息化深度融合两大问题的交集，义务教育信息化均衡发展仍是一个在理论和实践两方面均亟待确立的研究方向。今后一段时期，促进县域义务教育优质均衡发展依然是我国教育事业的战略主题，教育信息化的泛在影响也必将更加显著。在这样的总体背景下，通过信息技术在教育领域的均衡配置和信息技术使用机会与应用能力及使用效果的均衡化，更好地促进县域义务教育优质均衡发展并有效消除新的数字鸿沟（尤其是因信息技术使用机会与应用能力不均衡而产生的技术应用鸿沟），既是教育研究的重要课题，也是事关教育技术学科存在合理性的重大命题。因此，义务教育信息化均衡发展，既需要在教育学和教育技术学的双重视野中完善理论框架，也需要建立有效的方法论体系以指导实践。以上认识构成了本书的逻辑起点，并演绎出了义务教育信息化均衡发展理论阐释、指标体系构建和监测方法设计等核心问题，即"为什么研究""要研究什么"。在此导引下，本书努力对这些问题做了深入阐述并开出了"处方"。

第一节　主要贡献和结论

任何研究都是以解决一定理论问题或实际问题为基本指向的，因此，研究者必须明确宣告自己解决了什么问题。[①]总体而言，本书主要解决了四个问题并形成了以下结论。

---

① 张立国. 虚拟学习社区交互结构研究. 西安： 陕西师范大学，2008.

一、确立了义务教育信息化均衡发展理论分析框架

受"义务教育均衡发展"这一强劲政策话语的影响，已有与教育信息化均衡发展相关的研究，主要是从信息技术或信息化手段如何促进基础教育均衡发展及如何促进义务教育均衡发展的角度，来阐述教育信息化与教育均衡发展的关系，即教育信息化对义务教育均衡发展具有正面影响，教育信息化能够有效促进义务教育均衡发展。这是"信息技术对教育具有重要影响"这一价值判断的演绎和延伸。从研究角度上，是将信息技术或教育信息化作为促进和影响义务教育均衡发展的因素及工具。显然，教育信息化是作为客体出现在义务教育信息化均衡发展研究中的。这种研究倾向固然有其合理性，但却忽视或弱化了教育信息化的主体性，不利于从整体上认识和把握义务教育信息化均衡发展问题。本书从主客体相统一的角度指出，义务教育信息化均衡发展实际上包含两个命题：一是教育信息化自身均衡发展问题（教育信息化作为主体）；二是以信息化促进教育均衡发展问题（教育信息化作为客体）。这两个问题构成了义务教育信息化均衡发展的两个维度，共同构成了义务教育信息化均衡发展的内涵，即主客体相统一的义务教育信息化均衡发展观，也可以将其理解为教育学和教育技术学视野相统一的义务教育信息化均衡发展认识论，这实际上厘清了义务教育信息化均衡发展"是什么"的问题，本书的所有内容均是对这一问题的深入阐述和具体分析。

二、建立了义务教育信息化均衡发展评价模型

因循着主客体相统一的义务教育信息化均衡发展认识论，本书确立了义务教育信息化均衡发展的双重评价维度，即义务教育信息化自身均衡和信息化促进义务教育均衡发展。为准确把握义务教育信息化均衡发展的核心要素，本书梳理了义务教育均衡发展的政策演进和内在逻辑，即从追求普及、基本均衡到优质均衡及城乡一体化发展，从区域均衡、城乡均衡到校际均衡与个体均衡。在当前东西部经济社会发展差距和城乡二元机制客观存在的背景下，区域均衡和城乡均衡最终表现为县域内学校间的大致均衡和学生个体间的均衡，只有在县域内的学校之间进行考察，才是可比较、可监测和可调适的。由此，将义务教育均衡发展的合理范围确定为县域内学校之间办学条件均衡、教育投入与教

师队伍等办学要素均衡、教学质量与学校发展水平均衡，以及个体之间的就学机会、学业成就和升学机会均衡，最终表现为个体的全面发展和均衡发展。

结合教育信息化的实践领域和表现形态，义务教育信息化自身均衡实质上是县域内学校之间和个体之间在信息技术使用机会与应用能力两个方面的大致均衡。信息技术使用机会均衡，即县域内所有学校和学生能够获得和享受基本均等的教育信息化设施设备及软硬件环境；信息技术应用能力均衡，即县域内所有学校的管理人员、教师和学生，在使用信息技术的基础能力方面大致均等，即人人具备应用信息技术开展学校管理、教育教学和数字化学习的基础能力。信息技术使用机会均衡有利于消除物理层面的"数字鸿沟"，而信息技术应用能力均衡有利于消除个体之间因技术使用机会差异带来的信息素养、数字化学习、信息化教学等信息化技能方面的使用鸿沟和能力鸿沟。

由以上两个评价维度出发，本书对义务教育信息化均衡发展的核心要素作了归类分析，指出信息化促进义务教育均衡发展的着力点，就是通过信息技术使用机会与应用能力的均衡化，提升教育质量、促进教师专业发展和学生全面发展，即技术应用结果的均衡化。信息技术使用机会、应用能力和应用结果普遍均衡化的过程，也就是达成主客体相统一的义务教育信息化均衡发展目标的过程。这是在义务教育信息化均衡发展"是什么"的基础上，进一步厘清其分析框架和基本要素，为构建义务教育信息化均衡发展指标体系和确定研究方法提供了理论基础。

三、构建了义务教育信息化均衡发展指标体系并论证了其适切性

指标体系构建及监测方法设计是从义务教育信息化均衡发展问题演绎出来的两个子问题。开展义务教育信息化均衡发展指标体系及监测方法研究，是为了使义务教育信息化均衡发展这一抽象概念具体化，并能在实践中被观察和测度。为科学构建义务教育信息化均衡发展指标体系，本书比较了系统模式、演绎与归纳模式、目标与问题模式、CIPP评价模式等的优势和局限，并最终提出了 IE-CCPO 模型。其中，IE 模型构成了义务教育均衡发展指标构建的表层结构，CCPO 模型构成了义务教育信息化均衡发展指标的深层结构，它们共同构成一个交互结构。

在此模型的指导下，本书从教育信息化自身均衡和信息化促进教育均衡两

个维度进行了指标归类分析，确定了县域义务教育信息化均衡发展通用指标体系，包含背景性指标、条件性指标、过程性指标、结果性指标 4 个一级指标和20 个二级指标、47 个监测点指标。为提高该指标体系的科学性和适切性，笔者通过四轮专家咨询和访谈，对该指标体系进行了修正和优化，并确定了各级指标的权重。该指标体系的功能是测度县域范围内义务教育学校信息化发展水平的校际均衡程度。为避免在实际监测中出现低水平均衡现象，笔者为每个监测点指标划定了达标"门槛"，既能测度信息化发展水平，也能测度校际均衡程度，以保障县域义务教育信息化均衡发展的质量和水平。

四、提出了有效可行的监测义务教育信息化均衡发展的思路与方法

以县域义务教育信息化均衡发展通用指标体系为监测依据，借鉴教育部实施的义务教育发展基本均衡县评估的思路和有关教育均衡发展的实证测度方法，本书提出监测县域义务教育信息化均衡发展的基本思路是监测县域内各义务教育学校信息化发展水平的校际均衡状况。接下来，本书以陕西省对基础教育信息化的省颁标准和指导性文件为主要依据，以陕西省教育信息化发展的总体态势和陕西省义务教育学校信息化总体水平均线为参照，综合划定了县域义务教育信息化发展水平的监测基准，为各个监测点指标的校际差异确立了比较标准，进而据此分析了校际均衡程度。

在监测方法上，本书基于综合加权赋分法和差异系数法提出了三种监测县域义务教育信息化均衡发展状况的具体方法，即县域综合加权赋分法、学校综合加权赋分法和基于差异系数的县域均衡指数法。县域综合加权赋分法的监测重点是县级政府及教育部门推动义务教育均衡发展的工作成效和县域内义务教育学校信息化发展水平达标率；学校综合加权赋分法是在县级政府及教育部门推动义务教育均衡发展工作达标的基础上，分别计算义务教育学校信息化发展水平分值，通过比较分值达标率和标准差反映均衡程度；基于差异系数的县域均衡指数法是先计算各学校在 10 个核心监测指标上的分项差异系数，然后计算总差异系数，并将此作为均衡发展指数。前两种方法需要对指标原始数值进行标准化处理，根据监测点指标的等级分值，加权计算得出综合分值，以综合分值作为评判均衡的标准（本书设定为 0.8）；基于差异系数的县域均衡指数法则通过计算各个监测指标在原始数值上的校际相对差异评判均衡程度，可根据具

体情况灵活设定差异系数区间。

本书以石泉县所辖义务教育学校为数据样本，对以上监测方法进行了实证检验，利用县域综合加权赋分法得出的综合分值为0.8319。利用学校综合加权赋分法得出的综合分值为0.9，均高于0.8的基准值，说明石泉县政府及教育部门的工作成效良好。同时石泉县内88%的义务教育学校的综合分值均在0.8以上，说明石泉县绝大多数义务教育学校的信息化发展水平超过了省颁标准，且校际分值标准差为0.0334，说明校际均衡状况很好.利用基于差异系数的县域均衡指数法得出的石泉县校际总差异系数为0.61，即均衡指数为0.61。石泉县是义务教育发展基本均衡县，也是国家级教育信息化区域试点优秀县，通过以上三种监测方法计算出的实证结果与石泉县的教育信息化发展情况吻合度良好。这也说明，本书提出的监测思路和监测方法是有效、可行的，且三种监测方法具有较好的一致性和可操作性，可以有效支撑大面积开展县域义务教育信息化均衡发展监测工作。

从实证检验结果来看，这三种方法具有良好的一致性，能客观、准确地反映样本县和样本学校的信息化发展水平与均衡态势，因此，可在实践中灵活选用。三种监测方法从不同的侧重点反映县域义务教育信息化均衡发展状况，都可以提供直观、客观的监测结果，有利于教育部门做出基于真实数据的教育决策和政策调适。这种基于真实数据的监测思路与新近兴起的数据密集型监测具有内在一致性，因此本书的研究也可视为数据密集型监测理论的一次具体实践。

第二节　主要创新点

一是深入、全面地分析了义务教育信息化均衡发展的内涵，确立了内在统一的义务教育信息化均衡发展理论分析框架，突破了将信息技术或教育信息化作为促进和影响义务教育均衡发展的因素及工具的研究倾向，有利于从整体上认识和把握义务教育信息化均衡发展问题，具有一定的理论创新意义。

二是突破了已有研究仅在理论层面、宏观层面讨论义务教育信息化均衡发展问题的局限，进一步将研究内容具体化、深入化，进一步将研究视角由宏观转向实践需要。为加强对"信息技术对教育具有重要影响"这一价值判断的确证，本书做出了积极的创新性探索，特别是选取石泉县的义务教育学校作为样本学校开展了实证研究，处理了数万条原始数据，基于大样本数据开展了数据密集型监测实践，这种研究取向也具有创新意义。

三是通过构建县域义务教育信息化均衡发展通用指标体系和提出监测县域义务教育信息化均衡发展的具体方法，初步形成了较为系统的县域义务教育信息化均衡发展的方法论体系，具体化了"义务教育信息化均衡发展"这一抽象概念，切实促进了县域义务教育信息化有水平、有质量、有效益的均衡发展。从教育信息化特别是义务教育信息化均衡发展的角度来看，这项工作目前还没有更为深入的研究成果，因此，本书构建的指标体系和监测方法具有开拓性和创新性，为大面积开展监测实践做出了积极有效的探索。

四是创新性地提出了义务教育信息化 IE-CCPO 模型，该模型既能指导指标体系的构建，还为审视教育信息化提供了新视角，对完善教育信息化理论有所裨益。

第三节　研究的不足及展望

义务教育信息化均衡发展是一个亟待确立的研究方向，也是一个具有复杂性和开拓性的研究领域。本书力图从理论和实践两方面对此问题进行尽可能全面和准确的认识，但囿于笔者学术水平和认识深度，难免存在一些不足。正视不足，不讳言短，是研究者理当秉持的学术态度。反思地看，本书可能存在三个方面的不足。

一是对义务教育信息化均衡发展的理论认识，需要进一步扩展深度和提升学术品位。本书从教育均衡、教育公平、教育现代化等多元视角审视了义务教育信息化均衡发展的内涵，但受笔者教育技术学背景和理科思维的影响，在理论思辨的深度上有所欠缺。

二是本书构建的县域义务教育信息化均衡发展通用指标体系，需要进一步提高指标的科学性和恰切性。本书在设计指标体系时累计开展了 100 多人次的专家咨询和访谈，虽然对于一名博士生而言，这些工作量已经十分繁重，但与丰富而复杂的教育情境相比，这些工作量仍是远远不够的，而且本书所提出的指标基准主要是以陕西的省颁标准和工作态势为参照，这也会影响指标体系的适用性。

三是本书选取一个县的 17 所义务教育学校作为样本，处理了数万条原始监测数据，对监测县域义务教育信息化均衡发展的基本思路和具体方法做了检验。虽然检验结果较为理想，但由于笔者精力有限，未能选择更多学校进行更大范围的实证检验，这既是本书研究的不足，也是"无奈的缺憾"。

察不足而后进。义务教育信息化均衡发展既是研究方向，也是实践领域。作为一项具体研究，本书后续应该从以上三个方面进一步开展持续跟进，以进一步完善义务教育信息化均衡发展监测方法论体系。作为一个实践领域，本书后续应当加强义务教育信息化均衡发展的实证研究，并在此基础上探索形成常态化、制度化的监测实践和政策导向。实施义务教育信息化均衡发展监测的价值在于两方面：一方面切实促进县域义务教育信息化实现有水平、有质量、有效益的均衡发展和可持续发展；另一方面通过教育信息化的均衡发展或信息技术要素的均衡配置，有效促进县域义务教育优质均衡和城乡一体化发展。长远来看，这既是完善教育基本公共服务的必然要求，也是加快城乡教育一体化发展的必然路径。

参考文献

巴巴拉·西尔斯，丽塔·里齐. 教学技术：领域的定义和范畴. 乌美娜等，译. 北京：中央广播电视大学出版社，1999.

陈昌盛，蔡跃洲. 中国政府公共服务：体制变迁与地区综合评估. 北京：中国社会科学出版社，2007.

陈卫东. 教育技术学视野下的未来课堂研究. 上海：华东师范大学，2012.

陈向明. 质的研究方法与社会科学研究. 北京：教育科学出版社，2000.

陈玉琨. 教育评价学. 北京：人民教育出版社，1999.

戴布拉·艾米顿. 知识经济的创新战略：智慧的觉醒. 金周英等，译. 北京：新华出版社，1998.

丁念金. 中国教育文化中的最高价值. 上海师范大学学报（哲学社会科学版），2012（2）：118-124.

董世华，范先佐. 我国县域义务教育均衡发展监测指标体系的构建：基于教育学理论的视角. 教育发展研究，2011（9）：25-29，34.

董焱，王秀军，张钰. 教育现代化发展评价指标体系研究. 教育发展研究，2012（21）：55-58.

冯建军. 教育基本理论研究20年（1990—2010）. 福州：福建教育出版社，2012.

冯娜，李玉顺，顾忆岚. 区域性数字资源应用环境评价指标的构建——基于北京教育资源网的区域性数字资源应用环境评估. 中国电化教育，2013（9）：89-94.

弗兰克·韦伯斯特. 信息社会理论（第三版）. 曹晋等，译. 北京：北京大学出版社，2006.

顾明远. 民族文化传统与教育现代化. 北京：北京师范大学出版社，1998.

顾小清，林阳，祝智庭. 区域教育信息化效益评估模型构建. 中国电化教育，2007（5）：23-27.

郭伟刚，李亚娟，岑健林，等. 学校教育信息化绩效评价模型的设计和应用. 中国电化教育，2010（4）：36-40.

郭元祥. 对教育公平问题的理论思考. 教育研究，2000（3）：21-24，47.

何克抗，李文光. 教育技术学（第二版）. 北京：北京师范大学出版社，2009.

胡小勇. 区域教育信息化可持续发展研究. 北京：北京师范大学出版社，2011.

经济合作与发展组织. 教育概览2013：OECD指标. 中国教育科学研究院，译. 北京：教育科学出版社，2014.

柯清超，郑大伟，曾颖欣，等. 基础教育领域数字教育资源的评价研究. 电化教育研究，2014（2）：55-61.

劳凯声. 变革社会中的教育权与受教育权：教育法学基本问题研究. 北京：教育科学出版社，2003.

劳凯声. 中国教育改革 30 年·政策与法律卷. 北京：北京师范大学出版社，2009.

李克东. 教育技术学研究方法. 北京：北京师范大学出版社，2003.

李良，刘智昂. 发达地区以信息化应用一体化促义务教育高位优质均衡发展的探索：以广东省中山市为例. 中国电化教育，2010（10）：45-48.

李玲. 构建城乡一体化的教育体制机制研究. 北京：经济科学出版社，2015.

李远远. 基于粗糙集的指标体系构建及综合评价方法研究. 武汉：武汉理工大学，2009.

理查德·斯科特. 制度与组织——思想观念与物质利益. 姚伟，王黎芳，译. 北京：中国人民大学出版社，2010.

梁林梅. 教育技术与绩效技术之关系探讨. 电化教育研究，2005（12）：15-19.

刘大椿. 在真与善之间：科技时代的伦理问题与道德抉择. 北京：中国社会科学出版社，2000.

刘精明. 国家、社会阶层与教育：教育获得的社会学研究. 北京：中国人民大学出版社，2005.

刘静. 基础教育质量监测：世界的趋势与中国的路径. 当代教育论坛，2014（5）：9-16.

刘清堂. 村镇教育信息资源区域服务的理论与实践. 北京：科学出版社，2013.

刘铁芳. 乡土的逃离与回归：乡村教育的人文重建. 福州：福建教育出版社，2011.

刘晓琳，经情霞. 学校信息化环境下教学创新的机制和策略——基于案例的研究. 中国电化教育，2016（4）：79-87.

柳海民，周霖. 义务教育均衡发展的理论与对策研究. 长春：东北师范大学出版社，2007.

柳夕浪. 从"素质"到"核心素养"——关于"培养什么样的人"的进一步追问. 教育科学研究，2014（3）：5-11.

楼世洲. 区域教育可持续发展指标体系研究. 北京：教育科学出版社，2012.

卢春，吴砥，周文婷. 苏州教育信息化发展指数研究. 中国教育信息化，2014（18）：34-41.

鲁林岳. 变革教育文化：教育改革的必由路径. 中国高等教育，2010（11）：23-25.

陆秀红. 数字化变革中崛起的新信息文化. 北京：人民出版社，2008.

罗伯特·J.马扎诺，约翰·S.肯德尔. 教育目标的新分类学（第二版）. 高凌飚等，译. 北京：教育科学出版社，2014.

罗刚. 基础教育均衡发展政策的价值分析. 上海：华东师范大学，2009.

吕巧平. 媒介化生存——中国青年媒体素质研究. 北京：中国传媒大学出版社，2011.

南国农. 教育技术学科建设——中国道路. 电化教育研究，2006（1）：6-9.

尼尔·波兹曼. 童年的消逝. 吴燕莛，译. 桂林：广西师范大学出版社，2004.

牛文明. 学科和课程的分化与综合研究. 西安：陕西师范大学，2011.

潘峰. 基于 AHP 方法的区域教育信息化水平评价. 沈阳大学学报，2008（3）：89-91.

庞娟. 地方公共品供给中的政府行为研究. 重庆：西南财经大学，2009.

蒲善荣. 高校教育信息化的评价指标体系设计动态研究. 电化教育研究，2009（1）：36-40.

秦炜炜. 大学教学支持服务体系发展研究. 南京：南京大学，2011.

石中英. 教育学的文化性格. 太原：山西教育出版社，2001.

司晓宏. 教育管理学论纲. 北京：高等教育出版社，2011.

司晓宏. 优化教育资源配置，促进西部农村义务教育优质发展. 教育研究，2009（6）：17-21.

苏君阳. 公正与教育. 北京：北京师范大学出版社，2008.

孙霄兵. 受教育权法理学：一种历史哲学的范式. 北京：教育科学出版社，2003.

孙霄兵，孟庆瑜. 教育的公正与利益——中外教育经济政策研究. 上海：华东师范大学出版社，2004.

孙艳，解月光，曾水兵. 农村中小学信息技术教育目标的反思与重构：基于城乡差异视角的分析. 中国电化教育，2007（10）：14-18.

谈松华. 促进教育持续、协调、均衡发展. 教育研究，2003（1）：10-11.

谈松华. 中国教育现代化的区域发展. 广州：广东教育出版社，2003.

田建荣. 科举教育的传统与变迁. 北京：教育科学出版社，2009.

王炳照. 中国教育改革30年·基础教育卷. 北京：北京师范大学出版社，2009.

王晨. 保守主义的大学理想. 北京：北京师范大学出版社，2010.

王华女. 多维视野下的基础教育课程质量监控机制研究. 长沙：湖南师范大学，2013.

王善迈，董俊燕，赵佳音. 义务教育县域内校际均衡发展评价指标体系. 教育研究，2013（2）：65-69.

王卫军. 教师信息化教学能力发展研究. 兰州：西北师范大学，2009.

王晓华. 媒介议程与公众认知——传播对人影响的实证研究. 北京：人民出版社，2013.

王奕标. 信息技术何以未能有效变革教育的框架分析——兼论技术变革教育的"社会变革中介论". 电化教育研究，2012（2）：12-15.

王佑镁. 文化差异与教育信息化可持续发展研究. 开放教育研究，2011（3）：74-80.

魏先龙，王运武. 中国教育信息化均衡发展研究. 北京：电子工业出版社，2015.

翁文艳. 教育公平与学校选择制度. 北京：北京师范大学出版社，2005.

邬焜. 信息哲学——理论、体系、方法. 北京：商务印书馆，2005.

邬志辉. 中国教育现代化新视野. 长春：东北师范大学出版社，2001.

吴东方. 复杂性理论观照下的教育之思. 西安：陕西师范大学，2009.

吴钢. 现代教育评价教程. 北京：北京大学出版社，2008.

吴海燕，蒋东兴，袁芳，等. 教育信息化绩效评价指标体系研究. 武汉大学学报（理学版），2012（S1）：48-52.

吴淑芳. 大学教育与人的创新素养发展——基于大学生活的社会学考察. 上海：华东师范大学，2013.

吴永和，陈丹，马晓玲，等. 学习分析：教育信息化的新浪潮. 远程教育杂志，2013（4）：11-19.

肖玉敏. 学校教育信息化评价指标体系初探——中小学校长的视角. 中国电化教育，2009（2）：25-29.

谢忠新. 学校信息化应用评估模型的研究. 上海：华东师范大学，2009.

熊才平，汪学均. 教育技术：研究热点及其思考. 教育研究，2015（8）：98-108.

杨东平. 从权利平等到机会均等——新中国教育公平的轨迹. 北京大学教育评论，2006（2）：2-11，189.

杨东平. 中国教育公平的理想与现实. 北京：北京大学出版社，2006.

杨现民，李冀红. 创客教育的价值潜能及其争议. 现代远程教育研究，2015（2）：23-34.

杨永贤，罗瑞. 国内外区域教育信息化效益评估述评. 中国教育信息化，2012（21）：14-16.

杨宗凯，吴砥. 教育信息化可持续发展能力建设问题. 现代远程教育研究，2012（2）：3-9.

衣俊卿. 现代性的维度及其当代命运. 中国社会科学，2004（4）：13-24，205.

于发友. 县域义务教育均衡发展研究. 济南：山东师范大学，2005.

余秀兰. 中国教育的城乡差异：一种文化再生产现象的分析. 北京：教育科学出版社，2008.

袁振国. 教育研究方法. 北京：高等教育出版社，2000.

袁振国. 建立教育发展均衡系数 切实推进教育均衡发展. 人民教育，2003（6）：11-13.

约翰·杜威. 民主主义与教育. 王承绪，译. 北京：人民教育出版社，2001.

翟博. 教育均衡论：中国基础教育均衡发展实证分析. 北京：人民教育出版社，2008.

詹姆斯·S.科尔曼. 科尔曼报告——教育机会公平. 汪幼枫，译. 上海：华东师范大学出版社，2019.

张晨婧仔，王瑛，汪晓东，等. 国内外教育信息化评价的政策比较、发展趋势与启示. 远程教育杂志，2015（4）：22-33.

张楚廷. 课程与教学哲学. 北京：人民教育出版社，2004

张传萍. 义务教育资源配置标准研究. 武汉：华中科技大学，2012.

张豪锋，孔凡士. 教育信息化评价. 北京：电子工业出版社，2005.

张进宝，黄荣怀，吴砥. 国际教育信息化发展报告：内容与结论. 开放教育研究，2014（4）：76-83.

张文耀. 西部高等教育与区域经济协调发展研究. 西安：西北大学，2013.

张武威，曾天山，黄宇星. 我国高校教育信息化重心转移：从硬技术向软技术创新. 高等工程教育研究，2014（5）：102-107，138.

张喜艳，解月光，魏俊杰，等. 教育信息化绩效特征结构解析. 中国电化教育，2011（8）：24-27.

张屹，朱莎，杨宗凯. 从技术视角看高等教育信息化——历年地平线报告内容分析. 现代教育技术，2012（4）：16-20，39.

张祖忻. 从教学设计到绩效技术. 中国电化教育，2000（7）：5-8.

赵立莹. 美国博士生教育质量评估体系发展研究. 武汉：华中科技大学，2009.

赵强社. 城乡基本公共服务均等化制度创新研究. 杨凌：西北农林科技大学，2012.

赵晓声. 教育信息化服务的内涵、层次与现实发展——对教育信息化本质的新认识. 中国电化教育，2012（7）：33-37.

赵晓声. 中小学和幼儿园教育信息化评价：教育视野与需求导向. 电化教育研究，2014（6）：51-57.

赵晓声，白浩. 中小学信息化评价指标体系的构建研究. 中国信息技术教育，2015（18）：82-85.

郑燕林. 美国高校实施创客教育的路径分析. 开放教育研究，2015（3）：21-29.

郑也夫. 吾国教育病理. 北京：中信出版社，2013.

钟志贤. 面向知识时代的教学设计框架——促进学习者发展. 上海：华东师范大学，2004.

周旭. 重庆市城乡教育一体化指标体系研究. 重庆：西南师范大学出版社，2014.

朱家存. 教育均衡发展政策研究. 北京：中国社会科学出版社，2003.

朱旭东，胡艳. 中国教育改革 30 年·教师教育卷. 北京：北京师范大学出版社，2009.

朱永新. 创新教育论. 南京：江苏教育出版社，2001.

祝智庭，孙妍妍. 创客教育：信息技术使能的创新教育实践场. 中国电化教育，2015（1）：14-21.

附录1　义务教育信息化均衡发展调研问卷

说明：为客观了解陕西省义务教育信息化均衡发展状况，专门开展本次调研。本次调研对象为义务教育阶段学校（不含教学点），由县级教育部门组织县域内全部小学和初中填写，每所学校填写一份问卷。本次调研不涉及任何实质性的督导或考核，也不会对学校产生任何不良影响，问卷信息将依据国家有关法律进行保密。请县（市、区）教育局和义务教育阶段各学校消除顾虑，按期认真填写，确保数据真实、情况准确。调研组对各级教育部门、各学校的配合与支持表示感谢！

填写咨询人：_____

（为确保各项数据填写准确，建议学校由校长组织教务、总务、信息化等部门和信息技术及各学科教师共同填写本问卷）

学校所在县（市、区）：_____县/市/区

学校名称：_____

学校类型：　　　　□小学　　　　　　　□初中

学校所在区域：　　□城区（县级政府所在地）□乡镇（乡镇政府所在地）

　　　　　　　　　□农村

在职教师数：_____在籍学生数：_____班级数：_____

教室总数：_____功能部室总数：_____

（功能部室是除普通教室以外，具有不同教育教学功能的其他各类部室，但不含行政办公室。此处统计包括国家统一要求建设的部室和学校自建特色部室的总数）

一、学校信息化政策规划与保障机制

1. 学校是否建立了以校长为第一责任人的信息化管理体制：□是　□否

2. 2016—2018 年，学校是否制定了教育信息化工作规划：□是　□否

3. 学校是否成立了信息化管理部门 ：□是　□否

   如选择是，学校负责信息化工作的管理部门名称是_____，共有负责信息化管理和运维保障专职岗位（不含信息技术专任教师）_____人。

4. 学校有信息技术专任教师_____人，其中大学本科以上学历的有_____人，高级职称的有_____人，中级职称的有_____人。

   学校信息技术专任教师中，有县级以上信息技术学科带头的有_____人，骨干教师及教学能手共计_____人。（以上各项可填写 0）

5. 学校是否制定或明确了信息化工作制度和绩效考核办法：□是　□否

   如选择是，请在下列选项中打钩（可多选）：

   □将学校信息化建设、运行维护和工作经费列入年度预算

   □制定了信息化运维业务岗位绩效考核办法，绩效水平不低于学校管理岗位平均水平

   □建立了教师信息化应用考核制度，将信息化应用能力纳入教师考评

   □制订了学校信息化培训计划

   □其他，请注明_____

6. 请填写近三年学校信息化经费投入情况：2016 年_____万元，2017年_____万元，2018 年_____万元。

7. 学校本年度在信息化方面的经费投入占本年度学校教育总经费（不含人员工资）的比例为：

   A. 0　　　　　　　　B. 小于 5%　　　　　　C. 5%—10%

   D. 10%—15%　　　　E. 15%以上

   请大致列出本年度学校信息化投入情况（总计为 100%）：网络接入经费占___ %；终端设备购买经费占___ %；数字资源和软件平台建设经费

占___ %；学校信息化环境运维经费占___ %；教师培训经费占___ %；课题研究及各类信息化竞赛活动经费占___ %；其他占___ %。

8. 近一年，校级领导参加的信息化相关培训有（可多选）：

☐无　　☐国家级培训　　☐省级培训　　☐市级培训　　☐县级培训

9. 近一年，参加县级及以上教育信息化培训的教师比例为（即参加培训教师数与学校教师总数之比，下同）：

A. 0　　　　　　　　B. 小于5%　　　　　　C. 5%—10%

D. 10%—20%　　　　　E. 20%以上

近一年，学校组织的校本信息化培训次数为____次，参加的教师比例为：

A. 0　　　　　　　　B. 小于20%　　　　　C. 20%—40%

D. 40%—60%　　　　　E. 60%以上

二、学校信息化建设

（一）宽带网络

10. 学校网络总带宽为_____M，学校有线网络总接入点（包括教室、功能部室和办公室等公共区域接入点）共_____个，各个接入终端使用带宽为_____M。（不到1 M可填写kbps）

11. 学校是否实现了教学和办公区域无线网络全覆盖？☐是　☐否

如果是，请填写无线网络峰值带宽___ M。

12. 学校网络安全系统的主要功能有（可多选）：

☐无　　　　　　　　☐信息过滤　　　　　　☐网络防病毒

☐网络故障监测　　　☐入侵监测　　　　　　☐数据备份和容灾

☐其他，请列出_____

（二）终端设备

13. 学校接入多媒体终端设备的部室比例为：

A. 小于20%　　　　　B. 20%—40%　　　　　C. 40%—60%

D. 60%—80%　　　　　E. 80%以上

14. 部室多媒体终端设备比例：

触控一体机占____%，电子白板占____%，投影幕布占____%

15. 学校生机比（即学生用计算机总数与学生总数的比值）为_____，师机比（即教师用计算机总数与教师总数的比值）为_____。其中不同类型的学生用计算机比例为：台式机占___%，笔记本电脑占___%，平板电脑占___%，其他占___%；不同类型的教师用计算机比例约为：台式机占___%，笔记本电脑占___%，平板电脑占___%，其他占___%

（三）数字教育资源

16. 学校是否通过国家和陕西省数字教育资源服务平台（即陕西教育人人通综合服务平台）获取教育教学资源服务？

□是　　□否

17. 学校是否通过县级数字教育资源服务平台获取教育教学资源服务？

□是　　□否

18. 学校是否建有校本数字教育资源库？

□是　　□否

如选是，学校校本数字教育资源总量为___ G，其中：视频类资源总量为___ G，课件类资源总量为___ G，数字文献类及素材类资源总量为___ G，电子图书总量为___册。

（四）管理平台和系统

19. 学校是否建立了校园一卡通？ □是　　□否

20. 学校接入或建设的教育管理信息系统主要有（可多选）：

□电子学籍系统　　　□电子公文系统　　　□校务办公系统

□教务管理系统　　　□教师管理系统　　　□学生资助系统

□其他，请注明_____

21. 教师个人网络空间开通率（包括在各级平台上开通的网络空间）为_____。（计算方式为开通个人空间的教师数与教师总数之比）

A. 小于20%　　　　　B. 20%—40%　　　　　C. 40%—60%

D. 60%—80%　　　　　E. 80%以上

22. 是否开通学校门户网站？

□是　　　□否

23. 学校是否建立了校园安全监控系统？

□是　　　□否

如选是，覆盖范围（可多选）为：

□校门　□教学楼　　□办公区　　□操场　□生活区

□其他，请注明_____

（五）新媒体与新技术

24. 学校是否开通官方微博？□是，请注明微博号_____　□否

25. 学校是否开通官方微信？□是，请注明微信号_____　□否

26. 学校是否开通了校园电视台？□是　　□否

27. 学校是否开展了智慧教室和创新类部室建设（可多选），并在横线处标明数量（间）：

□无　　□智慧教室____　　□机器人实验室____　　□创客实验室____

□数字化探究实验室____　　□书法多媒体教室____

□美术多媒体教室____　　□音乐多媒体教室____

□其他，请注明名称及数量：_____

三、学校信息化应用

（六）教学应用

28. 学生信息技术课程开课率（开设信息技术课程的班级数/班级总数，小学填写三至六年级的开课率，初中填写七至九年级的开课率）：

A. 小于 20%　　　　B. 20%—40%　　　　C. 40%—60%

D. 60%—80%　　　　E. 80%—99%　　　　F. 100%

29. 各学科每周开展信息化教学的总课时约为___课时/周。（信息化教学是与传统教学相对而言，以信息技术支持为显著特征的教学形态，一课时为 40—45 分钟，下同）

30. 每个教学班平均每周开展信息化教学的课时约为___课时/周（指每个教学班每周利用信息化设备开展教学的平均总课时），占总课时的比例为：

    A. 小于 20%   B. 20%—40%   C. 40%—60%

    D. 60%—80%   E. 80%以上

31. 学校每间计算机教室平均每周排课量约为___课时。

32. 学校能够利用信息技术开展教学的学科教师比例为___：

    A. 小于 20%   B. 20%—40%   C. 40%—60%

    D. 60%—80%   E. 80%以上

33. 学校是否开设了信息技术、科学、科技等拓展类的综合课程（STEAM课程）？

    □否   □是，请列出课程名称：＿＿＿＿＿＿＿

（七）教研应用

34. 近一个学年,学校承担县级以上教育信息化(信息技术)科研课题___项（如未承担，填写 0）。

35. 近一个学年，学校直接参与县级以上教育信息化（信息技术）科研课题研究的教师约___人。

36. 学校开展网络教研的方式有（可多选）：

    □无   □开展校内研讨   □开展跨校网络研讨

    □观看名师课堂 □参与名师网络工作室 □其他，请注明＿＿＿＿＿

（八）管理应用

37. 学校常用的管理信息系统有（可多选）：

    □无   □教学教研信息管理   □图书信息管理

    □办公自动化管理   □设备资产信息管理   □人事信息管理

    □后勤服务信息管理   □学生信息管理   □档案信息管理

    □财务信息管理   □教学资源管理   □其他，请注明＿＿＿＿

38. 学校常用的管理信息系统是否实现统一身份认证：

    □是   □否

39. 学校各类管理信息系统实现的功能有（可多选）：

☐无　　　　　　　☐部门工作总结　　　☐部门绩效考核

☐学校规划制定　　☐学情分析　　　　　☐教师个人绩效考核

☐业务流程重组和再造☐家校互动　　　　☐其他，请注明＿＿＿＿＿

40. 校园一卡通实现的功能（可多选）：

☐无　　☐学生证　☐教职工证　　　　☐图书证

☐餐卡　☐考勤卡　☐家校通卡　　　　☐门禁卡

☐其他，请注明＿＿＿＿＿＿

（九）德育应用

41. 学校是否开设了网络安全与网络道德相关课程？

☐否　　☐是，请列出课程名称＿＿＿＿＿＿

42. 学校利用信息化手段开展德育活动的形式有：

☐无　　☐有，请列举＿＿＿＿＿＿

（十）创新应用

43. 学校利用信息化手段开展课堂教学创新情况：

☐无　　☐翻转课堂　☐在线学习　　　☐项目式学习

☐小组协作学习　　☐跨学科学习　　　☐其他，请列出＿＿＿＿＿

44. 学校是否成立了创新类的学生社团？（如机器人社团等）

☐否　　　　　　　☐有，请列举＿＿＿＿＿

45. 学校是否开展了创新类的教育教学活动？（如科技节等）

☐否　　　　　　　☐有，请列举＿＿＿＿＿

四、学校信息化工作成效

（十一）教师发展

46. 近一年，学校参与各级各类信息化教学大赛和信息化相关竞赛活动的教师人数（次）占学校教师总数的比例为：

A. 0　　　　　　　B. 小于5%　　　　　C. 5%—10%

D. 10%—15%　　　　　E. 15%以上

获得县级以上奖励（含市级）的人数（次）占参赛教师总数的比例为：

A. 0　　　　　　　　B. 小于 5%　　　　　C. 5%—10%

D. 10%—15%　　　　　E. 15%以上

（十二）学生发展

47. 近三年学生信息技术学业水平考试通过率为：

A. 小于 60%　　　　　B. 60%—70%　　　　C. 70%—80%

D. 80%—99%　　　　　E. 100%

其中优秀率（85 分以上）为：

A. 小于 40%　　　　　B. 40%—60%　　　　C. 60%—80%

D. 80%—90%　　　　　E. 90%以上

48. 近三年学校组织学生参加的各类信息技术竞赛活动有：

□无　　　　　　　　□信息技术奥林匹克竞赛

□电脑制作活动　　　□NOC 创新实践活动　□创客创意大赛

□机器人大赛　　　　□科技创新大赛　　　□其他，请列出：_____

49. 近三年，学校参加以上各类信息技术相关竞赛活动的学生人次占学生总数的比例为：

A. 0　　　　　　　　B. 小于 5%　　　　　C. 5%—10%

D. 10%—15%　　　　　E. 大于 15%

获得县级以上奖励的学生人次占参赛人数的比例为：

A. 小于 20%　　　　　B. 20%—40%　　　　C. 40%—60%

D. 60%—80%　　　　　E. 80%以上

（十三）学校发展与社会服务

50. 近一年，学校门户网站访问量为_____人次（如未开通门户网站，填写 0）；学校官方微博浏览量为_____人次（如未开通官方微博，填写 0）；学校官方微信关注量为_____人次（如未开通官方微信，填写 0）。

51. 是否与其他学校开展了校际协作或帮扶工作?

　　□否　　　　　　　　□是，请注明工作情况_____

52. 是否通过信息化手段开展了弱势学生或留守儿童关爱活动?

　　□否　　　　　　　　□是，请注明工作情况_____

附录 2　其余样本学校监测数据与综合加权赋分表

石泉县城关第三小学信息化发展水平综合加权赋分情况

一级指标	一级指标加权分	二级指标	二级指标加权分	监测点指标及权重	监测点指标加权分	等级分值	监测数据
		B2	0.039 6	C4（0.5）	0.4	0.8	制定了信息化工作规划
		B3	0.099 5	C6（0.5）	0.5	1	建立了管理体制和信息化管理部门，设立了 1 个专职岗位
		B4	0.195 64	C8（0.67）	0.67	1	2016—2018 年，生均信息化经费为 300 元
A1	0.108 1			C9（0.34）		0.72	信息技术专任教师数∶学生数=1∶233
		B5	0.202 76	C10（0.33）	0.680 4	0.6	信息技术专任教师中无中级以上职称及骨干教师
				C11（0.33）		0.72	参加县级以上培训的教师占20%,校本信息化培训覆盖 60%以上的教师
		B6	0.182 61	C12（0.667）	0.853 31	0.83	班均网络带宽 2.7 M
				C13（0.333）		0.9	拥有 3 项网络信息安全防范技术
		B7	0.174 54	C14（0.5）	0.793 34	0.8	终端设备班班通覆盖率在80%以上
				C15（0.333）		0.78	生机比为 8∶1
				C16（0.167）		0.8	师机比为 1∶1
A2	0.223 1	B8	0.219 09	C17（0.125）	0.768 75	0.8	经常访问国家级、省级和县级教育资源平台
				C18（0.375）		0.7	数字教育资源总量为 11G
				C19（0.375）		0.75	拥有视频类课程资源和学科配套课件资源
				C20（0.125）		1	教师个人空间开通率在 80%以上
		B9	0.144 77	C21（0.6）	0.832	0.92	部署了 4 个信息管理系统
				C22（0.2）		0.6	未开通校园一卡通系统
				C23（0.2）		0.8	建有校园安全监控系统

续表

一级指标	一级指标加权分	二级指标	二级指标加权分	监测点指标及权重	监测点指标加权分	等级分值	监测数据
A2	0.223 1	B10	0.073 11	C24（0.334）	0.683 25	0.6	未开通门户网站
				C25（0.333）		0.6	未开通校园电视台
				C26（0.333）		0.85	建有美术和音乐数字化教室各1间
A3	0.224 8	B11	0.235 76	C27（0.2）	0.708	1	信息技术课程开课率为100%
				C28（0.2）		0.8	80%的教师可开展信息化教学
				C29（0.3）		0.56	常规教室周均信息化教学1课时
				C30（0.3）		0.6	计算机教室周均排课量为4课时
		B12	0.043 42	C31（0.8）	0.648	0.56	学生周均接受信息化教学8课时
				C32（0.2）		1	学生周均数字化学习时长差异小
		B13	0.104 8	C33（0.5）	0.8	0.7	承担教育信息化科研课题0项
				C34（0.5）		0.9	通过3种方式开展校际网络教研活动
		B14	0.160 8	C35（0.5）	0.8	0.8	实现1项信息化管理功能
				C36（0.5）		0.8	实现统一身份认证
		B15	0.100 5	C37（0.25）	0.75	0.6	未开设网络安全与道德课程
				C38（0.75）		0.8	利用信息化手段开展德育活动
		B16	0.107 2	C39（0.5）	0.8	0.8	开展信息化教学创新1项
				C40（0.5）		0.8	开展创新类教育教学活动
A4	0.187 3	B17	0.093	C41（1.0）	1	1	合格
		B18	0.325 8	C42（1.0）	0.9	0.9	各级各类信息化教学活动的教师参加率在15%以上、获奖率为5%
		B19	0.308 55	C43（0.5）	0.85	0.95	通过率为80%
				C44（0.5）		0.75	优秀率为80%
		B20	0.127 4	C45（0.25）	0.7	0.6	学校门户网站及新媒体平台的访问量为0
				C46（0.5）		0.8	利用信息化手段开展了校际帮扶工作
				C47（0.25）		0.6	未利用信息化手段开展关爱留守儿童活动
综合分值					0.743 3		

石泉县城关第四小学信息化发展水平综合加权赋分情况

一级指标	一级指标加权分	二级指标	二级指标加权分	监测点指标及权重	监测点指标加权分	等级分值	监测数据
		B2	0.039 6	C4（0.5）	0.4	0.8	制定了信息化工作规划
		B3	0.099 5	C6（0.5）	0.5	1	建立了管理体制和信息化管理部门，设立了1个专职岗位
		B4	0.195 64	C8（0.67）	0.67	1	2016—2018年，生均信息化经费为275元
A1	0.113 06			C9（0.34）		1	信息技术专任教师数：学生数=1：279
		B5	0.227 20	C10（0.33）	0.762 4	0.6	信息技术专任教师中无中级以上职称及骨干教师
				C11（0.33）		0.68	参加县级以上培训的教师占10%，校本信息化培训覆盖30%的教师
		B6	0.194 75	C12（0.667）	0.910 03	0.94	班均网络带宽为7.14M
				C13（0.333）		0.85	拥有3项网络信息安全防范技术
				C14（0.5）		0.8	终端设备班班通覆盖率在80%以上
		B7	0.190 65	C15（0.333）	0.866 6	1	生机比为1：1
				C16（0.167）		0.8	师机比为1：1
				C17（0.125）		0.6	经常访问省级和县级教育资源平台
A2	0.210 55	B8	0.167 44	C18（0.375）	0.587 5	0.6	无数字资源
				C19（0.375）		0.6	无数字资源
				C20（0.125）		0.5	教师个人空间开通率为40%
				C21（0.6）		0.8	部署了2个信息管理系统
		B9	0.132 24	C22（0.2）	0.76	0.6	未开通校园一卡通系统
				C23（0.2）		0.8	建有校园安全监控系统
				C24（0.334）		0.6	未开通门户网站
		B10	0.064 2	C25（0.333）	0.6	0.6	未开通校园电视台
				C26（0.333）		0.6	无

续表

一级指标	一级指标加权分	二级指标	二级指标加权分	监测点指标及权重	监测点指标加权分	等级分值	监测数据
		B11	0.224 44	C27（0.2）	0.674	0.8	开课率为100%
				C28（0.2）		0.8	50%的教师可开展信息化教学
				C29（0.3）		0.56	常规教室周均信息化教学1课时
				C30（0.3）		0.62	计算机教室周均排课量为4课时
		B12	0.040 74	C31（0.8）	0.608	0.56	学生周均接受信息化教学1课时
				C32（0.2）		0.8	学生周均数字化学习时长差异小
A3	0.217 77	B13	0.102 18	C33（0.5）	0.78	0.7	承担教育信息化科研课题0项
				C34（0.5）		0.86	通过2种方式开展校际网络教研活动
		B14	0.173 87	C35（0.5）	0.865	0.93	实现了2项信息化管理功能
				C36（0.5）		0.8	实现了统一身份认证
		B15	0.080 4	C37（0.25）	0.6	0.6	未开设网络安全与道德课程
				C38（0.75）		0.6	未利用信息化手段开展德育活动
		B16	0.107 2	C39（0.5）	0.8	0.8	开展信息化教学创新1项
				C40（0.5）		0.8	开展创新类教育教学活动
A4	0.135 56	B17	0.093	C41（1.0）	1	1	合格
		B18	0.235 3	C42（1.0）	0.65	0.65	各级各类教师信息化活动的参加率和获奖率均为0
		B19	0.181 5	C43（0.5）	0.5	0.6	通过率小于60%
				C44（0.5）		0.4	优秀率小于40%
		B20	0.109 2	C45（0.25）	0.6	0.6	校园门户网站和新媒体平台的访问量为0
				C46（0.5）		0.6	未利用信息化手段开展校际帮扶工作
				C47（0.25）		0.6	未利用信息化手段开展关爱留守儿童活动
综合分值					0.676 9		

石泉县城关镇中心小学信息化发展水平综合加权赋分情况

一级指标	一级指标加权分	二级指标	二级指标加权分	监测点指标及权重	监测点指标加权分	等级分值	监测数据
		B2	0.039 6	C4（0.5）	0.4	0.8	制定了信息化工作规划
		B3	0.099 5	C6（0.5）	0.5	1	建立了管理体制和信息化部门，设立了1个专职岗位
		B4	0.195 64	C8（0.67）	0.67	1	2016—2018年，生均信息化经费为219元
A1	0.112 93			C9（0.34）		0.78	信息技术专任教师数：学生数=1：822
		B5	0.226 54	C10（0.33）	0.760 2	0.6	信息技术专任教师中无中级以上职称及骨干教师
				C11（0.33）		0.9	参加县级以上培训的教师占20%，校本信息化培训覆盖60%的教师
		B6	0.189 05	C12（0.667）	0.883 4	0.95	班均网络带宽为4.35M
				C13（0.333）		0.75	拥有1项网络信息安全防范技术
				C14（0.5）		0.8	终端设备班班通覆盖率为80%
		B7	0.165 01	C15（0.333）	0.750 05	0.65	生机比为17：1
				C16（0.167）		0.8	师机比为1：1
				C17（0.125）		0.8	经常访问国家级、省级和县级教育资源平台
A2	0.212 69	B8	0.204 49	C18（0.375）	0.717 5	0.6	数字教育资源拥有量为8G
				C19（0.375）		0.78	拥有学科配套课件资源和电子图书文献资源
				C20（0.125）		0.8	教师个人空间开通率在80%以上
				C21（0.6）		0.75	部署了1个信息管理系统
		B9	0.127 02	C22（0.2）	0.73	0.6	未开通校园一卡通系统
				C23（0.2）		0.8	建有校园安全监控系统
				C24（0.334）		0.8	开通了校园门户网站
		B10	0.071 35	C25（0.333）	0.666 8	0.6	未开通校园电视台
				C26（0.333）		0.6	未建设创新类部室

一级指标	一级指标加权分	二级指标	二级指标加权分	监测点指标及权重	监测点指标加权分	等级分值	监测数据
		B11	0.271 40	C27（0.2）	0.815	0.8	开课率为 100%
				C28（0.2）		0.8	80%的教师可开展信息化教学
				C29（0.3）		0.83	常规教室周均信息化教学 24 课时
				C30（0.3）		0.82	计算机教室周均排课量为 12 课时
		B12	0.055 21	C31（0.8）	0.824	0.83	学生周均接受信息化教学 24 课时
				C32（0.2）		0.8	学生周均数字化学习时长差异小
A3	0.224 52	B13	0.116 59	C33（0.5）	0.89	0.9	承担信息化科研课题 2 项
				C34（0.5）		0.88	通过 2 种方式开展校际网络教研活动
		B14	0.120 6	C35（0.5）	0.6	0.6	实现 0 项信息化管理功能
				C36（0.5）		0.6	未实现统一身份认证
		B15	0.107 2	C37（0.25）	0.8	0.8	开设了网络安全与道德课程
				C38（0.75）		0.8	利用信息化手段开展德育活动
		B16	0.080 4	C39（0.5）	0.6	0.6	未开展信息化教学创新
				C40（0.5）		0.6	未成立创新类社团活动
		B17	0.093	C41（1.0）	1	1	合格
		B18	0.354 76	C42（1.0）	0.98	0.98	各级各类信息化教学活动的教师参加率在 15%以上、获奖率在 15%以上
A4	0.193 54	B19	0.290 4	C43（0.5）	0.8	0.85	通过率为 85%
				C44（0.5）		0.75	优秀率为 75%
		B20	0.145 6	C45（0.25）	0.8	1	学校门户网站的访问量为 500 次
				C46（0.5）		0.8	利用信息化手段开展校际帮扶工作
				C47（0.25）		0.6	未利用信息化手段开展关爱留守儿童活动
综合分值					0.743 7		

石泉县熨斗镇中心小学信息化发展水平综合加权赋分情况

一级指标	一级指标加权分	二级指标	二级指标加权分	监测点指标及权重	监测点指标加权分	等级分值	监测数据
		B2	0.039 6	C4（0.5）	0.4	0.8	制定了信息化工作规划
		B3	0.079 6	C6（0.5）	0.4	0.8	建立了管理体制和信息化部门，无专职岗位
		B4	0.195 64	C8（0.67）	0.67	1	2016—2018 年，生均信息化经费为 412 元
A1	0.109 51			C9（0.34）		0.76	信息技术专任教师数：学生数 =1：946
		B5	0.229 43	C10（0.33）	0.769 9	0.8	信息技术专任教师中有 1 名具备高级职称
				C11（0.33）		0.75	参加县级以上培训的教师占 10%以上，校本信息化培训覆盖 60%以上的教师
		B6	0.185 49	C12（0.667）	0.866 75	0.95	班均网络带宽 4.8 M
				C13（0.333）		0.7	无网络信息安全防范技术
		B7	0.170 14	C14（0.5）	0.773 36	0.8	终端设备班班通覆盖率为 80%
				C15（0.333）		0.72	生机比为 4：1
				C16（0.167）		0.8	师机比为 1：1
		B8	0.248 31	C17（0.125）	0.871 25	0.8	经常访问国家级、省级和县级教育资源平台
				C18（0.375）		0.86	数字教育资源总量为 150G
A2	0.233 19			C19（0.375）		0.93	拥有视频类课程资源、学科配套课件资源和电子图书文献资源
				C20（0.125）		0.8	教师个人空间开通率为 80%
		B9	0.137 46	C21（0.6）	0.79	0.85	部署了 3 个信息管理系统
				C22（0.2）		0.6	未开通校园一卡通系统
				C23（0.2）		0.8	建有校园安全监控系统
		B10	0.088 45	C24（0.334）	0.826 64	0.8	开通了校园门户网站，未开通新媒体平台
				C25（0.333）		0.8	开通了校园电视台
				C26（0.333）		0.88	建成数字化书法教室、美术教室和音乐教室各 1 间

一级指标	一级指标加权分	二级指标	二级指标加权分	监测点指标及权重	监测点指标加权分	等级分值	监测数据
				C27（0.2）		0.8	信息技术课程开课率为100%
				C28（0.2）		0.8	80%的教师可开展信息化教学
		B11	0.251 42	C29（0.3）	0.755	0.6	常规教室周均信息化教学15课时
				C30（0.3）		0.85	计算机教室周均排课量为16课时
		B12	0.042 88	C31（0.8）	0.64	0.6	学生周均接受信息化教学15课时
				C32（0.2）		0.8	学生周均数字化学习时长差异小
A3	0.213 34	B13	0.104 8	C33（0.5）	0.8	0.7	承担教育信息化科研课题0项
				C34（0.5）		0.9	通过3种方式开展校际网络教研活动
		B14	0.120 6	C35（0.5）	0.6	0.6	实现了0项信息化管理功能
				C36（0.5）		0.6	未实现统一身份认证
		B15	0.100 5	C37（0.25）	0.75	0.6	未开设网络安全与道德课程
				C38（0.75）		0.8	利用信息化手段开展德育活动
		B16	0.093 8	C39（0.5）	0.7	0.6	未开展信息化教学创新
				C40（0.5）		0.8	成立了创新类社团
		B17	0.074 4	C41（1.0）	0.8	0.8	合格
		B18	0.285 98	C42（1.0）	0.79	0.79	各级各类信息化教学活动的教师参与率为10%、获奖率为15%
		B19	0.181 5	C43（0.5）	0.5	0.6	通过率小于60%
A4	0.146 57			C44（0.5）		0.4	优秀率小于40%
				C45（0.25）		1	校园门户网站的访问量为8 000次
		B20	0.127 4	C46（0.5）	0.7	0.6	未利用信息化手段开展校际帮扶工作
				C47（0.25）		0.6	未利用信息化手段开展关爱留守儿童活动
综合分值				0.702 6			

石泉县喜河镇中心小学信息化发展水平综合加权赋分情况

一级指标	一级指标加权分	二级指标	二级指标加权分	监测点指标及权重	监测点指标加权分	等级分值	监测数据
		B2	0.039 6	C4（0.5）	0.4	0.8	制定了信息化工作规划
		B3	0.099 5	C6（0.5）	0.5	1	建立了管理体制和信息化管理部门，设立了1个专职岗位
		B4	0.195 64	C8（0.67）	0.67	1	2016—2018年，生均信息化经费为1 347元
A1	0.119			C9（0.34）		1	信息技术专职教师数∶学生数=1∶282
		B5	0.256 7	C10（0.33）	0.861 4	0.8	信息技术专任教师中有1名信息技术骨干教师
				C11（0.33）		0.78	参加县级以上培训的教师占10%以上，校本信息化培训覆盖60%以上的教师
		B6	0.186 89	C12（0.667）	0.873 32	0.86	班均网络带宽4.3 M
				C13（0.333）		0.9	拥有4项网络信息安全防范技术
				C14（0.5）		0.8	终端设备班班通覆盖率在80%以上
		B7	0.176	C15（0.333）	0.8	0.8	生机比为7∶1
				C16（0.167）		0.8	师机比为1∶1
				C17（0.125）		0.8	经常访问国家级、省级和县级教育资源平台
A2	0.228 42	B8	0.231 21	C18（0.375）	0.811 25	0.72	数字教育资源总量为75G
				C19（0.375）		0.91	拥有视频类课程资源、学科配套课件资源和电子图书文献资源
				C20（0.125）		0.8	教师个人空间开通率在80%以上
				C21（0.6）		0.85	部署了3个信息管理系统
		B9	0.137 46	C22（0.2）	0.79	0.6	未开通校园一卡通系统
				C23（0.2）		0.8	建有校园安全监控系统
				C24（0.334）		0.8	开通了校园门户网站
		B10	0.081 32	C25（0.333）	0.760 04	0.6	未开通校园电视台
				C26（0.333）		0.88	建成数字化书法、美术和音乐教室各1间

续表

一级指标	一级指标加权分	二级指标	二级指标加权分	监测点指标及权重	监测点指标加权分	等级分值	监测数据
		B11	0.241 43	C27（0.2）	0.725	0.8	信息技术课程开课率为100%
				C28（0.2）		0.8	80%的教师可开展信息化教学
				C29（0.3）		0.65	常规教室周均信息化教学11课时
				C30（0.3）		0.7	计算机教室周均排课量为6课时
		B12	0.040 2	C31（0.8）	0.6	0.5	学生周均接受信息化教学11课时
				C32（0.2）		1	学生周均数字化学习时长差异小
A3	0.225 57	B13	0.104 8	C33（0.5）	0.8	0.7	承担教育信息化科研课题0项
				C34（0.5）		0.9	通过3种方式开展校际网络教研活动
		B14	0.140 7	C35（0.5）	0.7	0.6	实现了0项信息化管理功能
				C36（0.5）		0.6	未实现统一身份认证
		B15	0.107 2	C37（0.25）	0.8	0.8	开设了网络安全与道德课程
				C38（0.75）		0.8	利用信息化手段开展德育活动
		B16	0.120 6	C39（0.5）	0.9	0.8	开展信息化教学创新1项
				C40（0.5）		1	成立创新类社团并开展活动
A4	0.172 89	B17	0.093	C41（1.0）	1	1	合格
		B18	0.333 04	C42（1.0）	0.92	0.92	各级各类信息化教学活动的教师参加率在15%以上、获奖率为10%
		B19	0.208 73	C43（0.5）	0.575	0.75	通过率为80%
				C44（0.5）		0.4	优秀率小于40%
		B20	0.154 7	C45（0.25）	0.85	1	校园门户网站的访问量为2 000次
				C46（0.5）		0.8	利用信息化手段开展校际帮扶工作
				C47（0.25）		0.8	利用信息化手段开展关爱留守儿童活动
综合分值					0.745 9		

石泉县后柳镇中心小学信息化发展水平综合加权赋分情况

一级指标	一级指标加权分	二级指标	二级指标加权分	监测点指标及权重	监测点指标加权分	等级分值	监测数据
		B2	0.039 6	C4（0.5）	0.4	0.8	制定了信息化工作规划
		B3	0.099 5	C6（0.5）	0.5	1	建立了管理体制和信息化管理部门，设立了1个专职岗位
		B4	0.195 64	C8（0.67）	0.67	1	2016—2018年，生均信息化经费为761元
A1	0.113 57			C9（0.34）		0.86	信息技术专任教师数：学生数=1：486
		B5	0.229 73	C10（0.33）	0.770 9	0.6	中级以上职称的信息技术教师及骨干教师均为0
				C11（0.33）		0.85	参加县级以上培训的教师占20%以上，校本信息化培训覆盖60%以上的教师
		B6	0.206 87	C12（0.667）	0.966 7	1	班均网络带宽11.8M
				C13（0.333）		0.9	拥有3项网络信息安全防范技术
				C14（0.5）		0.8	终端设备班班通覆盖率在80%以上
		B7	0.167 21	C15（0.333）	0.760 04	0.68	生机比为10：1
				C16（0.167）		0.8	师机比为1：1
				C17（0.125）		0.8	经常访问国家级、省和县级教育资源平台
				C18（0.375）		0.72	数字教育资源总量为50G
A2	0.232 43	B8	0.230 14	C19（0.375）	0.807 5	0.9	拥有视频类课程资源、学科配套课件资源和电子图书文献资源
				C20（0.125）		0.8	教师个人空间开通率在80%以上
				C21（0.6）		0.9	部署了3个信息管理系统
		B9	0.142 68	C22（0.2）	0.82	0.6	未开通校园一卡通系统
				C23（0.2）		0.8	建有校园安全监控系统
				C24（0.334）		0.8	开通了门户网站和新媒体平台
		B10	0.080 26	C25（0.333）	0.750 05	0.6	未开通校园电视台
				C26（0.333）		0.85	建成数字化美术教室和音乐教室各1间

一级指标	一级指标加权分	二级指标	二级指标加权分	监测点指标及权重	监测点指标加权分	等级分值	监测数据
A3	0.244 96	B11	0.269 4	C27（0.2）	0.809	0.8	信息技术课程开课率为 100%
				C28（0.2）		0.8	80% 的教师可开展信息化教学
				C29（0.3）		0.87	常规教室周均信息化教学 30 课时
				C30（0.3）		0.76	计算机教室周均排课量为 8 课时
		B12	0.057 35	C31（0.8）	0.856	0.87	学生周均接受信息化教学 30 课时
				C32（0.2）		0.8	学生周均数字化学习时长差异小
		B13	0.104 8	C33（0.5）	0.8	0.7	承担教育信息化科研课题 0 项
				C34（0.5）		0.9	通过 3 种方式开展校际网络教研活动
		B14	0.173 87	C35（0.5）	0.865	0.93	实现了 2 项信息化管理功能
				C36（0.5）		0.6	未实现统一身份认证
		B15	0.107 2	C37（0.25）	0.8	0.8	开设网络安全与道德课程
				C38（0.75）		0.8	利用信息化手段开展德育活动
		B16	0.107 2	C39（0.5）	0.8	0.8	开展信息化教学创新 1 项
				C40（0.5）		0.8	成立了创新类社团
A4	0.193 07	B17	0.074 4	C41（1.0）	0.8	0.8	合格
		B18	0.325 8	C42（1.0）	0.9	0.9	各级各类信息化教学活动的教师参与率在 15% 以上、获奖率在 10% 以上
		B19	0.326 7	C43（0.5）	0.9	0.95	通过率为 95%
				C44（0.5）		0.85	优秀率为 85%
		B20	0.154 7	C45（0.25）	0.85	1	校园门户网站的访问量为 5 684 次
				C46（0.5）		0.8	利用信息化手段开展校际帮扶工作
				C47（0.25）		0.8	利用信息化手段开展关爱留守儿童活动
综合分值					0.784		

石泉县曾曦镇中心小学信息化发展水平综合加权赋分情况

一级指标	一级指标加权分	二级指标	二级指标加权分	监测点指标及权重	监测点指标加权分	等级分值	监测数据
		B2	0.039 6	C4（0.5）	0.4	0.8	制定了信息化工作规划
		B3	0.099 5	C6（0.5）	0.5	1	建立了管理体制和信息化管理部门，设立了1个专职岗位
		B4	0.195 64	C8（0.67）	0.67	1	2016—2018年，生均信息化经费为275元
A1	0.117 4			C9（0.34）		1	信息技术专任教师数：学生数=1：128
		B5	0.248 83	C10（0.33）	0.835	0.6	中级以上职称的信息技术教师及骨干教师均为0
				C11（0.33）		0.9	参加县级以上培训的教师占20%以上，校本信息化培训覆盖60%以上的教师
		B6	0.179 76	C12（0.667）	0.840 02	0.86	班均网络带宽3.85M
				C13（0.333）		0.8	拥有2项网络信息安全防范技术
		B7	0.190 65	C14（0.5）	0.866 6	0.8	终端设备班班通覆盖率在80%以上
				C15（0.333）		1	生机比为1：1
				C16（0.167）		0.8	师机比为1：1
A2	0.239 6			C17（0.125）		0.6	经常访问省级和县级教育资源平台
		B8	0.256 14	C18（0.375）	0.898 75	0.93	数字教育资源总量为550G
				C19（0.375）		1	拥有视频类课程资源、学科配套课件资源和电子图书文献资源
				C20（0.125）		0.8	教师个人空间开通率在80%以上
		B9	0.144 77	C21（0.6）	0.832	0.92	部署了4个信息管理系统
				C22（0.2）		0.6	未开通校园一卡通系统
				C23（0.2）		0.8	建有校园安全监控系统

一级指标	一级指标加权分	二级指标	二级指标加权分	监测点指标及权重	监测点指标加权分	等级分值	监测数据
A2	0.239 6	B10	0.081 32	C24（0.334）	0.760 04	0.8	开通了校园门户网站
				C25（0.333）		0.6	未开通校园电视台
				C26（0.333）		0.88	建成数字化书法教室、美术教室、音乐教室各 1 间
A3	0.215 87	B11	0.224 44	C27（0.2）	0.674	0.8	信息技术课程开课率为 100%
				C28（0.2）		0.8	80%的教师可开展信息化教学
				C29（0.3）		0.56	常规教室周均信息化教学 1 课时
				C30（0.3）		0.62	计算机教室周均排课量为 5 课时
		B12	0.040 74	C31（0.8）	0.608	0.56	学生周均接受信息化教学 1 课时
				C32（0.2）		0.8	学生周均数字化学习时长差异小
		B13	0.102 18	C33（0.5）	0.78	0.7	承担教育信息化科研课题 0 项
				C34（0.5）		0.86	通过 2 种方式开展校际网络教研活动
		B14	0.140 7	C35（0.5）	0.7	0.6	实现了 0 项信息化管理功能
				C36（0.5）		0.8	实现了统一身份认证
		B15	0.107 2	C37（0.25）	0.8	0.8	开设了网络安全与道德课程
				C38（0.75）		0.8	利用信息化手段开展德育活动
		B16	0.107 2	C39（0.5）	0.8	0.8	开展信息化教学创新 1 项
				C40（0.5）		0.8	成立创新类社团并开展活动
A4	0.192 67	B17	0.074 4	C41（1.0）	0.8	0.8	合格
		B18	0.333 04	C42（1.0）	0.92	0.92	各级各类信息化教学活动的教师参与率和获奖率均在 15%以上
		B19	0.317 63	C43（0.5）	0.875	1	通过率为 100%
				C44（0.5）		0.75	优秀率为 75%
		B20	0.154 7	C45（0.25）	0.85	1	学校门户网站的访问量为 1 000 次
				C46（0.5）		0.8	利用信息化手段开展校际帮扶工作
				C47（0.25）		0.8	利用信息化手段开展关爱留守儿童活动
综合分值					0.765 5		

石泉县中坝小学信息化发展水平综合加权赋分情况

一级指标	一级指标加权分	二级指标	二级指标加权分	监测点指标及权重	监测点指标加权分	等级分值	监测数据
		B2	0.039 6	C4（0.5）	0.4	0.8	制定了信息化工作规划
		B3	0.099 5	C6（0.5）	0.5	1	建立了管理体制和信息化管理部门，设立了1个专职岗位
		B4	0.195 64	C8（0.67）	0.67	1	2016—2018年，生均信息化经费为306元
A1	0.117 41			C9（0.34）		1	信息技术专任教师数：学生数=1：196
		B5	0.248 83	C10（0.33）	0.835	0.6	中级以上职称的信息技术教师及骨干教师均为0
				C11（0.33）		0.9	参加县级以上培训的教师占20%以上，校本信息化培训覆盖60%以上的教师
		B6	0.199 75	C12（0.667）	0.933 4	1	班均网络带宽7.1M
				C13（0.333）		0.8	拥有2项网络信息安全防范技术
		B7	0.177 47	C14（0.5）	0.806 66	0.8	终端设备班班通覆盖率在80%以上
				C15（0.333）		0.82	生机比为6：1
				C16（0.167）		0.8	师机比为1：1
A2	0.214 77	B8	0.178 13	C17（0.125）	0.625	0.6	经常访问省级和县级教育资源平台
				C18（0.375）		0.6	无数字资源
				C19（0.375）		0.6	无数字资源
				C20（0.125）		0.8	教师个人空间开通率在80%以上
		B9	0.144 77	C21（0.6）	0.832	0.92	部署了4个信息管理系统
				C22（0.2）		0.6	未开通校园一卡通系统
				C23（0.2）		0.8	建有校园安全监控系统
		B10	0.064 2	C24（0.334）	0.6	0.6	未开通学校门户网站和新媒体平台
				C25（0.333）		0.6	未开通校园电视台
				C26（0.333）		0.6	无

一级指标	一级指标加权分	二级指标	二级指标加权分	监测点指标及权重	监测点指标加权分	等级分值	监测数据
		B11	0.216 45	C27（0.2）	0.65	0.8	信息技术课程开课率为 100%
				C28（0.2）		0.8	80% 的教师可开展信息化教学
				C29（0.3）		0.5	常规教室周均信息化教学 12 课时
				C30（0.3）		0.6	计算机教室周均排课量为 4 课时
		B12	0.040 2	C31（0.8）	0.6	0.5	学生周均接受信息化教学 12 课时
				C32（0.2）		1	学生周均数字化学习时长差异小
A3	0.210 06	B13	0.111 35	C33（0.5）	0.85	0.8	承担教育信息化科研课题 1 项
				C34（0.5）		0.9	通过 3 种方式开展校际网络教研活动
		B14	0.140 7	C35（0.5）	0.7	0.6	实现了 0 项信息化管理功能
				C36（0.5）		0.8	实现统一身份认证
		B15	0.100 5	C37（0.25）	0.75	0.6	未开设网络安全与道德课程
				C38（0.75）		0.8	利用信息化手段开展德育活动
		B16	0.093 8	C39（0.5）	0.7	0.8	开展信息化教学创新 1 项
				C40（0.5）		0.6	成立创新类社团
		B17	0.093	C41（1.0）	1	1	合格
		B18	0.260 64	C42（1.0）	0.72	0.72	各级各类信息化教学活动的教师参加率为 15%、获奖率为 0
A4	0.147 09	B19	0.181 5	C43（0.5）	0.5	0.6	通过率小于 60%
				C44（0.5）		0.4	优秀率小于 40%
		B20	0.136 5	C45（0.25）	0.75	0.6	学校门户网站的访问量为 0
				C46（0.5）		0.8	利用信息化手段开展校际帮扶工作
				C47（0.25）		0.8	利用信息化手段开展关爱留守儿童活动
综合分值					0.689 3		

石泉县城关中学信息化发展水平综合加权赋分情况

一级指标	一级指标加权分	二级指标	二级指标加权分	监测点指标及权重	监测点指标加权分	等级分值	监测数据
		B2	0.039 6	C4（0.5）	0.4	0.8	制定了信息化工作规划
		B3	0.079 6	C6（0.5）	0.4	0.8	建立了信息化部门，设立了1个专职岗位
		B4	0.185 86	C8（0.67）	0.636 5	0.95	2016—2018年，生均信息化经费为270元
A	0.112 34			C9（0.34）		0.85	信息技术专任教师数：学生数=1：459
		B5	0.253 3	C10（0.33）	0.85	1	信息技术专任教师中有1名县级高级职称教师、1名骨干教师
				C11（0.33）		0.9	参加县级以上培训的教师占20%以上，校本信息化培训覆盖60%以上的教师
		B6	0.171 22	C12（0.667）	0.800 1	0.9	班均网络带宽5M
				C13（0.333）		0.6	拥有1项网络信息安全防范技术
		B7	0.167 94	C14（0.5）	0.763 37	0.8	终端设备班班通覆盖率在80%以上
				C15（0.333）		0.69	生机比为11：1
				C16（0.167）		0.8	师机比为1：1
		B8	0.257 93	C17（0.125）	0.905	0.8	经常访问国家级、省级和县级教育资源平台
A2	0.231			C18（0.375）		0.92	数字教育资源总量为500G
				C19（0.375）		0.96	拥有视频类课程资源、学科配套课件资源和电子图书文献资源
				C20（0.125）		0.8	教师个人空间开通率在80%以上
		B9	0.132 24	C21（0.6）	0.76	0.8	部署了2个信息管理系统
				C22（0.2）		0.6	未开通校园一卡通系统
				C23（0.2）		0.8	建有校园安全监控系统
		B10	0.092 73	C24（0.334）	0.866 6	0.8	开通了学校门户网站
				C25（0.333）		0.8	开通了校园电视台
				C26（0.333）		1	建成智慧教室2间，书法、美术、音乐数字化教室各1间

一级指标	一级指标加权分	二级指标	二级指标加权分	监测点指标及权重	监测点指标加权分	等级分值	监测数据
A3	0.236 1	B11	0.301 37	C27（0.2）	0.905	0.8	信息技术课程开课率为100%
				C28（0.2）		0.8	80%的教师可开展信息化教学
				C29（0.3）		1	常规教室周均信息化教学35课时
				C30（0.3）		0.95	计算机教室周均排课量为30课时
		B12	0.058 96	C31（0.8）	0.88	0.9	学生周均接受信息化教学35课时
				C32（0.2）		0.8	学生周均数字化学习时长差异小
		B13	0.101 53	C33（0.5）	0.775	0.6	承担教育信息化科研课题0项
				C34（0.5）		0.95	通过4种方式开展校际网络教研活动
		B14	0.120 6	C35（0.5）	0.6	0.6	实现了0项信息化管理功能
				C36（0.5）		0.6	未实现统一身份认证
		B15	0.100 5	C37（0.25）	0.75	0.6	未开设网络安全与道德课程
				C38（0.75）		0.8	利用信息化手段开展德育活动
		B16	0.107 2	C39（0.5）	0.8	0.8	开展信息化教学创新1项
				C40（0.5）		0.8	成立创新类社团并开展活动
A4	0.190 69	B17	0.074 4	C41（1.0）	0.8	0.8	合格
		B18	0.314 94	C42（1.0）	0.87	0.87	各级各类信息化教学活动的教师参与率小于15%、获奖率小于10%
		B19	0.326 7	C43（0.5）	0.9	0.95	通过率为95%
				C44（0.5）		0.85	优秀率为85%
		B20	0.154 7	C45（0.25）	0.85	1	学校门户网站的访问量为500次
				C46（0.5）		0.8	利用信息化手段开展校际帮扶工作
				C47（0.25）		0.8	利用信息化手段开展关爱留守儿童活动
综合分值					0.770 1		

石泉县池河初级中学信息化发展水平综合加权赋分情况

一级指标	一级指标加权分	二级指标	二级指标加权分	监测点指标及权重	监测点指标加权分	等级分值	监测数据
		B2	0.039 6	C4（0.5）	0.4	0.8	制定了信息化工作规划
		B3	0.099 5	C6（0.5）	0.5	1	建立了管理体制和信息化管理部门，设立了1个专职岗位
		B4	0.195 64	C8（0.67）	0.67	1	2016—2018年,生均信息化经费为426元
A1	0.120 76			C9（0.34）		0.97	信息技术专任教师数：学生数=1：306
		B5	0.265 46	C10（0.33）	0.890 8	0.8	信息技术专任教师中有1名具备中级职称
				C11（0.33）		0.9	参加县级以上培训的教师占20%以上，校本信息化培训覆盖60%以上的教师
		B6	0.199 75	C12（0.667）	0.933 4	1	班均网络带宽7.14M
				C13（0.333）		0.8	拥有2项网络信息安全防范技术
				C14（0.5）		0.8	终端设备班班通覆盖率在80%以上
		B7	0.172 34	C15（0.333）	0.783 35	0.75	生机比为8：1
				C16（0.167）		0.8	师机比为1：1
A2	0.217 18			C17（0.125）		0.8	经常访问国家级、省级和县级教育资源平台
		B8	0.199 14	C18（0.375）	0.698 75	0.55	数字教育资源总量为10G
				C19（0.375）		0.78	有学科配套课件资源
				C20（0.125）		0.8	教师个人空间开通率在80%以上
				C21（0.6）		0.85	部署了3个信息管理系统
		B9	0.137 46	C22（0.2）	0.79	0.6	未开通校园一卡通系统
				C23（0.2）		0.8	建有校园安全监控系统
				C24（0.334）		0.6	未开通学校门户网站
		B10	0.064 2	C25（0.333）	0.6	0.6	未开通校园电视台
				C26（0.333）		0.6	未建设创新类部室

续表

一级指标	一级指标加权分	二级指标	二级指标加权分	监测点指标及权重	监测点指标加权分	等级分值	监测数据
A3	0.237 62	B11	0.287 38	C27（0.2）	0.863	0.8	信息技术课程开课率为 100%
				C28（0.2）		0.8	80%的教师可开展信息化教学
				C29（0.3）		0.85	常规教室周均信息化教学 25 课时
				C30（0.3）		0.96	计算机教室周均排课量为 25 课时
		B12	0.056 28	C31（0.8）	0.84	0.85	学生周均接受信息化教学 25 课时
				C32（0.2）		0.8	学生周均数字化学习时长差异小
		B13	0.116 59	C33（0.5）	0.89	0.9	承担教育信息化科研课题 2 项
				C34（0.5）		0.88	通过 2 种方式开展校际网络教研活动
		B14	0.140 7	C35（0.5）	0.7	0.8	实现了 1 项信息化管理功能
				C36（0.5）		0.6	未实现统一身份认证
		B15	0.100 5	C37（0.25）	0.75	0.6	未开设网络安全与道德课程
				C38（0.75）		0.8	利用信息化手段开展德育活动
		B16	0.093 8	C39（0.5）	0.7	0.8	开展信息化教学创新 1 项
				C40（0.5）		0.6	成立创新类社团
A4	0.175 59	B17	0.074 4	C41（1.0）	0.8	0.8	合格
		B18	0.282 36	C42（1.0）	0.78	0.78	各级各类信息化教学活动的教师参与率和获奖率均小于 5%
		B19	0.317 63	C43（0.5）	0.875	1	通过率为 100%
				C44（0.5）		0.75	优秀率为 75%
		B20	0.127 4	C45（0.25）	0.7	0.6	学校门户网站的访问量为 0
				C46（0.5）		0.8	利用信息化手段开展校际帮扶工作
				C47（0.25）		0.6	未利用信息化手段开展关爱留守儿童活动
综合分值					0.751 2		

石泉县喜河初级中学信息化发展水平综合加权赋分情况

一级指标	一级指标加权分	二级指标	二级指标加权分	监测点指标及权重	监测点指标加权分	等级分值	监测数据
		B2	0.039 6	C4（0.5）	0.4	0.8	制定了信息化工作规划
		B3	0.079 6	C6（0.5）	0.4	0.8	建立了管理体制和信息化部门
		B4	0.195 64	C8（0.67）	0.67	1	2016—2018 年，生均信息化经费为 1 436 元
A1	0.111 04			C9（0.34）		1	信息技术专任教师数∶学生数=1∶282
		B5	0.237 03	C10（0.33）	0.795 4	0.6	具备中级以上职称的信息技术教师及骨干教师均为 0
				C11（0.33）		0.78	参加县级以上培训的教师占10%以上，校本信息化培训覆盖60%以上的教师
		B6	0.190 45	C12（0.667）	0.889 97	0.86	班均网络带宽 4.3 M
				C13（0.333）		0.95	拥有 4 项网络信息安全防范技术
		B7	0.190 65	C14（0.5）	0.866 6	0.8	终端设备班班通覆盖率在80%以上
				C15（0.333）		1	生机比为 1∶1
				C16（0.167）		0.8	师机比为 1∶1
A2	0.236 04	B8	0.234 41	C17（0.125）	0.822 5	0.8	经常访问国家级、省级和县级教育资源平台
				C18（0.375）		0.75	数字教育资源总量为 50G
				C19（0.375）		0.91	拥有视频类课程资源、学科配套课件资源和电子图书文献资源
				C20（0.125）		0.8	教师个人空间开通率在80%以上
		B9	0.153 12	C21（0.6）	0.88	1	部署了 5 个信息管理系统
				C22（0.2）		0.6	未开通校园一卡通系统
				C23（0.2）		0.8	建有校园安全监控系统
		B10	0.071 35	C24（0.334）	0.666 8	0.8	开通了学校门户网站
				C25（0.333）		0.6	未开通校园电视台
				C26（0.333）		0.6	未建设创新类部室

续表

一级指标	一级指标加权分	二级指标	二级指标加权分	监测点指标及权重	监测点指标加权分	等级分值	监测数据
A3	0.217 22	B11	0.264 4	C27（0.2）	0.794	0.8	信息技术课程开课率为100%
				C28（0.2）		0.8	80%的教师可开展信息化教学
				C29（0.3）		0.8	常规教室周均信息化教学20课时
				C30（0.3）		0.78	计算机教室周均排课量为8课时
		B12	0.056 28	C31（0.8）	0.84	0.8	学生周均接受信息化教学20课时
				C32（0.2）		1	学生周均数字化学习时长差异小
		B13	0.104 8	C33（0.5）	0.8	0.7	承担教育信息化科研课题0项
				C34（0.5）		0.9	通过3种方式开展校际网络教研活动
		B14	0.140 7	C35（0.5）	0.7	0.6	实现了0项信息化管理功能
				C36（0.5）		0.8	实现了统一身份认证
		B15	0.080 4	C37（0.25）	0.6	0.6	未开设网络安全与道德课程
				C38（0.75）		0.6	未利用信息化手段开展德育活动
		B16	0.080 4	C39（0.5）	0.6	0.6	未开展信息化手段教学创新
				C40（0.5）		0.6	未成立创新类社团
A4	0.177 66	B17	0.09 3	C41（1.0）	1	1	合格
		B18	0.318 56	C42（1.0）	0.88	0.88	各级各类信息化教学活动的教师参与率和获奖率均在15%以上
		B19	0.272 25	C43（0.5）	0.75	0.95	通过率为95%
				C44（0.5）		0.55	优秀率为55%
		B20	0.127 4	C45（0.25）	0.7	1	学校门户网站的访问量为300次
				C46（0.5）		0.6	未利用信息化手段开展校际帮扶工作
				C47（0.25）		0.6	未利用信息化手段开展关爱留守儿童活动
综合分值					0.741 9		

石泉县熨斗初级中学信息化发展水平综合加权赋分情况

一级指标	一级指标加权分	二级指标	二级指标加权分	监测点指标及权重	监测点指标加权分	等级分值	监测数据
		B2	0.039 6	C4（0.5）	0.4	0.8	制定了信息化工作规划
		B3	0.099 5	C6（0.5）	0.5	1	建立了管理体制和信息化部门，设立了1个专职岗位
		B4	0.195 64	C8（0.67）	0.67	1	2016—2018年，生均信息化经费为377元
A1	0.120 96			C9（0.34）		0.98	信息技术专任教师数：学生数=2：463
		B5	0.266 47	C10（0.33）	0.894 2	0.8	信息技术专任教师中有1名具备高级职称，同时也是市级骨干教师
				C11（0.33）		0.9	参加县级以上培训的教师占20%以上，校本信息化培训覆盖60%以上的教师
		B6	0.189 75	C12（0.667）	0.886 66	0.88	班均网络带宽4.5M
				C13（0.333）		0.9	拥有4项网络信息安全防范技术
		B7	0.165 74	C14（0.5）	0.753 38	0.8	终端设备班班通覆盖率在80%以上
				C15（0.333）		0.66	生机比为12：1
				C16（0.167）		0.8	师机比为1：1
A2	0.226 54	B8	0.210 19	C17（0.125）	0.737 5	0.6	经常访问省级和县级教育资源平台
				C18（0.375）		0.6	数字教育资源总量为50G
				C19（0.375）		0.9	拥有视频类课程资源、学科配套课件资源和电子图书文献资源
				C20（0.125）		0.8	教师个人空间开通率在80%以上
		B9	0.153 12	C21（0.6）	0.88	1	部署了5个信息管理系统
				C22（0.2）		0.6	未开通校园一卡通系统
				C23（0.2）		0.8	建有校园安全监控系统
		B10	0.087 38	C24（0.334）	0.816 65	0.8	开通了学校门户网站
				C25（0.333）		0.8	开通了校园电视台

一级指标	一级指标加权分	二级指标	二级指标加权分	监测点指标及权重	监测点指标加权分	等级分值	监测数据
A2	0.226 54	B10	0.087 38	C26（0.333）	0.816 65	0.85	建成数字化美术教室和音乐教室各1间
		B11	0.267 4	C27（0.2）	0.803	0.8	信息技术课程开课率为100%
				C28（0.2）		0.8	80%的教师可开展信息化教学
				C29（0.3）		0.8	常规教室周均信息化教学20课时
				C30（0.3）		0.81	计算机教室周均排课量为11课时
		B12	0.053 6	C31（0.8）	0.8	0.8	学生周均接受信息化教学20课时
				C32（0.2）		0.8	学生周均数字化学习时长差异小
A3	0.240 60	B13	0.095 63	C33（0.5）	0.73	0.6	承担教育信息化科研课题0项
				C34（0.5）		0.86	通过2种方式开展校际网络教研活动
		B14	0.180 9	C35（0.5）	0.9	1	实现了4项信息化管理功能
				C36（0.5）		0.8	实现了统一身份认证
		B15	0.100 5	C37（0.25）	0.75	0.6	未开设网络安全与道德课程
				C38（0.75）		0.8	利用信息化手段开展德育活动
		B16	0.107 2	C39（0.5）	0.8	0.8	开展信息化教学创新1项
				C40（0.5）		0.8	开展创新类教育教学活动
A4	0.177 16	B17	0.074 4	C41（1.0）	0.8	0.8	合格
		B18	0.325 8	C42（1.0）	0.9	0.9	各级各类信息化教学活动的教师参与率和获奖率均为15%
		B19	0.272 25	C43（0.5）	0.75	1	通过率为100%
				C44（0.5）		0.5	优秀率为50%
		B20	0.136 5	C45（0.25）	0.75	1	学校门户网站的访问量为5 435次
				C46（0.5）		0.6	未利用信息化手段开展校际帮扶工作
				C47（0.25）		0.8	利用信息化手段开展关爱留守儿童活动
综合分值					0.765 3		

石泉县饶峰中学信息化发展水平综合加权赋分情况

一级指标	一级指标加权分	二级指标	二级指标加权分	监测点指标及权重	监测点指标加权分	等级分值	监测数据
		B2	0.039 6	C4（0.5）	0.4	0.8	制定了信息化工作规划
		B3	0.099 5	C6（0.5）	0.5	1	建立了管理体制和信息化管理部门，设立了1个专职岗位
		B4	0.195 64	C8（0.67）	0.67	1	2016—2018年，生均信息化经费为625元
A1	0.121 36			C9（0.34）		0.98	信息技术专任教师数：学生数=1：316
		B5	0.268 44	C10（0.33）	0.900 8	0.82	信息技术专任教师中有2名具备中级职称
				C11（0.33）		0.9	参加县级以上培训的教师占20%以上，校本信息化培训覆盖60%以上的教师
		B6	0.214	C12（0.667）	1	1	班均网络带宽35.7M
				C13（0.333）		1	拥有5项网络信息安全防范技术
				C14（0.5）		0.8	终端设备班班通覆盖率在80%以上
		B7	0.166 48	C15（0.333）	0.756 71	0.67	生机比为11：1
				C16（0.167）		0.8	师机比为1：1
				C17（0.125）		0.8	经常访问国家级、省级和县级教育资源平台
A2	0.242 46	B8	0.270 75	C18（0.375）	0.95	1	数字教育资源总量为2000G
				C19（0.375）		1	拥有视频类课程资源、学科配套课件资源和电子图书文献资源
				C20（0.125）		0.8	教师个人空间开通率在80%以上
				C21（0.6）		0.85	部署了3个信息管理系统
		B9	0.137 46	C22（0.2）	0.79	0.6	未开通校园一卡通系统
				C23（0.2）		0.8	建有校园安全监控系统
				C24（0.334）		0.6	未开通学校门户网站
		B10	0.074 18	C25（0.333）	0.693 24	0.6	未开通校园电视台
				C26（0.333）		0.88	建成数字化书法、美术、音乐教室各1间

续表

一级指标	一级指标加权分	二级指标	二级指标加权分	监测点指标及权重	监测点指标加权分	等级分值	监测数据
		B11	0.295 70	C27（0.2）	0.888	1	信息技术课程开课率为100%
				C28（0.2）		0.8	80%的教师可开展信息化教学
				C29（0.3）		1	常规教室周均信息化教学40课时
				C30（0.3）		0.76	计算机教室周均排课量为8课时
		B12	0.064 32	C31（0.8）	0.96	1	学生周均接受信息化教学40课时
				C32（0.2）		0.8	学生周均数字化学习时长差异小
A3	0.254 34	B13	0.114 63	C33（0.5）	0.875	0.8	承担教育信息化科研课题1项
				C34（0.5）		0.95	通过4种方式开展校际网络教研活动
		B14	0.148 74	C35（0.5）	0.74	0.88	实现了2项信息化管理功能
				C36（0.5）		0.6	未实现统一身份认证
		B15	0.107 2	C37（0.25）	0.8	0.8	开设了网络安全与道德课程
				C38（0.75）		0.8	利用信息化手段开展德育活动
		B16	0.120 6	C39（0.5）	0.9	0.8	开展信息化教学创新1项
				C40（0.5）		1	成立创新类社团并开展活动
		B17	0.074 4	C41（1.0）	0.8	0.8	合格
		B18	0.333 04	C42（1.0）	0.92	0.92	各级各类信息化教学活动的教师参与率和获奖率均在15%以上
A4	0.186 7	B19	0.308 55	C43（0.5）	0.85	0.95	通过率为90%
				C44（0.5）		0.75	优秀率为70%
		B20	0.136 5	C45（0.25）	0.75	0.6	学校门户网站的访问量为0
				C46（0.5）		0.8	利用信息化手段开展校际帮扶工作
				C47（0.25）		0.8	利用信息化手段开展关爱留守儿童活动
综合分值					0.804 9		

石泉县两河中学信息化发展水平综合加权赋分情况

一级指标	一级指标加权分	二级指标	二级指标加权分	监测点指标及权重	监测点指标加权分	等级分值	监测数据
A1	0.116 16	B2	0.039 6	C4（0.5）	0.4	0.8	制定了信息化工作规划
		B3	0.099 5	C6（0.5）	0.5	1	建立了管理体制和信息化管理部门，设立了1个专职岗位
		B4	0.195 64	C8（0.67）	0.67	1	2016—2018 年，生均信息化经费为 375 元
		B5	0.242 60	C9（0.34）	0.814 1	0.89	信息技术专任教师数∶学生数=1∶476
				C10（0.33）		0.8	信息技术专任教师中有1名具备中级职称
				C11（0.33）		0.75	参加县级以上培训的教师占10%以上，校本信息化培训覆盖60%以上的教师
A2	0.224 63	B6	0.164 09	C12（0.667）	0.766 75	0.85	班均网络带宽 3.2 M
				C13（0.333）		0.6	拥有1项网络信息安全防范技术
		B7	0.178 93	C14（0.5）	0.813 32	0.8	终端设备班班通覆盖率在80%以上
				C15（0.333）		0.84	生机比为 5∶1
				C16（0.167）		0.8	师机比为 1∶1
		B8	0.229 43	C17（0.125）	0.805	0.6	经常访问省级和县级教育资源平台
				C18（0.375）		0.9	数字教育资源总量为 400G
				C19（0.375）		0.78	拥有视频类课程资源和电子图书文献资源
				C20（0.125）		0.8	教师个人空间开通率在80%以上
		B9	0.153 12	C21（0.6）	0.88	1	部署了5个信息管理系统
				C22（0.2）		0.6	未开通校园一卡通系统
				C23（0.2）		0.8	建有校园安全监控系统
		B10	0.073 82	C24（0.334）	0.689 91	0.6	未开通学校门户网站
				C25（0.333）		0.6	未开通校园电视台
				C26（0.333）		0.87	建成数字化美术教室1间、数字化音乐教室2间

一级指标	一级指标加权分	二级指标	二级指标加权分	监测点指标及权重	监测点指标加权分	等级分值	监测数据
		B11	0.278 39	C27（0.2）	0.836	0.8	信息技术课程开课率为100%
				C28（0.2）		0.8	80%的教师可开展信息化教学
				C29（0.3）		0.87	常规教室周均信息化教学30课时
				C30（0.3）		0.85	计算机教室周均排课量为16课时
		B12	0.057 35	C31（0.8）	0.856	0.87	学生周均接受信息化教学30课时
				C32（0.2）		0.8	学生周均数字化学习时长差异小
A3	0.228 99	B13	0.095 63	C33（0.5）	0.73	0.6	承担教育信息化科研课题0项
				C34（0.5）		0.86	通过2种方式开展校际网络教研活动
		B14	0.140 7	C35（0.5）	0.7	0.6	实现了0项信息化管理功能
				C36（0.5）		0.8	实现了统一身份认证
		B15	0.100 5	C37（0.25）	0.75	0.6	未开设网络安全与道德课程
				C38（0.75）		0.8	利用信息化手段开展德育活动
		B16	0.093 8	C39（0.5）	0.7	0.6	未开展信息化教学创新活动
				C40（0.5）		0.8	成立创新类社团
		B17	0.074 4	C41（1.0）	0.8	0.8	合格
		B18	0.253 4	C42（1.0）	0.7	0.7	各级各类信息化教学活动的教师参与率为10%、获奖率为0
A4	0.175 22	B19	0.335 78	C43（0.5）	0.925	1	通过率为100%
				C44（0.5）		0.85	优秀率为80%
		B20	0.136 5	C45（0.25）	0.75	0.6	学校门户网站的访问量为0
				C46（0.5）		0.8	利用信息化手段开展校际帮扶工作
				C47（0.25）		0.8	利用信息化手段开展关爱留守儿童活动
综合分值					0.745		

石泉县迎丰初级中学信息化发展水平综合加权赋分情况

一级指标	一级指标加权分	二级指标	二级指标加权分	监测点指标及权重	监测点指标加权分	等级分值	监测数据
		B2	0.039 6	C4（0.5）	0.4	0.8	制定了信息化工作规划
		B3	0.079 6	C6（0.5）	0.4	0.8	建立了管理体制和信息化部门，无专门岗位
		B4	0.195 64	C8（0.67）	0.67	1	2016—2018 年，生均信息化经费为 404 元
A1	0.109 42			C9（0.34）		0.95	信息技术专任教师数：学生数 =1：445
		B5	0.229 01	C10（0.33）	0.768 5	0.6	信息技术专任教师中无中级以上职称教师或骨干教师
				C11（0.33）		0.75	参加县级以上培训的教师占 10%以上，校本信息化培训覆盖 60%以上的教师
		B6	0.174 06	C12（0.667）	0.813 34	0.82	班均网络带宽 2.6 M
				C13（0.333）		0.8	拥有 2 项网络信息安全防范技术
				C14（0.5）		0.8	终端设备班班通覆盖率在 80%以上
		B7	0.177 47	C15（0.333）	0.806 66	0.82	生机比为 6：1
				C16（0.167）		0.8	师机比为 1：1
				C17（0.125）		0.8	经常访问国家级、省级和县级教育资源平台
				C18（0.375）		1	数字教育资源总量为 1000G
A2	0.234 02	B8	0.270 75	C19（0.375）	0.95	1	拥有视频类课程资源、学科配套课件资源和电子图书文献资源
				C20（0.125）		0.8	教师个人空间开通率在 80%以上
				C21（0.6）		0.8	部署了 2 个信息管理系统
		B9	0.139 2	C22（0.2）	0.8	0.8	开通了校园一卡通系统
				C23（0.2）		0.8	建有校园安全监控系统
				C24（0.334）		0.8	开通了学校门户网站
		B10	0.071 35	C25（0.333）	0.666 8	0.6	未开通校园电视台
				C26（0.333）		0.6	未建设创新类部室

一级指标	一级指标加权分	二级指标	二级指标加权分	监测点指标及权重	监测点指标加权分	等级分值	监测数据
		B11	0.268 4	C27（0.2）	0.806	0.8	信息技术课程开课率为100%
				C28（0.2）		0.8	80%的教师可开展信息化教学
				C29（0.3）		0.8	常规教室周均信息化教学20课时
				C30（0.3）		0.82	计算机教室周均排课量为12课时
		B12	0.056 28	C31（0.8）	0.84	0.8	学生周均接受信息化教学20课时
				C32（0.2）		1	学生周均数字化学习时长差异小
A3	0.251 43	B13	0.108 08	C33（0.5）	0.825	0.7	承担教育信息化科研课题0项
				C34（0.5）		0.95	通过4种方式开展校际网络教研活动
		B14	0.180 9	C35（0.5）	0.9	1	实现了4项信息化管理功能
				C36（0.5）		0.8	实现了统一身份认证
		B15	0.107 2	C37（0.25）	0.8	0.8	开设了网络安全与道德课程
				C38（0.75）		0.8	利用信息化手段开展德育活动
		B16	0.120 6	C39（0.5）	0.9	0.8	开展信息化教学创新1项
				C40（0.5）		1	成立创新类社团并深入开展活动
		B17	0.093	C41（1.0）	1	1	合格
		B18	0.235 3	C42（1.0）	0.65	0.65	各级各类信息化教学活动的教师参与率为10%、获奖率为5%
		B19	0.190 58	C43（0.5）	0.525	0.65	通过率为70%
A4	0.147 51			C44（0.5）		0.4	优秀率小于40%
		B20	0.154 7	C45（0.25）	0.85	1	学校门户网站的访问量为1 000次
				C46（0.5）		0.8	利用信息化手段开展了校际帮扶工作
				C47（0.25）		0.8	利用信息化手段开展了关爱留守儿童活动
综合分值				0.742 3			

后 记

这是我的第二本专著。看到它即将付梓，心中既有释然和欣喜，也有一种迷惘和失落相交错的复杂思绪。之所以释然和欣喜，是因为这是自己一段时间劳动的结晶和果实。而之所以迷惘和失落，一方面是源于"篇终接混茫"的认知心理——所有研究者或写作者在结束一次研究或写作之际，既是对某个问题做出了回答，同时也必定会产生更深的思考，而更深的思考在一开始往往表现为困惑、困扰乃至焦虑，这种认知上的递进是人类知识体系得以不断完善和发展的基本动力，也是人类创新的基本动力。所谓"入之愈深，其进愈难"，大抵如此。另一方面源于我对自己今后学术成果的隐忧。我知晓做研究的艰辛和不易，要踏踏实实做一项有意义的研究、写一本有质量的书、提出一些有见地的观点，并非易事。这不仅需要真诚的态度、严谨的思路、扎实的能力，也需要耗费精力、体力和心力，还需要处理好繁忙冗杂的生活细琐。正因如此，我对自己能否再做一些有意义的研究、形成一些有质量的成果是缺乏信心的，这实际上是对自身禀赋和精力的担忧，并不是矫情。也因此，我很钦佩那些著作等身的学者，想知道他们是如何十数年乃至数十年保持高产状态的。

博士毕业时，我曾在毕业典礼上发言，代表博士生向母校郑重表态，要努力"用真功夫，找真问题，做真研究"。我坚持和恪守着这样的信念，努力让自己保持思考的定力和深度。究竟怎样才算是有深度的思考？我想它既是主观的、相对的，也是有客观评判尺度的。每个人的认知起点不同，思考的深度也不同，可能我需要冥思苦想良久才能明白的道理，其他人早已通彻。因此，我对"有深度的思考"的理解是，对不同个体而言，思考的问题应当有持续性和聚焦性（即在一段时间不间断地思考某一个问题），并且该问题的难度应当处于思考者认知水平的上端，这有点儿类似于维果茨基的最近发展区理论。同时，对有深度的思考也应当能予以客观评价，很重要的一种方式就是把思考的问题及结论形成文章公开发表，并接受同行的评议。我一直认为这是个人夯实学术功底的重要途径，也许是唯一途径，对一门学科乃至社会而言，这也是活力和繁荣的重要表征。当前，国家倡导破除"唯论文"导向，从整个科研生态的重构来说，这是必要的，但如果没有新的更好的评价方案，仅仅是"一刀切"或者众声一味附和取消论文，难免在实践中出现异化。种种科研问题的实质不是论文太多，而是低质量、功利性的论文太多。如果连高质量论文的指标都被摒弃了，学术评价机制将彻底失灵。浮躁和功利已弥漫在当下社会，一旦精致的功利主义和利己主义在学术研究领域站住脚跟，那无疑是一场巨大的灾难。时常听到一些博士生抱怨发不了论文难以毕业，但他们很少反思如何真正提升自身的科研能力，也很少反思既然不具备相应的科研能力为何要硬着头皮攀登学历的塔尖。也许我的观点比较片面，但我就是在这样的价值观导向下进行思考和研究的。在内心深处，我更愿意自己是一位研究者——至少是一位具备研究素养、通过研究更好关照现实的劳动者。

五年前，我出版了第一本书《区域教育信息化融合创新发展：理论思考与政策实践》，该书集结了 2008—2016 年我对教育信息化和教育技术学一些整体性、宏观性的认识和思考，从多个角度审视了技术与教育的关系，并厘清了教育信息化在实践层面的领域和范畴。今天再看这本书，虽然其中的一些观点具有前瞻性和准确性，如教育信息化在本质上是教育公共服务和社会公共服务，数字教育资源应当成为由政府主导的公共服务事项以支撑学习型社会的建设，以及教育信息化的演进逻辑是增效—提质—创新等，但一些思考较为分散。而我把本书视作一次"完整"的思考和写作，我努力完整地呈现思考和研究的过程，以及为什么、是什么、怎么办等各个要件，以使本书的内容与结构更为完整和系统，从理论、政策到方法，综合质性研究和量化研究范式，以及要素分析、内容分析、比较分析等方法，对义务教育信息化及其均衡发展进行了深入考察。

义务教育、教育信息化和教育均衡，都不是新问题，它们已经持续 20 多年占据着我国教育改革发展的理论和政策热点，但恰恰在这些看上去很成熟的领域里，依然存在较多亟待关注和研究的问题。无论是教育学还是教育技术学，都存在追逐政策热点和技术热点的研究倾向，教育信息化领域则尤为显著，如MOOC、翻转课堂、智慧教育都"各领风骚三五年"。我并不赞同这种研究偏好和学科态势，当然这不代表我缺乏开放的视野。追逐热点与真正的理论创新和实践创新是完全不同的概念。从某种意义上讲，过度追逐热点是一门学科不成熟不自信的表现，也是一门学科缺少核心研究领域和范畴的表现，这对学科发展来说无疑是弊大于利的。也是基于这样的认识，我把自己定义为"有限的技术支持者"和"教育本位的教育技术工作者"。事实上，生活中我时常落后于最新潮的电子产品，研究兴趣上我也更关注教育问题本身。

本书将义务教育信息化均衡发展作为研究对象，实际上是选择了以上三个成熟领域的"交集"，因此可以视之为经典的新问题，这在一定程度上是有风险的，因为这个选题不热门，也没有较多已有研究成果可参考。两方面的原因促使我决定研究义务教育信息化均衡发展问题，一是我的博士导师司晓宏教授承担了教育部哲学社会科学研究重大课题攻关项目"义务教育均衡发展监测制度研究"，该问题是其子课题之一；二是从我本人的研究经历来看，我曾主持过教育信息化评估和区域教育信息化发展的相关课题，也承担了大量与教育信息化政策规划相关的工作任务。但我没想到的是，这个看似更接近于宏观层面的研究，却涉及了复杂而具体的理论问题、政策问题和量化研究问题，特别是指标构建和监测方法的实证检验，需要耗费很大的精力。在这个过程中，我更加切实地理解了什么是研究，什么是透彻的研究，什么是基于过程、方法和数据的研究。

过去 20 多年，在义务教育均衡发展这一强劲政策话语的引导下，人们倾向于从理念上阐述和论证教育信息化与教育均衡的关系，即"教育信息化对教育均衡具有正面影响"和"教育信息化能够有效促进教育均衡发展"。显然，这是"信息技术对教育具有重要影响"这一价值判断的演绎和延伸，但对具体如何影响、如何促进及影响和促进的成效如何，均缺少深入的研究。仅仅将信息化作为影响教育均衡发展的因素及工具，而不是从整体上认识和把握教育信息化均衡发展问题，既不全面，也不利于在实践中有效测度均衡，应当从理念、理论和方法上展开系统而深入的研究。基于这样的逻辑起点，本书对义务教育信息化均衡发展理论阐释、指标体系构建、监测方法设计及实证检验等核心问题做了认真研究，在内容结构上也体现了这样的逻辑顺序。

如果说本书有哪些贡献，可能主要有两方面：一是确立了义务教育信息化均衡发展的双重维度和理论框架，这是义务教育信息化均衡问题不可偏废的两个方面。确立和强调双重维度的理论意义在于，突破反复论述"信息技术对教育具有重要影响"的先验性价值判断，去确证教育信息化能在哪些方面促进教育均衡发展（可能性）以及促进义务教育均衡发展的效度如何（有效性），即把价值判断转向事实判断。二是对如何监测和测度均衡，提出了可行的思路和方法。当然，"可行"不是自说自话，而是基于实证检验的真实结果做出的判断。对研究者来说，结论真实且可行，一定是最好、最值得欣慰的犒赏。从本书的研究边界来说，虽然以上两方面的贡献都聚焦在义务教育信息化，但将其中的主要观点和思路稍加拓展，事实上对整个教育信息化和教育均衡也是适用的。因此，如果说本书还有第三个贡献，可能是提出了审视教育信息化的一种新的视角和普遍的方法。我想特别说明的是，为了体现研究过程的真实性，书中涉及的样本县和样本学校的真实信息均未隐去，这是在征求了样本单位负责人意见并充分考虑学术伦理的前提下做出的决定。

在写这篇后记的时候，很多媒体报道了北京大学社会学系博士后陈龙为做好田野研究，加入外卖骑手团队体验了近半年的配送工作，并在此基础上形成了高质量的研究成果。这对我是一种无声的激励。我很推崇这种综合了社会学和人类学方法的研究实践，教育学乃至整个人文哲学社会学科亟待普遍加强实证研究范式。又想到前不久在网络上广为传播并引发讨论的中国科学院黄国平博士的论文致谢，深深地触动了我。虽然与黄博士悲怆的前半程人生命运相比，我们都很幸福，但他回忆的求学过程中的一些细节，于我多感同身受。我想起自己中学、大学和攻读硕博士研究生期间的一些过往，颇多感慨。我中学时就读于家乡的一所乡村学校，学校教学质量在全县排名末位，主要原因就是师资流失，但凡教学质量稍好的老师都去了县城的中学。老师讲解高考题目时"挂黑板"的现象时有发生。整个高三，我似乎都处于焦虑和挣扎当中，那种情形就是你明知遇到了学习的瓶颈，但就是无法突破，甚至经常梦见拼命做题但始终做不出的情景（不知道这算不算应试教育的悲剧）。就在那样一种煎熬中，我考入了陕西师范大学，竟然是我那所乡村母校十多年来唯一考入"211 工程"

大学的学生。毕业后一路求学，复习考研考博及读研读博的很多夜晚，都是一杯杯的速溶咖啡支撑着我。精神得到提振的同时也留下了无法消弭的咖啡过量症状，脸上的色素沉着，心理上似乎也有咖啡依赖，还有隐隐存在的神经衰弱、入睡困难、干眼症、偏头疼，这些多年求学路上的"副产品"，宛如形影不离的朋友与我共存着。回想起那些艰辛而精力充沛的时光，我感到充实，也庆幸一直坚持了下来。

当然，言及这些并不是要贩卖苦痛和制造焦虑，只是想给自己一些鼓励——所有奋斗、坚持和汗水，都是通往精神自由的勋章和门票。恒久的幸福和自信，只能通过勤奋的双手和劳动获得，别无他法。所有的经历和心境，终都是财富。

通常而言，一本书的后记主要是对写作过程中需要说明和强调的内容进行补充。在我写下以上这些文字的时候，我的思绪是发散的，以至于我想把这篇后记写得很精彩，但似乎总是词不达意——虽然这些文字是真实的，也是真诚的。

开新忆往，常怀感恩。感谢我的博士导师司晓宏教授。读博期间，司老师反复强化我们的"问题意识"，让我们牢记"博观约取，厚积薄发""删繁就简才能推陈出新"的学术态度。老师几年的耳提面命和悉心指导，显著提升了我的学术素养，为本书的写作和出版打下了基础。导师身兼重要职务，治学态度严谨，学术素养深厚，为人儒雅率真，工作敏锐务实，各方面都是我的楷模。闻师数载教诲，自当一世追随。

感谢在求学和科研路上指导我的师长。我的硕士导师傅钢善教授是国家级教学名师，他全力支持我在学生会、辅导员助理、实验室助理等岗位上的实践锻炼，并带我踏入科研之门。如同兄长一般的张立国教授，曾不厌其烦手把手地帮我修改文章，让我养成了终身受益的学术思维。十多年来，张老师以他的睿智和洞察力，给我无数点拨、启迪、鼓励和宽慰，诸多教益，宛如春风。

感谢科学出版社的付艳女士和黄雪雯女士，她们认真负责，严谨专业，对我出版过程中的"拖拖拉拉"予以了充分理解和宽容，且提出的很多宝贵意见，让本书在体例和内容上更像是一本学术著作。感谢母校的博士学姐、运城学院教育系主任郭红霞教授，对本书出版给予了鼎力支持。

特别感谢司晓宏教授和高晶华先生在百忙之中为本书作序，肯定多而批评少，言语中尽是提携与勉励之意，着实让我感动，也让我备受鼓舞！

感谢时光，感恩所有遇见。感谢家人和爱人。路漫漫其修远兮，家人和师友是人生前行的坚强后盾。还有很多人未在此一一致谢，但我铭记在心！

我家乡的那个院子，是典型的北方四合院结构，院子的大门面西。在我少年时，我无数次在黄昏时分走出院门，迎面的远方是被夕阳染得金黄的群山，看上去无比壮美、熠熠生辉。我经常想山的那边是什么样子，应该走过去看一看。后来真有机会翻过那座山，结果发现眼前铺开的还是一望无际的山的峰线，交融在蓝天里，无边无垠。于是我又想，应该翻过所有这些山，到视野不被遮挡的地方看看。这些深深地刻在我的心里，或许正是少年时霞光漫天的壮美场景，激励我不断追寻着内心的完满感。而今我已年近不惑，时常问自己：你看到视野不被遮挡的景致了吗？我不知道，但我想应当一直往前看、往高看，美好总在未来。

往事莫沉吟，唯有少年心。我须抖擞精神，做一名真诚而勤劳的劳动者。因为"世上有条唯一的路，除你之外无人能走。它通往哪里？不要问，走便是了"。

是为后记。

赵晓声

2021 年 5 月 16 日